TRIBUNAL DE CONTAS DEMOCRÁTICO

LICURGO MOURÃO
ARIANE SHERMAM
RITA CHIÓ SERRA

Prefácio
Benjamin Zymler

TRIBUNAL DE CONTAS DEMOCRÁTICO

Belo Horizonte

Fórum
CONHECIMENTO JURÍDICO

2018

© 2018 Editora Fórum Ltda.

É proibida a reprodução total ou parcial desta obra, por qualquer meio eletrônico, inclusive por processos xerográficos, sem autorização expressa do Editor.

Conselho Editorial

Adilson Abreu Dallari
Alécia Paolucci Nogueira Bicalho
Alexandre Coutinho Pagliarini
André Ramos Tavares
Carlos Ayres Britto
Carlos Mário da Silva Velloso
Cármen Lúcia Antunes Rocha
Cesar Augusto Guimarães Pereira
Clovis Beznos
Cristiana Fortini
Dinorá Adelaide Musetti Grotti
Diogo de Figueiredo Moreira Neto
Egon Bockmann Moreira
Emerson Gabardo
Fabrício Motta
Fernando Rossi
Flávio Henrique Unes Pereira

Floriano de Azevedo Marques Neto
Gustavo Justino de Oliveira
Inês Virgínia Prado Soares
Jorge Ulisses Jacoby Fernandes
Juarez Freitas
Luciano Ferraz
Lúcio Delfino
Marcia Carla Pereira Ribeiro
Márcio Cammarosano
Marcos Ehrhardt Jr.
Maria Sylvia Zanella Di Pietro
Ney José de Freitas
Oswaldo Othon de Pontes Saraiva Filho
Paulo Modesto
Romeu Felipe Bacellar Filho
Sérgio Guerra
Walber de Moura Agra

Luís Cláudio Rodrigues Ferreira
Presidente e Editor

Coordenação editorial: Leonardo Eustáquio Siqueira Araújo

Av. Afonso Pena, 2770 – 15º andar – Savassi – CEP 30130-012
Belo Horizonte – Minas Gerais – Tel.: (31) 2121.4900 / 2121.4949
www.editoraforum.com.br – editoraforum@editoraforum.com.br

M829t   Mourão, Licurgo

         Tribunal de Contas democrático / Licurgo Mourão, Ariane Shermam, Rita Chió Serra ; prefácio de Ministro Benjamin Zymler. – Belo Horizonte : Fórum, 2018.
         244 p. ; 14,5cm x 21,5cm.

         ISBN: 978-85-450-0504-9

         1. Administração Pública. 2. Tribunal de Contas. 3. Democracia. I. Shermam, Ariane. II. Serra, Rita Chió. III. Zymler, Benjamin (Ministro). IV. Título.

                                           CDD: 352
                                           CDU: 35

Informação bibliográfica deste livro, conforme a NBR 6023:2002 da Associação Brasileira de Normas Técnicas (ABNT):

MOURÃO, Licurgo; SHERMAM, Ariane; SERRA, Rita Chió. *Tribunal de Contas democrático*. Belo Horizonte: Fórum, 2018. 244 p. ISBN 978-85-450-0504-9.

Aos filhos – por vocês não desistimos da construção de um país melhor para todos:

"Tudo coopera para o bem daqueles que amam a Deus."
(Romanos 8:28)

AGRADECIMENTOS

Ao programa de pós-graduação, Doutorado em Direito Econômico, Financeiro e Tributário da USP Largo São Francisco. Muito desta obra é fruto dos 26 anos de atividade profissional dedicados exclusivamente aos Tribunais de Contas e também das reflexões que pude empreender durante os estudos de doutorado e apresentar perante uma banca composta pelos maiores expoentes brasileiros, e também no plano internacional, nas áreas do Direito Financeiro e do Direito Tributário: Professores Doutores Regis Fernandes de Oliveira (USP) – orientador; Fernando Facury Scaff (USP); Heleno Taveira Torres (USP); Misabel de Abreu Machado Derzi (UFMG) e Onofre Alves Batista Junior (UFMG).

Aos meus pais, que me legaram a retidão, o saber, a honestidade e o respeito como elementos basilares em minha formação. Suas lições sempre me acompanharam e permanecem nos valores que transmito aos meus filhos, seus netos. A alegria de poder compartilhar minha vida com vocês e de dizer meu muito obrigado, ainda em vida, é motivo de felicidade e de orgulho por corresponder às suas expectativas.

Às queridas amigas e servidoras dedicadas, Simone Rodrigues Adami Souza e Cibele Silva, pela detalhada revisão dos originais desta obra, minha enorme gratidão.

Aos servidores do Tribunal de Contas de Minas Gerais, que doam o melhor de si para uma Administração Pública que sirva ao povo, em especial aos servidores Ariane Shermam, David Hosni, Lucas Regufe Teixeira e Rita Chió Serra, por "tocarem o barco", mantendo as coisas funcionando – meu muito obrigado.

Meu muito obrigado aos presidentes do Tribunal de Contas de Minas Gerais, Excelentíssimos Srs. Conselheiros Wanderley Ávila, Antônio Carlos Doorgal de Andrada, Sebastião Helvécio e Excelentíssima Sra. Conselheira Adriene Andrade (*in memoriam*), que me proporcionaram a oportunidade de visitar inúmeras instituições e bibliotecas.

Aos presidentes, corregedores e diretores-gerais dos Tribunais de Contas do Brasil que contribuíram com a pesquisa, meu muito obrigado.

Licurgo Mourão

AGRADECIMENTOS

Agradeço ao Dr. Licurgo Mourão, a quem admiro por sua dedicada e incansável atuação em prol do aperfeiçoamento do sistema Tribunais de Contas, pela confiança em mim depositada e pela oportunidade de escrever esta obra ao lado de pessoas que muito estimo.

À minha família e aos meus amigos, por todo o apoio. Aos meus amigos e colegas do TCEMG, com quem aprendo diariamente, pela convivência.

"Se quiser ir longe, vá acompanhado."

Ariane Shermam

AGRADECIMENTOS

Agradeço a meus pais, Cordes Serra Machado e Josefina Chió Souza Machado (*in memoriam*), pelas lições de amor e coragem.

Agradeço a todos os mestres de minha jornada acadêmica e de trabalho, especialmente ao Dr. Licurgo Mourão e aos colegas de Gabinete, com os quais aprendo todos os dias.

Faço meu melhor agradecimento ao meu filho, João Rafael Chió Serra Carvalho, e ao meu neto, Erik Pereira Serra Carvalho, pelo amor pleno que faz reavivar em mim o entusiasmo para a construção do caminho, tecendo lastro para o futuro.

Rita de Cássia Chió Serra

A verdadeira administração da justiça é o pilar mais firme do bom governo.*

[Frontispício da Suprema Corte do Estado de Nova Iorque]

---

* No original: The true administration of justice is the firmest pillar of good government.

LISTA DE ABREVIATURAS E SIGLAS

ABNT	Associação Brasileira de Normas Técnicas
ART	Artigo
ATPF	Autorização para Transporte de Produtos Florestais
Atricon	Associação dos Membros dos Tribunais de Contas do Brasil
BANPARÁ	Banco do Estado do Pará
BID	Banco Interamericano de Desenvolvimento
Cade	Conselho Administrativo de Defesa Econômica
CAO	Diretor Administrativo (*Chief Administrative Officer*)
CAESTN	Subcomissão Permanente de Avaliação do Sistema Tributário Nacional
Carf	Conselho Administrativo de Recursos Fiscais
Ceis	Cadastro Nacional de Empresas Inidôneas e Suspensas
CEO	Diretor-Executivo (*Chief Executive Officer*)
Cepat	Comitê de Ética Pública, Probidade Administrativa e Transparência
CGM	Controladoria-Geral do Município de São Paulo
CGU	Ministério da Transparência, Fiscalização e Controladoria-Geral da União
CNEP	Cadastro Nacional de Empresas Punidas
CNJ	Conselho Nacional de Justiça
Coaf	Conselho de Controle de Atividades Financeiras
Comperj	Complexo Petroquímico do Rio de Janeiro
CPI	Comissão Parlamentar de Inquérito
CPIB	Departamento de Investigação de Práticas Corruptas de Cingapura (Corrupt Practices Investigation Bureau)
CPMI	Comissão Parlamentar Mista de Inquérito
CR/88	Constituição da República Federativa do Brasil de 1988
DOF	Documentos de Origem Florestal
DPF	Departamento de Polícia Federal
DRCI	Departamento de Recuperação de Ativos e Cooperação Jurídica Internacional
DRP	Demonstrativo da Reserva do Possível
ENCCLA	Estratégia Nacional de Combate à Corrupção e à Lavagem de Dinheiro
FBI	Departamento Federal de Investigação dos Estados Unidos (Federal Bureau of Investigation)
FCPA	Lei sobre Práticas de Corrupção no Exterior (*Foreign Corrupt Practices Act*)

Ferderc	Promotoria Anticorrupção da Espanha (Fiscalía Especial contra la Corrupción y la Criminalidad Organizada)
FIA-USP	Fundação Instituto de Administração da Universidade de São Paulo
GAO	Escritório-Geral de Contabilidade do Governo dos Estados Unidos (US Government Accountability Office)
IACA	Academia Internacional Anticorrupção (International Anticorruption Academy)
Ibama	Instituto Brasileiro do Meio Ambiente e dos Recursos Naturais Renováveis
IBGE	Instituto Brasileiro de Geografia e Estatística
Ibope	Instituto Brasileiro de Opinião Pública e Estatística
ICAC	Comissão Independente contra a Corrupção de Hong Kong (Independent Comission Against Corruption)
IDEA	Instituto para a Democracia e Assistência Eleitoral (Institute for Democracy and Electoral Assistance)
IDH	Índice de Desenvolvimento Humano
INTOSAI	Organização Internacional de Entidades Fiscalizadoras Superiores (International Organisation of Supreme Audit Institutions)
Ipea	Instituto de Pesquisa Econômica Aplicada
IRB	Instituto Rui Barbosa
ISS	Imposto sobre Serviços
LDO	Lei de Diretrizes Orçamentárias
LOA	Lei Orçamentária Anual
LRF	Lei de Responsabilidade Fiscal
MACC	Comissão Malaia Anticorrupção (Malaysian Anti-Corruption Comission)
MPC	Ministério Público de Contas
MPE	Ministério Público do Estado
MPF	Ministério Público Federal
MST	Movimento dos Trabalhadores Rurais sem Terra
NKRAs	Áreas-chave de Resultados Nacionais da Malásia (National Key Results Areas)
OCDE	Organização para a Cooperação e Desenvolvimento Econômico
OEA	Organização dos Estados Americanos
OGE	Escritório de Ética Governamental dos Estados Unidos (Office of Government Ethics)
OLACEFS	Organização Latino-Americana e do Caribe de Entidades Fiscalizadoras Superiores (Organización Latino Americana y del Caribe de Entidades Fiscalizadoras Superiores)
ONGs	Organizações Não Governamentais
ONU	Organização das Nações Unidas
OS	Organização Social

Oscip	Organização da Sociedade Civil de Interesse Público
PAR	Processo Administrativo de Responsabilização
PCA	Lei de Prevenção da Corrupção de Cingapura (*Prevention of Corruption Act*)
PDCA	Modelo de Gestão Estratégica (*Plan, Do, Check and Act*)
PEC	Proposta de Emenda à Constituição
PF	Polícia Federal
PFL	Partido da Frente Liberal
PGR	Procuradoria-Geral da República
PIB	Produto Interno Bruto
PL	Projeto de Lei
PPA	Plano Plurianual
Proagro	Programa de Garantia da Atividade Agropecuária
Prodasen	Secretaria de Tecnologia da Informação do Senado Federal
Promoex	Programa de Modernização do Sistema de Controle Externo dos Estados, Distrito Federal e Municípios Brasileiros
QATC	Programa Qualidade e Agilidade dos Tribunais de Contas
RERCT	Regime Especial de Regularização Cambial e Tributária
SCI	Sistema de Controle Interno
Sispatri	Sistema de Registro de Bens dos Agentes Públicos
SNC	Sistema Nacional de Controle Externo
SNCC	Sistema Nacional de Combate à Corrupção
STF	Supremo Tribunal Federal
STJ	Superior Tribunal de Justiça
Sudam	Superintendência de Desenvolvimento da Amazônia
Sudene	Superintendência de Desenvolvimento do Nordeste
TC	Tribunal de Contas
TCs	Tribunais de Contas
TCU	Tribunal de Contas da União
TI	Transparência Internacional
TJCs	Tribunais Judiciais de Contas
TJs	Tribunais de Justiça
TRFs	Tribunais Regionais Federais
TRT	Tribunal Regional do Trabalho
TRTs	Tribunais Regionais do Trabalho
TSE	Tribunal Superior Eleitoral
UKBA	Lei do Suborno do Reino Unido (*United Kingdom Bribery Act*)
UNDP	Programa das Nações Unidas para o Desenvolvimento (*United Nations Development Programme*)
Unicamp	Universidade Estadual de Campinas
UNODC	Departamento de Crimes Econômicos e Corrupção do Escritório da ONU sobre Drogas e Crime
USP	Universidade de São Paulo

LISTA DE FIGURAS

Figura 1   Ciclo de uma agência anticorrupção 127

Figura 2   Organização judiciária brasileira atual 188

Figura 3   Organização judiciária brasileira com Tribunais Judiciais de Contas.. 192

Figura 4   Processo nos Tribunais Judiciais de Contas 196

LISTA DE GRÁFICOS

Gráfico 1   Brasil no Índice de Percepção da Corrupção (2009/2015)   105

Gráfico 2   Aplicação de penalidades pelo TCU (2005-2013)..............   142

Gráfico 3   Imagem institucional dos TCs na percepção do corpo deliberativo......   165

Gráfico 4   Integração externa dos TCs na percepção do corpo deliberativo......   167

Gráfico 5   Planejamento estratégico dos TCs na percepção do corpo deliberativo......   169

Gráfico 6   Procedimentos de trabalho dos TCs na percepção do corpo deliberativo......   171

Gráfico 7   Eficiência dos TCs na percepção do corpo deliberativo ..   173

Gráfico 8   Eficácia dos TCs na percepção do corpo deliberativo......   175

Gráfico 9   Recursos humanos dos TCs na percepção do corpo deliberativo......   178

Gráfico 10   Prioridade para ações e investimentos na percepção do corpo deliberativo......   180

Gráfico 11   Evolução populacional nos estados brasileiros (1988 a 2017) (em milhões de habitantes)......   202

Gráfico 12   Número de municípios nos estados brasileiros (1988 a 2017)......   203

Gráfico 13   Total da despesa autorizada na Lei Orçamentária Anual (em bilhões de reais)......   203

Gráfico 14   Evolução do PIB nos entes com mais de 10 milhões de habitantes (em bilhões de reais)   204

Gráfico 15   Evolução da população na federação brasileira......   205

Gráfico 16   Evolução do número de municípios na federação brasileira......   205

Gráfico 17   Evolução do PIB e da despesa no orçamento da União...   206

LISTA DE TABELAS

Tabela 1   Fatores críticos de sucesso das iniciativas anticorrupção no Brasil 110

Tabela 2   Efetividade da aplicação de sanções pecuniárias pelo TCU (2005-2013)................ 141

Tabela 3   Relação montante auditado *vs.* despesa total em 2001 159

Tabela 4   Relação montante auditado *vs.* despesa total em 2013, 2014 e 2015 159

Tabela 5   Débitos e multas imputados, recolhidos e despesa total em 2001................ 160

Tabela 6   Débitos e multas imputados, recolhidos e despesa total em 2013, 2014 e 2015................ 160

Tabela 7   Relação despesa total *vs.* despesa com pessoal em 2001.. 161

Tabela 8   Relação despesa total *vs.* despesa com pessoal em 2013, 2014 e 2015 161

Tabela 9   Indicadores processuais em 2001 162

Tabela 10   Indicadores processuais em 2013, 2014 e 2015 163

Tabela 11   Atualização dos orçamentos dos entes com mais de 10 milhões de habitantes 204

SUMÁRIO

PREFÁCIO
Benjamin Zymler 29

INTRODUÇÃO 33

CAPÍTULO 1
SISTEMA BRASILEIRO DE CONTROLE E A RESILIÊNCIA DA
CORRUPÇÃO 39

CAPÍTULO 2
BREVE HISTÓRICO DA CORRUPÇÃO NO BRASIL NO SÉCULO
XXI 57

2.1   Anos 2010 (Operação Zelotes, Petrolão, Operação Lava
Jato, Cartel de Metrôs de São Paulo e SBM Offshore) 57

2.2   Anos 2000 (Castelo de Areia, Satiagraha, Navalha,
Renangate, ONGs, Águas Profundas, Dossiê,
Sanguessugas, Faktor, Mensalão Mineiro, Mensalão,
Fundação José Sarney, Vampiros, Ibama, Anaconda,
Sudene e Painel do Senado) 62

CAPÍTULO 3
A CORRUPÇÃO NAS EMPRESAS (LEI Nº 12.846/2013) 79

3.1   O combate à corrupção no setor privado brasileiro
(Lei nº 12.846/2013) 80

3.2   Sujeito ativo e tipificação do delito de corrupção 82

3.3   Da responsabilidade objetiva das pessoas jurídicas 85

3.4   Das penalidades 87

3.5   Desconsideração da personalidade jurídica 90

3.6   Do acordo de leniência 91

3.7   Da prescrição 93

3.8   Cadastro Nacional de Empresas Punidas 93

CAPÍTULO 4
CORRUPÇÃO E EFETIVIDADE DAS POLÍTICAS PÚBLICAS 95

CAPÍTULO 5
TRIBUNAL DE CONTAS DEMOCRÁTICO 111

5.1	Modelos existentes de agência anticorrupção	111
5.2	Agência anticorrupção no Brasil: riscos e vantagens	121
5.3	Tribunais de Contas no Brasil	133
5.4	Das fragilidades dos Tribunais de Contas no Brasil	135
5.4.1	Forma de acesso aos cargos de Ministro e Conselheiro	136
5.4.2	Atuação ineficaz e desconhecimento pela sociedade	139
5.4.3	Julgamento dos ordenadores de despesa	142
5.4.4	Análise insuficiente das políticas pública e tributária de Estado	144
5.4.5	Insuficiente conexão com o controle interno	150
5.4.6	Insuficiente conexão com o controle social	152
5.5	Sistema atual de Tribunais de Contas brasileiros	152
5.5.1	Dados quantitativos e atendimento à Lei de Acesso à Informação	156
5.5.2	Evolução quantitativa dos indicadores processuais	158
5.5.3	Dados qualitativos e percepção dos membros	164
5.5.4	Imagem institucional	164
5.5.5	Integração externa	166
5.5.6	Planejamento	168
5.5.7	Procedimentos de trabalho	170
5.5.8	Eficiência	172
5.5.9	Eficácia	174
5.5.10	Recursos humanos	176
5.5.11	Prioridade para ações e investimentos	179
5.6	Tribunais de Contas com função anticorrupção (TJCs)	181
5.6.1	Estruturas anticorrupção existentes	189
5.6.2	Organização e processo nos Tribunais Judiciais de Contas	193
5.6.3	Composição e independência funcional dos Tribunais Judiciais de Contas	199

CONSIDERAÇÕES FINAIS 209

REFERÊNCIAS 213

APÊNDICES 227

APÊNDICE A
FORMULÁRIO DA PESQUISA NO SISTEMA TRIBUNAL DE
CONTAS DO BRASIL EM 2016 229

APÊNDICE B
RESPOSTAS ABERTAS NA PESQUISA QUALITATIVA
EMPREENDIDA (*SURVEY*) EM 2016 237

PREFÁCIO

Este livro é resultado de um proficiente trabalho desenvolvido pelo Conselheiro substituto Licurgo Mourão, do Tribunal de Contas do Estado de Minas Gerais, e pelas professoras Ariane Shermam e Rita de Cássia Chió Serra sobre um dos temas mais atuais e candentes do cenário jurídico atual: o combate à corrupção e o papel dos Tribunais de Contas.

Recentemente, o país aprovou uma série de normas visando a aperfeiçoar os instrumentos utilizados pelo Estado para a investigação e punição dos ilícitos praticados contra a Administração Pública e os princípios que regem a atuação. Nesse cenário, merecem destaque a Lei nº 12.850/2013, que define organização criminosa e dispõe sobre a investigação criminal, os meios de obtenção da prova, infrações penais correlatas e o procedimento criminal; e a Lei nº 12.846/2013, conhecida como Lei Anticorrupção, que dispõe sobre a responsabilização administrativa e civil de pessoas jurídicas pela prática de atos contra a Administração Pública, nacional ou estrangeira, e dá outras providências.

Cronologicamente, ambas as normas surgiram no cenário que sucedeu às manifestações populares de maio de 2013, que, dentre várias pautas de reclamação, protestaram contra os desmandos na Administração Pública e, principalmente, contra a corrupção.

As leis em questão refletiram, ainda, o atendimento de compromissos assumidos pelo Brasil perante a comunidade internacional, em especial, a Convenção de Palermo, que dispôs sobre o combate ao crime organizado transnacional, e a Convenção de Mérida, que cuidou do combate à corrupção.

Quanto à obra acadêmica que prefacio, trata-se, sem dúvidas, de material diferenciado, que reúne conceitos teóricos e casos concretos, extraídos a partir da experiência acadêmica e técnico-profissional de seus autores, que dedicaram boa parte de suas vidas profissionais em funções relacionadas à atividade de controle.

No Capítulo 1, os autores abordam as características do sistema brasileiro de controle e a resiliência da corrupção. Dentre os vários aspectos listados, cabe destacar os diversos obstáculos que o combate à corrupção enfrenta no país, tais como a tipificação insuficiente do ilícito e as vulnerabilidades na estrutura das instituições e na legislação, as quais têm como consequência a morosidade e a aparente ineficácia do aparato estatal de perseguição desses ilícitos.

No Capítulo 2, os autores tratam do histórico da corrupção no Brasil, especificamente dos casos paradigmáticos ocorridos neste século. As situações listadas confirmam o cenário descrito no capítulo anterior, de baixa efetividade do aparato institucional e normativo de combate à corrupção, que, por sua vez, decorre das seguintes causas: discrepância dos esforços empreendidos pelas diversas unidades da federação; falta de colaboração entre os órgãos de controle e morosidade do Poder Judiciário na resolução dos processos. Essa é a realidade que se busca, portanto, modificar.

No Capítulo 3, os autores enfrentam o outro lado da corrupção: a atuação dos corruptores. Nesse tópico, são abordadas as inovações legislativas introduzidas pela Lei nº 12.846/2013, tais como a responsabilidade objetiva das pessoas jurídicas, as sanções cabíveis, a possibilidade de desconsideração da personalidade jurídica, os acordos de leniência, dentre outros. A referida norma constitui um marco importante na tentativa de solucionar o problema retratado neste livro, porém, não é possível olvidar os problemas que ela gerou quanto às zonas de sombreamento e aos naturais conflitos de visão decorrentes da multiplicidade de órgãos de controle.

O Capítulo 4 trata dos efeitos da corrupção sobre a efetividade das políticas públicas. Após citar trechos de diversos trabalhos da literatura internacional produzida sobre a matéria, os autores oferecem soluções para o enfrentamento dos fatores críticos das iniciativas anticorrupção, tais como a adoção do demonstrativo da reserva do possível, do orçamento biopolítico zero, da legislação recompensadora de denunciantes, de testes de integridade e psicopatia para agentes públicos e, principalmente, de Tribunais Judiciais de Contas. Nunca é demais lembrar que tramita no Congresso Nacional o projeto de lei de iniciativa popular conhecido como Dez Medidas de Combate à Corrupção, que tem como propósito combater este e outros crimes contra o patrimônio público, além do enriquecimento ilícito de agentes públicos.

A partir de então, os autores descrevem o que seria o modelo atual de combate à corrupção, que estaria centrado na instrumentalização dos Tribunais de Contas como agência anticorrupção. As Cortes de Contas assumiriam essa função, tendo em vista a sua atribuição essencial de zelar pela correta aplicação dos recursos públicos. Para tanto, elas se transformariam em Tribunais Judiciais, que comporiam uma frente firme e especializada de combate à corrupção.

Como se vê, para além do caráter descritivo da questão, os autores tiveram o arrojo de promover uma análise prescritiva do problema institucional do combate à corrupção. Por essa razão, a leitura dessa obra se faz indispensável para os pesquisadores, estudiosos, operadores do Direito e todos aqueles que tenham interesse acadêmico e/ou trafegam no árduo terreno da defesa das instituições do Estado e do patrimônio público.

É com grande satisfação, portanto, que prefacio um trabalho de fôlego e de alta qualidade, que se caracteriza como uma importante publicação para todos que militam na área de controle da Administração Pública.

Benjamin Zymler
Ministro do Tribunal de Contas da União.

INTRODUÇÃO

Corrupção, em um de seus sentidos mais difundidos, consiste na utilização de cargos ou meios governamentais para obtenção de vantagens ilícitas, de natureza pecuniária ou não. Trata-se de fenômeno reconhecido por sua complexidade e por impor sérios desafios aos poderes públicos que buscam debelá-lo.

Devido ao seu caráter transnacional, e em razão de seus apregoados efeitos deletérios sobre a democracia, com repercussões sobre a política e a economia, as autoridades públicas dos mais diversos países do globo têm concebido e implementado estratégias e medidas de prevenção e combate à corrupção, em consonância com providências preconizadas por organismos internacionais como a Organização das Nações Unidas (ONU), a Organização para a Cooperação e Desenvolvimento Econômico (OCDE) e o Banco Mundial. Entre tais estratégias e medidas, colhe-se a proposta de criação de agências anticorrupção, órgãos estatais especializados no enfrentamento à corrupção que, em sua generalidade, desenvolvem atividades em três principais vieses: preventivo, investigativo e pedagógico.

Avança-se, ainda, com a proposição de criação de Cortes Judiciais destinadas ao processamento e julgamento de causas que envolvam a corrupção. Órgãos do tipo já existem pelo mundo, associados ou não a promotorias especializadas no combate à corrupção.

A hipótese, nesse cenário, é de que o modo de estruturação das instituições públicas pode influenciar positivamente no enfrentamento à corrupção, potencializando um combate efetivo. Entretanto, tal medida não pode ser adotada isoladamente, sob o risco de ineficácia. Isso porque a corrupção constitui fenômeno complexo, que exige abordagem por diversas frentes, tanto no setor privado quanto no público.

O Brasil conta com diversos órgãos, nos diferentes níveis da federação, cujas competências abarcam de forma difusa a função de combate à corrupção.

No âmbito federal, pode-se dizer que o Ministério da Transparência, Fiscalização e Controladoria-Geral da União (CGU) desempenha com protagonismo, porém não com exclusividade, a atribuição de enfrentamento da corrupção, ao lado de órgãos como o Ministério Público Federal (MPF) e a Polícia Federal (DPF).

No mundo, a especialização constitui a principal característica dos órgãos que se dedicam essencialmente ao combate da corrupção. Concentram-se recursos humanos, materiais e expertise para conferir maior efetividade à missão de coibir desvios na Administração Pública (e mesmo no setor privado). O resultado, de modo geral, é o alcance, no plano concreto, das finalidades de reduzir as ocorrências e as oportunidades para o cometimento de atos desviantes, bem como a melhora da percepção social sobre a redução da corrupção.

Infelizmente, não é o caso do Brasil, onde uma profusão de órgãos em todas as esferas, dentro de um complexo sistema legal, exerce competências anticorrupção, provocando a fragmentação dos esforços estatais, o que resulta, na maioria das vezes, em ineficácia. Esse desenho institucional contribui para a percepção geral de que a corrupção, ao longo dos anos, só aumentou, a despeito dos avanços legislativos e institucionais implementados desde a promulgação da Constituição da República, em 1988, e, em especial, desde a virada do milênio.

Com a recente eclosão de casos de corrupção de grande proporção, notadamente aqueles relacionados à estatal Petrobras, passa-se a debater a viabilidade de implementação, no país, de estratégias e ações mais efetivas de prevenção e combate à corrupção.

Entre tais estratégias, sobressai a criação de Cortes Judiciais anticorrupção, aproveitando-se, ao máximo, a estrutura atualmente existente nos Tribunais de Contas, porquanto, em tempos de grave crise econômica e fiscal, não convém, nem seria adequada, do ponto de vista jurídico, a proliferação de órgãos, mas sua fusão e otimização.

Nesse cenário de explicitação dos meandros do combate à corrupção no Brasil e de análise e exposição das propostas de aprimoramento institucional visando a aperfeiçoar tal enfrentamento, o presente livro se divide em cinco capítulos.

O Capítulo 1, intitulado "Sistema brasileiro de controle e a resiliência da corrupção", expõe o panorama da função de controle no Brasil e aborda algumas das instituições e entidades responsáveis pelo seu desempenho, ao mesmo tempo em que aponta para deficiências no referido sistema, as quais são decorrentes, entre outros fatores, da profusão de órgãos encarregados do desenvolvimento da mesma atividade, o que provoca pulverização e ineficácia dos esforços anticorrupção.

No Capítulo 2, empreendemos um "Breve histórico da corrupção no Brasil no século XXI" e mostramos alguns dos casos recentes de corrupção no Brasil, os quais receberam grande cobertura midiática, seja em razão do volume de recursos envolvidos, seja em decorrência dos personagens que os protagonizaram, muitos deles ocupantes de cargos proeminentes na República. Mais do que tudo, o capítulo ratifica que a mera existência de órgãos diversos com funções anticorrupção não é capaz de prevenir ou coibir a ocorrência de desvios, haja vista a ineficácia dos esforços.

No Capítulo 3, cujo título é "A corrupção nas empresas (Lei nº 12.846/2013)", são tecidas considerações sobre a Lei nº 12.846/2016, que visa precipuamente a reprimir a corrupção na relação entre a Administração Pública e particulares, penalizando estes últimos. Costuma-se dizer que a referida Lei tem o objetivo de punir os corruptores, aqueles que entabulam relação jurídica com a Administração, em vez de focar os corrompidos. Para isso, adota a responsabilização objetiva administrativa e civil, expediente considerado mais gravoso para os destinatários da norma. Na Lei são previstos, ainda, instrumentos como o acordo de leniência, que busca potencializar a capacidade investigativa e repressora da Administração. Todos esses mecanismos de origem legislativa se somam às iniciativas de criação de uma nova configuração institucional de combate à corrupção no Brasil.

No Capítulo 4, tratamos do combate à "Corrupção e efetividade das políticas públicas", perpassando o conceito, as causas e as consequências da corrupção, sejam elas econômicas, sejam políticas ou sociais. Destacamos, ainda, as múltiplas perspectivas de abordagem do fenômeno, por natureza complexo e multifacetado, a reclamar compreensão abrangente, com contribuições dos mais diversos ramos da ciência, como Economia, Direito e Sociologia. Sobressai o entendimento de que corrupção e democracia se repelem: a corrupção potencializa e é alimentada pela pobreza e pelo subdesenvolvimento, ao mesmo tempo em que mina as instituições democráticas e a confiança do cidadão em seus representantes.

O Capítulo 5, "Tribunal de Contas Democrático", por fim, apresenta a proposta de criação dos Tribunais Judiciais de Contas (TJCs). Tais entes constituirão novo ramo especializado da justiça brasileira, voltado para o combate à corrupção, encampando a demanda por efetividade no controle dos gastos públicos, coibindo desvios em sua gestão, em função verdadeiramente democrática. Daí que o capítulo se denomina "Tribunal de Contas Democrático", estabelecendo, em linhas gerais, o respectivo processo judicial de controle das contas públicas, que, almeja-se, trará mais concretude para os anseios sociais de combate à corrupção na esfera pública.

Justifica-se a proposta de aprimoramento da instituição Tribunal de Contas dentro da noção do hodierno Estado brasileiro, consoante a arquitetura constitucional, que assenta como basilares as características da forma republicana, democrática e de Direito.

Ao tratar do futuro da democracia, Norberto Bobbio (1986) alerta para "as promessas não cumpridas" dentro do Estado Democrático, porquanto seus fundamentos se afastam da ética democrática, asseverando: "(...) mesmo a democracia mais distante do modelo (ideal) não pode ser de modo algum confundida com um Estado autocrático e, menos ainda, com um totalitário" (BOBBIO, 1986, p. 38).

O Estado e suas instituições precisam adotar instrumentos capazes de evidenciar seu caráter democrático, priorizando valores como a igualdade, a impessoalidade, a moralidade e a efetiva capacidade para o acesso aos postos de autoridade pública, bem como a transparência das ações e decisões em espaço público, em respeito à soberania popular, fonte do Poder do Estado, em ambiente republicano.

Tais valores possuem ferramentas para a sua concretização na praxe, entre eles: concursos públicos realizados de forma íntegra, de modo a aferir a capacidade com igualdade e impessoalidade; o exercício perene do controle sobre os atos no espaço público, o que evita o abuso de poder; e os instrumentos de transparência como regra e o sigilo como exceção justificada, favorecendo o exercício da *accountability*.

Para além disso, a oitiva e a participação da sociedade conduzem à eficácia e à efetividade das políticas públicas, enquanto os processos regulares de licitação e contratação, em ambiente de integridade nas relações entre Estado e mercado, possibilitam a eficiência dos gastos públicos.

Lado outro, Schedler (1999) destaca o perigo advindo da opacidade do Poder e das instâncias de autoritarismo que se instalam dentro do modelo democrático, comprometendo sua atuação, impedindo a verdadeira *accountability* exatamente por afastar dos núcleos de Poder elementos capazes de assegurar os aspectos republicanos e democráticos.

No caso dos Tribunais de Contas brasileiros, por exemplo, exige-se concurso público para Ministro e Conselheiro substituto (Auditor). Todavia, admite-se a indicação política para o cargo de Ministro ou Conselheiro, concedendo-lhes as mesmas vantagens, direitos, prerrogativas e tratamento dos Magistrados (concursados), a exemplo dos extintos Juízes classistas do século passado.[1]

---

[1] Ver, a propósito, a Emenda Constitucional nº 24, de 9 de dezembro de 1999, que alterou dispositivos da Constituição da República pertinentes à representação classista na Justiça do Trabalho.

A questão não se limita à forma de acesso, destacando-se as consequências advindas dela e a natureza dos laços que se estabelecem. A questão da ética democrática e da integridade do Estado Republicano irá repercutir na economia e na vida das pessoas, por meio dos serviços e políticas públicas.

Atualizar o modelo dos Tribunais de Contas para que consiga expressar, em si, a ética de um Estado Democrático de Direito e Republicano, sem opacidade no exercício de seu poder, por meio do afastamento das ingerências políticas indevidas, é instrumentalizá-lo, ainda que tardiamente, em relação à Constituição da República de 1988, para o exercício do controle externo necessário aos dias atuais.

Nesse cenário, empreendemos pesquisa jurídico-propositiva, com base em fontes diretas e indiretas, primárias e secundárias, como legislação, estudos publicados de vários ramos da ciência, dados fornecidos por órgãos públicos e pesquisas de autoria desses mesmos órgãos (GUSTIN; DIAS, 2013).

Com base nesses dados e análises, bem como na perspectiva do combate institucional à corrupção, buscou-se confirmar a ideia de que a solução mais adequada para o Brasil, entre aquelas que visam a dotar órgãos anticorrupção de mais efetividade, em todos os níveis da federação, conforme hipóteses, achados e conclusões expostos na presente obra, é o aproveitamento da estrutura administrativa, do quadro funcional e da expertise acumulada pelos Tribunais de Contas, transformando-os em órgãos judiciais anticorrupção, passando a denominar-se Tribunais Judiciais de Contas.

O objetivo primário de tal redesenho institucional é promover a especialização desses órgãos estatais, considerada vital para a concentração e a racionalização dos esforços anticorrupção.

CAPÍTULO 1

SISTEMA BRASILEIRO DE CONTROLE E A RESILIÊNCIA DA CORRUPÇÃO

Em que pese a existência de uma multiplicidade de instituições voltadas para a prevenção e o combate à corrupção no Brasil, os esforços não têm sido necessariamente eficazes, observando-se um recrudescimento de rumorosos casos de corrupção que não deixam de surpreender em face do aparato estatal e legal criados e desenvolvidos a partir da Constituição da República de 1988.

A corrupção pode ser explicada pelo descompasso das instituições públicas, pelas brechas no ordenamento jurídico, pelas deficiências do Poder Legislativo e pelo desconhecimento, ou desinteresse político de adoção, das modernas práticas de prevenção à corrupção, entre elas o orçamento base zero, a legislação *whistleblower*, o empoderamento do sistema de controle interno, os Tribunais de Contas com funções anticorrupção, os testes de integridade de agentes públicos e as práticas de sindicância patrimonial e publicidade anticorrupção (MOURÃO, 2016).

Até o início da década de 1980, os estudos sobre a corrupção se detinham nas áreas da Sociologia, da Ciência Política, da História e do Direito Penal, explorando apenas os aspectos éticos concernentes ao fenômeno, ou seja, analisava-se e criticava-se a inadequação da corrupção aos padrões ou princípios éticos vigentes.

No âmbito das Ciências Econômicas, o fenômeno da corrupção era tomado como um problema exclusivo do setor público. Naquele momento, não era possível visualizar com precisão os efeitos da corrupção sobre a economia, tanto que, em algumas situações, a corrupção era tida como benéfica, uma vez que algumas empresas poderiam ser favorecidas em determinados processos administrativos, gerando ganhos.

Ao longo dos anos 1980, novas pesquisas apontaram as consequências reais da corrupção sobre o setor público e o setor privado, impactos negativos do fenômeno sobre os governos e sobre a dinâmica empresarial. Naquele momento, o interesse sobre o fenômeno sai do campo da ética e passa ao campo da economia global e das finanças.

Em todo o mundo, os processos de globalização, liberalização econômica e integração regional e internacional impulsionaram a produção científica sobre o assunto e a mobilização dos governos e das organizações internacionais no combate à corrupção.

Na América Latina, as reformas legislativas e administrativas empreendidas por países como Brasil, Argentina, Chile e México concordaram não somente com a necessidade de adaptação aos novos movimentos econômicos internacionais, como também aos processos de democratização que se estenderam pelo continente na década de 1990. A aplicação de políticas públicas de transparência e de mecanismos de *accountability* passou a integrar o rol de necessidades dos governos.

Os anos de transição entre o século XX e XXI foram marcados pela aprovação de inúmeros convênios, acordos e convenções que reiteravam a importância do tema na agenda internacional, entre eles a Convenção Interamericana contra a Corrupção, aprovada no âmbito da Organização dos Estados Americanos (OEA), em 1996;[2] a criação do Grupo de Estados contra a Corrupção (Greco), em 1998,[3] e a Convenção de Mérida (ONU) sobre a corrupção, em 2003.[4]

A mobilização dos governos e dos organismos internacionais no processo de combate à corrupção é um elemento que busca enfrentar a complexidade e os desafios impostos às nações no enfrentamento dessa problemática.

A corrupção, enquanto fenômeno social complexo, demanda recortes analíticos e envolve, nesse sentido, o estudo e a avaliação aprofundada de dados e informações provenientes, em especial, da

---

[2] Ver BRASIL. *Decreto nº 4.410,* de 7 de outubro de 2002. Promulga a Convenção Interamericana contra a Corrupção, de 29 de março de 1996, com reserva para o art. XI, parágrafo 1º, inciso "c". Disponível em: <http://www.planalto.gov.br/ccivil_03/decreto/2002/d4410.htm>. Acesso em: 17 jan. 2018.

[3] Ver COUNCIL OF EUROPE. *Agreement Establishing the Group of States Against Corruption – GRECO.* Strasbourg, 1999. Disponível em: <https://rm.coe.int/16806cd24f>. Acesso em: 17 jan. 2018.

[4] Ver BRASIL. *Decreto nº 5.687,* de 31 de janeiro de 2006. Promulga a Convenção das Nações Unidas contra a Corrupção, adotada pela Assembleia-Geral das Nações Unidas em 31 de outubro de 2003 e assinada pelo Brasil em 9 de dezembro de 2003. Disponível em: <www.planalto.gov.br/ccivil_03/_ato2004-2006/2006/decreto/d5687.htm>. Acesso em: 17 jan. 2018.

produção literária e legislativa a respeito do tema, de modo a perscrutar de forma mais abrangente sua natureza multifacetada.

No campo das consequências, ou dos reflexos do fenômeno, a corrupção gera positividades, na maioria das hipóteses, retornos financeiros para aqueles que dela se apropriam ou integram sua matriz, e negatividades, assim compreendidas como a degradação da vontade pública, o estado de mal-estar coletivo e outros prejuízos de ordem social e econômica.

Claro que é menos complexo verificar os beneficiários da corrupção do que identificar com precisão as pessoas ou as organizações diretamente afetadas por ela. As negatividades geradas pelo fenômeno são amplas e atingem a sociedade como um todo.

O fenômeno da corrupção não tem conceito determinado. Sua definição está associada a situações específicas como, por exemplo, as de abuso de poder, desvio da finalidade pública ou apropriação dos mecanismos públicos para a viabilização de interesses privados.

A impossibilidade de uma definição precisa da corrupção se justifica pela impossibilidade de compreender a lógica dos atos corruptos e de verificar com precisão os âmbitos de reprodução desses atos.

Para além do fato de que a corrupção é um objeto interdisciplinar, não sendo exclusivo de análise pelas Ciências Econômicas, verifica-se que a Sociologia, o Direito, a Ciência Política e a História também se propõem a estudá-la e, a partir dos seus específicos pontos de vista, propor conceituações e soluções para o fenômeno.

Essa impossibilidade de uma definição determinada de corrupção gera confusões. Constantemente, verificamos alusões que estabelecem relação entre aquilo que se entende por corrupção e, por exemplo, desvio de poder.

A imprecisão que orienta a análise da corrupção no Brasil é também justificativa da configuração atual do problema no país. Muitos afirmam que a ausência de uma definição precisa do que se tipifica como corrupção, a exemplo do enriquecimento ilícito, explicaria a ineficácia dos dispositivos de combate a esse fenômeno no Brasil.

A corrupção não se detém ao setor público. A dicotomia entre público e privado, bem definida ao longo dos anos 1980, já não é mais tão clara. Hoje, a zona de interseção entre o Estado e o setor privado é muito maior.

Hoje, os limites entre o setor público e o setor privado já não se veem mais tão bem determinados. Como seria possível limitar a corrupção a um único setor?

Enquanto conduta criminosa, os atos corruptos enquadram-se num tipo penal, portanto, suscitam a aplicação do Direito Penal. Mas, ainda enquanto conduta criminosa e, antes de tudo, enquanto fenômeno social, a corrupção se torna mais complexa. A busca das falhas nas legislações e das lacunas do ordenamento jurídico para agir com maior liberdade, sem a existência, na mesma medida, de ações do Estado visando a prevenir e não apenas a punir a conduta corrupta, torna a tarefa mais árdua. Assim, segundo Furtado (2015, p. 35), "sempre haverá descompasso entre a criação de novas condutas fraudulentas e a capacidade do Estado de, por meio de legislação específica, criminalizar as referidas condutas".

Uma medida efetiva de combate à corrupção se dá pela prevenção de atos impróprios e não somente pela repressão. Nesse debate, o Direito Público tem preponderância, e a importância atribuída a esse ramo do Direito, em especial ao Direito Constitucional, ao Direito Administrativo e ao Direito Financeiro, é amplamente reconhecida: os principais acordos internacionais, dentre os quais a Convenção de Mérida sobre Corrupção,[5] apresentam propostas de redefinição nas estruturas administrativas e na legislação de vários países.

O processo de combate à corrupção inicia-se na identificação das vulnerabilidades na estrutura das instituições e na legislação administrativa, visando a combater a corrupção pública nas vertentes normativa e estrutural da Administração Pública, o que compete ao Direito Administrativo.

Sendo frágeis os processos administrativos atinentes às licitações, à execução das despesas, ao repasse de recursos às entidades privadas, às concessões, dentre outros dotados de relativa discricionariedade, tornam-se permeáveis às práticas corruptas.

Ao identificar as falhas e impedir as fraudes, a punição, realizada por meio de procedimentos judiciais transparentes e céleres de Tribunais Anticorrupção, dotados de magistrados especializados e compelidos a agir por um corpo também especializado do *parquet*, certamente, a exemplo do que ocorre nos países pesquisados, torna a problemática da corrupção solúvel.

---

[5] Conforme BRASIL. *Decreto nº 5.687*, de 31 de janeiro de 2006. Promulga a Convenção das Nações Unidas contra a Corrupção, adotada pela Assembleia-Geral das Nações Unidas em 31 de outubro de 2003 e assinada pelo Brasil em 9 de dezembro de 2003. Disponível em: <http://www.planalto.gov.br/ccivil_03/_ato2004-2006/2006/decreto/d5687.htm>. Acesso em: 18 jan. 2018.

A atualização da estrutura normativa e dos órgãos de Estado como instrumentos de prevenção (e repressão) da corrupção é uma medida de promoção da celeridade no combate aos atos corruptos, pela adoção do caráter de especialidade dos órgãos de combate com reflexos orçamentários, em face da economia e recuperação de ativos pelos órgãos de controle.

A definição do fenômeno da corrupção não é simples, de modo a delimitar as formas da corrupção no Brasil, uma vez que "não há uma estreita, compreensiva e universal definição de corrupção, dada a complexidade e a pluridimensionalidade do tema" (NUNES, 2008, p. 17).

A corrupção, ou o ato corrupto, importa a violação das regras de conduta acerca do exercício de uma função, e isso não é algo restrito ao setor público.

É preciso reconhecer a insuficiência de uma política pública de controle de amplo espectro, buscando-se nas demais ciências experiências calcadas fundamentalmente na prevenção.

Os mecanismos voltados apenas para a prevenção da corrupção dos servidores públicos não são efetivos para combater as fraudes e abusos desses e também daqueles em cargos políticos elevados nas estruturas administrativas dos poderes da República.

Como mostra o recente histórico brasileiro, de que trataremos adiante, os grandes escândalos de corrupção foram perpetrados, em muitos casos, com a utilização da expertise técnica de servidores de carreira.

Várias questões se propõem no processo de elaboração das políticas de combate à corrupção.

A primeira delas consiste em saber se valeria a pena combatê-la. Parece contraditório, mas tal argumento vem sendo lançado no tocante à eventual "paralisação" da economia. Em outros termos, podemos questionar: existe de fato uma medida efetiva de combate à corrupção que não produza efeitos na sociedade? O argumento econômico é válido para a degradação principiológica da sociedade?

No âmbito político, a corrupção põe em risco a representação, um dos pilares da democracia, consubstanciando a corrupção eleitoral.

Nesse cenário de corrupção, a ficção orçamentária, assim compreendida a dissociação dos instrumentos legais de planejamento (PPA, LDO e LOA) da realidade socioeconômica do ente, colabora essencialmente para a fragilidade do planejamento e ineficácia na execução orçamentária.

A corrupção gera, pois, um desmantelamento nas regras de mercado e desinteresse dos cidadãos sobre os assuntos públicos, redundando no descrédito dos cidadãos na democracia e na política.

Quanto aos efeitos da corrupção no plano social, reconhece-se intrínseca relação entre pobreza e corrupção (PLESSIS, 2016), sendo endêmica em países com baixo Índice de Desenvolvimento Humano (IDH), segundo dados do *Our World in Data* (2013).

Sobre a economia, a corrupção atua reduzindo o consumo pelo maior custo de produção de bens e serviços, pela ampliação dos gastos e pela pulverização dos investimentos públicos.

O aumento da desigualdade social também se verifica pela concentração desarrazoada da renda, pelo desequilíbrio da dinâmica comercial internacional mediante a fuga de capitais e, notadamente, pelo aumento do custo de implementação de políticas públicas e sua ineficácia em face do desvio de recursos.

A corrupção desestrutura também a Administração Pública pela quebra da impessoalidade, a mitigação da moralidade e o fomento da prática de atos ilícitos e lesivos, em prejuízo a toda a coletividade.

Com relação aos recursos geridos por meio dos orçamentos públicos, os modos adotados pelo Estado para manusear essas somas possibilitaram a opacidade das atividades administrativas, a complexidade dos processos de gestão, a fragilização dos controles independentes e a dissociação da realidade econômica, desvirtuando sua principal função de planejamento e correção de desvios por meio de práticas tais quais a chamada "contabilidade criativa" e as "pedaladas fiscais" (CONTI, 2016, p. 209).

As reformas gerenciais, empreendidas ao longo da década de 1990, foram tentativas de resposta a essas fragilidades de governança, as quais lograram parcial êxito no controle das atividades administrativas estatais, que é um instrumento essencial no combate à corrupção.

Nas democracias modernas, diversos são os mecanismos de acompanhamento e fiscalização da Administração Pública: o controle político, o controle judicial, o controle administrativo, o controle de mérito, o controle de legalidade, entre outros.

Em sentido estrito, a necessidade do controle é inerente ao próprio processo de administrar, e essa relação se faz presente desde a concepção do Estado de Direito. A separação dos poderes, teorizada por Montesquieu, está embasada na ideia de que nenhum poder do Estado deve assumir atribuições que não possam ser controladas por outro poder. A Constituição brasileira reitera essa disposição em seu artigo 2º, ao afirmar a independência e harmonia entre os poderes da União.

O controle parlamentar direto, exercido pelo Poder Legislativo, se subdivide em duas modalidades: o político[6] e o financeiro. O primeiro diz respeito a um controle pautado na vontade política dos parlamentares, ou seja, as atividades inseridas no âmbito desse controle são atividades baseadas em decisões de cunho exclusivamente político.

A titularidade do controle externo das atividades financeiras do Estado é conferida ao Congresso Nacional, conforme o artigo 70 da Constituição da República de 1988, ainda que os instrumentos necessários à efetividade desse controle sejam conferidos ao Tribunal de Contas da União, o TCU, como disposto no artigo 71 da Magna Carta.

Junto à proteção da dignidade da pessoa humana, da propriedade privada e do princípio da legalidade, o controle judicial das atividades estatais compõe a base do Estado Democrático de Direito.

Cabe ressaltar o princípio da inafastabilidade da apreciação jurisdicional, princípio constitucional compreendido entre os direitos e garantias fundamentais (art. 5º, inciso XXXV, da CR/88).

Ainda que não integre o Poder Judiciário, o Ministério Público se consolida como uma instituição essencial à função jurisdicional do Estado, responsável pela defesa da ordem jurídica, do regime democrático e dos interesses sociais e individuais indisponíveis (nos termos do art. 128 da CR/88).

O Ministério Público dispõe de autonomia administrativa, funcional e financeira, regidas pelo §2º do art. 127 da Constituição e pela Lei Complementar nº 75, de 20 de maio de 1993.

O controle exercido pelo Poder Judiciário é um controle de legalidade e de legitimidade. Até mesmo a discricionariedade dos atos se sujeita ao controle da legalidade judicial, pautada pelo princípio da razoabilidade, uma espécie de "bom-senso jurídico", em sua acepção mais difundida.

A Constituição da República de 1988 aponta alguns meios pelos quais é possível exercer o controle judicial sobre a Administração Pública, que são: o mandado de segurança, o mandado de injunção, o *habeas corpus*, o *habeas data*, a ação popular, a ação civil pública e a ação de improbidade.

---

[6] Na Constituição Federal de 1988, encontram-se previstas várias hipóteses de evidência do controle político do Congresso Nacional: artigo 49, incisos I, II, III, IV, V, IX, X, XII, XIII, XIV, XVI e XVII; artigo 50, *caput*; artigo 52 (competências privativas do Senado), incisos III, IV, V, VI, VII e VIII; e artigo 58, §3º. No que se refere às atribuições do Senado Federal, previstas no artigo 52, é preciso observar que nem todas elas são mecanismos de controle.

Nos termos do art. 5º, inciso LXIX, da CR/88, o mandado de segurança visa a proteger direito líquido e certo, não amparado por *habeas corpus* ou *habeas data* (caráter residual), e poderá ser individual ou coletivo. Direito líquido e certo é aquele que independe de qualquer outra prova além da documentação juntada com a petição inicial.

O estabelecimento de instrumentos legais e práticas administrativas visando à atuação e sanção de atos de improbidade é estratégia relevante no combate à corrupção, uma vez que as ações de improbidade não correspondem às ações penais, tampouco a processos administrativos. São, antes, uma espécie de ação civil pública pela qual o Ministério Público ou as pessoas interessadas exigem o reconhecimento de determinados atos eventualmente praticados pelo demandado, requerendo a cominação das penas estabelecidas para cada tipo de ato ímprobo, podendo ser aplicadas cumulativamente.

Os sujeitos passivos das ações de improbidade são os agentes públicos e aqueles que, mesmo não o sendo, induzam ou concorram para a prática do ato de improbidade ou dele se beneficiem sob qualquer forma, direta ou indiretamente, nos termos do art. 3º da Lei nº 8.429/1992, a Lei de Improbidade Administrativa.

A Lei nº 8.429/1992 classifica os atos de improbidade administrativa em: atos de improbidade que importam enriquecimento ilícito (previstos no art. 9º), atos de improbidade que causam prejuízo ao erário (art. 10) e atos de improbidade que violam princípios da Administração Pública (art. 11). Para cada categoria de ato de improbidade, aplica-se uma sanção específica.

No processo de combate à corrupção, a despeito dos avanços legais no sentido de ampliar o arsenal normativo, é preciso reconhecer uma série de deficiências que ainda impossibilitam a efetividade das ações de improbidade.

A demora dos julgamentos dos recursos, a morosidade dos processos como um todo e a falta de efetividade, a ineficiência, a impunidade e o congestionamento da máquina administrativo-jurisdicional, com prejuízo à persecução daqueles fatos mais graves e que envolvem danos ao erário, seja por corrupção, seja pela prática de atos ímprobos, são fatores que atingem o Poder Judiciário e fragilizam o combate à corrupção, em consonância com as conclusões do Conselho Nacional de Justiça (CNJ).[7]

---

[7] Para mais informações: BRASIL. Conselho Nacional de Justiça. *Justiça em números 2016: ano-base 2015*. Disponível em: <http://www.cnj.jus.br/programas-e-acoes/pj-justica-em-numeros>. Acesso em: 18 jan. 2018.

O Poder Executivo brasileiro, por sua vez, também dispõe, em sua estrutura, de órgãos responsáveis pelo controle da Administração Pública e pelo combate à corrupção e à improbidade. São alguns deles: o Departamento de Polícia Federal (DPF), o Ministério da Transparência, Fiscalização e Controladoria-Geral da União (CGU) e o Conselho de Controle de Atividades Financeiras (Coaf).

Criado e regido pela Lei nº 4.483/1964, o Departamento de Polícia Federal[8] é um órgão sistematizado e mantido pela União, estruturado em carreira, com autonomia administrativa e financeira, ligado diretamente ao Ministério da Justiça.

Recentemente, a atuação da Polícia Federal no combate à corrupção no Brasil tem se evidenciado. Por meio do órgão, tornou-se possível investigar as cadeias da criminalidade organizada que os meios tradicionais de controle da Administração Pública não eram capazes de identificar.

As principais instituições de controle das atividades administrativas do Estado são o Tribunal de Contas da União e o Ministério da Transparência, Fiscalização e Controladoria-Geral da União,[9] no âmbito federal. Essas instituições são responsáveis pela fiscalização da atividade financeira do Estado, que envolve a arrecadação, o gasto público, a execução e alteração do orçamento e o processo de endividamento público.

Nem sempre é possível identificar a existência de fraudes ou crimes somente pelo mero exame formal das informações constantes nos processos, que quase sempre são instruídos pelas próprias pessoas que cometem os atos ilícitos. O Tribunal de Contas da União e o Ministério da Transparência, Fiscalização e Controladoria-Geral da União são instituições de poder limitado de investigação, de cujas deficiências trataremos em tópico adiante.

O exemplo mais eloquente da ação da Polícia Federal sobre esquemas de corrupção no Brasil é a Operação Lava Jato, deflagrada em março de 2014, que segue investigando esquemas de lavagem e desvio de dinheiro envolvendo, entre outros, a estatal Petrobras, grandes empreiteiras do país e políticos de todos os matizes ideológicos.

---

[8]   As atribuições da Polícia Federal encontram-se no §1º do art. 114 da Constituição Federal e no art. 27 da Lei nº 10.683/2003.

[9]   Confira-se BRASIL. *Lei nº 13.341*, de 29 de setembro de 2016. Altera as Leis nºs 10.683, de 28 de maio de 2003, que dispõe sobre a organização da Presidência da República e dos Ministérios, e 11.890, de 24 de dezembro de 2008, e revoga a Medida Provisória nº 717, de 16 de março de 2016. Disponível em: <http://www.planalto.gov.br/ccivil_03/_ato2015-2018/2016/lei/L13341.htm>. Acesso em: 18 jan. 2018.

A Controladoria-Geral da União (CGU),[10] hoje Ministério da Transparência, Fiscalização e Controladoria-Geral da União, é um órgão do Poder Executivo Federal responsável por assistir, de forma direta e imediata, o Presidente da República. As atividades desempenhadas pela CGU são voltadas ao controle interno do Poder Executivo, auditoria nos órgãos públicos vinculados, correição e ouvidoria.

Integra a estrutura do Ministério da Justiça e Segurança Pública o Departamento de Recuperação de Ativos e Cooperação Jurídica Internacional (DRCI), regido pelo Decreto nº 9.150, de 4 de setembro de 2017, que atua na integração e proposição de ações de governo voltadas ao combate da lavagem de dinheiro e do crime organizado transnacional, à recuperação de ativos e à cooperação jurídica internacional.

Outra estrutura que atua no combate à improbidade e à corrupção é o Conselho de Controle de Atividades Financeiras (Coaf). Trata-se de unidade de inteligência com *status* de secretaria, composta por representantes do Banco Central, da Comissão de Valores Mobiliários, da Superintendência de Seguros Privados, da Procuradoria-Geral da Fazenda Nacional, da Secretaria da Receita Federal do Brasil, da Agência Brasileira de Inteligência, da Controladoria-Geral da União, do Ministério das Relações Exteriores, do Ministério da Previdência Social, do Ministério da Justiça e do Departamento de Polícia Federal.

O Coaf é responsável pela disciplina, recepção, exame e identificação de ocorrências suspeitas de atividades ilícitas relacionadas à lavagem de dinheiro, mas sua efetividade ainda esbarra em práticas que prejudicam o cruzamento de dados. Mesmo que reconhecidas as evoluções trazidas pela Lei nº 10.701/2003, o Conselho ainda se depara com obstáculos postos pelas restrições de acesso e cruzamento de dados bancários e fiscais, além de outras barreiras físicas, legais e tecnológicas no que se refere ao acesso à informação necessária ao conhecimento do perfil econômico-financeiro dos agentes envolvidos em operações suspeitas. Para Lucas Rocha Furtado (2015, p. 170), "(...) não é a simples aprovação de leis, mas a efetiva implementação de medidas práticas, que requerem, além de leis, a criação de estruturas administrativas adequadas, que irá permitir o efetivo combate à corrupção".

No Brasil, as falhas detectadas no ordenamento jurídico vigente – como o "foro privilegiado", leis criadas de maneira indiscriminada

---

[10] A CGU foi criada em 2001, pela Medida Provisória nº 2.143-31, convertida posteriormente, em 2003, na Lei nº 10.683.

e sob encomenda pelo mercado para desonerar o setor financeiro (bancos) e empresarial (indústrias, comércio), bem como as leis de autofavorecimento aos parlamentares e ocupantes de Poderes, por meio da criação de regalias que não são estendidas aos demais trabalhadores – agravam esse estado de coisas. A recente edição de leis como a de repatriação de recursos, editada em 2016 e alterada em 2017,[11] que abranda a punição, em razão do poder econômico, daqueles que evadiram divisas, constitui obstáculo imposto por núcleos duros de poder, incrustados dentro das instituições democráticas. A opacidade do poder e a falta de transparência impedem o controle e tendem a favorecer a ocorrência de corrupção.

No caso brasileiro, a questão da corrupção diz respeito às falhas nas estruturas e instituições administrativas, legislativas, judiciais e de fiscalização. Embora se tenha buscado a evolução dessas instituições embasada nas diretrizes da Convenção de Mérida,[12] a primeira Convenção de âmbito mundial e o mais importante marco internacional no combate à corrupção, há um longo caminho de efetividade ainda a ser percorrido, mesmo após quase 30 (trinta) anos de vigência da Constituição da República de 1988.

As ações preventivas ganham um tratamento especial na referida Convenção. São várias as medidas propostas para identificação e correção das vulnerabilidades que permitem a prática dos atos corruptos.

Em seu art. 5º, a convenção orienta os Estados-Partes a adotar políticas e práticas de prevenção da corrupção, bem como a avaliar regularmente os instrumentos jurídicos e as medidas administrativas voltadas ao combate do fenômeno.

O art. 6º da Convenção de Mérida demanda dos Estados-Partes a existência de um ou mais órgãos de prevenção à corrupção com a independência necessária ao exercício de suas funções sem influências indevidas, como citamos:[13]

---

[11] Ver BRASIL. *Lei nº 13.254*, de 13 de janeiro de 2016. Dispõe sobre o Regime Especial de Regularização Cambial e Tributária (RERCT) de recursos, bens ou direitos de origem lícita, não declarados ou declarados incorretamente, remetidos, mantidos no exterior ou repatriados por residentes ou domiciliados no País. Disponível em: <http://www.planalto.gov.br/ccivil_03/_Ato2015-2018/2016/Lei/l13254.htm>. Acesso em: 18 jan. 2018.

[12] Conf. BRASIL. *Decreto nº 5.687*, de 31 de janeiro de 2006. Promulga a Convenção das Nações Unidas contra a Corrupção, adotada pela Assembléia-Geral das Nações Unidas em 31 de outubro de 2003 e assinada pelo Brasil em 9 de dezembro de 2003. Disponível em: <http://www.planalto.gov.br/ccivil_03/_ato2004-2006/2006/decreto/d5687.htm>. Acesso em: 18 jan. 2018.

[13] BRASIL. *Decreto nº 5.687*, de 31 de janeiro de 2006. Promulga a Convenção das Nações Unidas contra a Corrupção, adotada pela Assembléia-Geral das Nações Unidas em 31 de

Artigo 6
Órgão ou órgãos de prevenção à corrupção
1. Cada Estado-Parte, de conformidade com os princípios fundamentais de seu ordenamento jurídico, garantirá a existência de um ou mais órgãos, segundo procede, encarregados de prevenir a corrupção com medidas tais como:
a) A aplicação das políticas às quais se faz alusão no Artigo 5 da presente Convenção e, quando proceder, a supervisão e coordenação da prática dessas políticas;
b) O aumento e a difusão dos conhecimentos em matéria de prevenção da corrupção.
2. Cada Estado-Parte outorgará ao órgão ou aos órgãos mencionados no parágrafo 1º do presente Artigo a independência necessária, de conformidade com os princípios fundamentais de seu ordenamento jurídico, para que possam desempenhar suas funções de maneira eficaz e sem nenhuma influência indevida. Devem proporcionar-lhes os recursos materiais e o pessoal especializado que sejam necessários, assim como a capacitação que tal pessoal possa requerer para o desempenho de suas funções.
3. Cada Estado-Parte comunicará ao Secretário-Geral das Nações Unidas o nome e a direção da(s) autoridade(s) que possa(m) ajudar a outros Estados-Partes a formular e aplicar medidas concretas de prevenção da corrupção.

Não é admissível dizer que a corrupção constatada no âmbito das atividades administrativas brasileiras seja decorrente da falta de órgãos de fiscalização. Pelo contrário! A estrutura de órgãos com competência para atuar no combate à corrupção é generosa no Brasil, o que ocasiona, em muitas situações, sobreposições e ineficiências na prevenção e repressão da prática de atos corruptos com reflexos na inefetividade dos gastos públicos.

Contudo, existem dificuldades e deficiências no curso da atuação desses órgãos que, para além de comprometerem a efetividade do sistema de controle preventivo da corrupção, precisam ser superadas, entre elas, a falta de cooperação entre os órgãos fiscalizadores e, ainda, a discrepância entre as medidas adotadas no plano federal e as medidas implementadas no âmbito dos Estados e Municípios que promovem a integridade pública.

---

outubro de 2003 e assinada pelo Brasil em 9 de dezembro de 2003. Disponível em: <http://www.planalto.gov.br/ccivil_03/_ato2004-2006/2006/decreto/d5687.htm>. Acesso em: 18 jan. 2018.

Sobre o setor público, as disposições constitucionais (art. 37, incisos I, II e III da CR/88) e outras leis acerca do regime jurídico do pessoal civil (dentre elas, a Lei nº 8.112/1990 e o Decreto nº 1.171/1994)[14] atendem formalmente às exigências definidas na Convenção de Mérida. Na prática, são ínfimos os casos de servidores demitidos por corrupção ou em razão de insuficiência de desempenho.

Em relação ao acesso aos cargos eletivos, a Convenção de Mérida recomenda a instituição de critérios para a candidatura e a eleição, mecanismos de transparência nos processos de financiamento de candidatos e partidos políticos.

Um dos maiores problemas no combate à corrupção no Brasil se refere ao financiamento das campanhas aos cargos públicos eletivos, situação atenuada pela decisão do Supremo Tribunal Federal (STF) em sede da Ação Direta de Inconstitucionalidade nº 4.650, relatada pelo Ministro Luiz Fux e julgada em 17.9.2015, na qual se decidiu pela inconstitucionalidade de dispositivos da Lei nº 9.504/1997 e da Lei nº 9.096/1995, que regem, respectivamente, as eleições e os partidos políticos, passando a vedar as contribuições de pessoas jurídicas privadas para as campanhas eleitorais. Sob tal aspecto, a representatividade não é o único elemento passível de questionamento.

No caso brasileiro, a legislação eleitoral, responsável pelos processos de prestação de contas de campanhas, a saber, a Lei nº 9.504/1997,[15] encontra-se eivada de falhas que priorizam uma análise formal. A aprovação de medidas que visem a limitar os gastos de campanhas e definir outras fórmulas, mais adequadas para a prestação de contas dos partidos políticos, poderá permitir a redução dessa modalidade de corrupção política.

Uma das modalidades mais comuns de corrupção é aquela que advém das contratações públicas em face dos processos licitatórios realizados. A Convenção de Mérida define, em seu art. 9º, uma série de critérios que devem ser observados em procedimentos de contratação, a saber: a difusão pública de informação relativa aos procedimentos de licitação; a formulação prévia das condições de participação, incluídos critérios de seleção e de adjudicação, regras de licitação, assim como

---

[14] Aprova o Código de Ética Profissional do Servidor Público Civil do Poder Executivo Federal. In: BRASIL. *Decreto nº 1.171*, de 22 de junho de 1994. Disponível em: <http://www.planalto. gov.br/ccivil_03/decreto/d1171.htm>. Acesso em: 25 out. 2016.

[15] Conf. BRASIL. *Lei nº 9.504*, de 30 de setembro de 1997. Estabelece normas para as eleições. Disponível em: <http://www.planalto.gov.br/ccivil_03/leis/L9504.htm>. Acesso em: 18 jan. 2018.

sua publicação e a aplicação de critérios objetivos e predeterminados de julgamento.

No Brasil, a Lei nº 8.666/1993 (Lei de Licitações e Contratos Públicos) corresponde às exigências formuladas pela Convenção de Mérida, em todos os aspectos. Ainda assim, no país, as contratações públicas constituem uma das maiores fontes de fraude, desvio de dinheiro público e corrupção ativa e passiva, em face da "lei de mercado", que impõe o pagamento e a oferta de vantagens indevidas.

Os problemas decorrem da inaplicabilidade prática dos princípios licitatórios e da forma como é implementada e interpretada a legislação, sendo encontradas as maiores vulnerabilidades nos próprios órgãos ou entidades que celebram os contratos, visto que, além de "(...) fraudes e conluios na fase de licitação, a falta de estrutura do Estado brasileiro para fiscalizar adequadamente a execução dos contratos tem permitido a ocorrência de pagamentos por contratos não executados ou inadequadamente executados" (FURTADO, 2015, p. 190).

A seu turno, os itens 2 e 3 do art. 9º da Convenção de Mérida consistem em propostas, aos Estados-Partes, de medidas aplicáveis aos processos de prestação de contas e de execução do orçamento nacional, quais sejam:[16]

> Artigo 9
> Contratação pública e gestão da fazenda pública
> (...)
> 2. Cada Estado Parte, em conformidade com os princípios fundamentais de seu ordenamento jurídico, adotará medidas apropriadas para promover a transparência e a obrigação de render contas na gestão da fazenda pública. Essas medidas abarcarão, entre outras coisas:
> a) Procedimentos para a aprovação do pressuposto nacional;
> b) A apresentação oportuna de informação sobre gastos e ingressos;
> c) Um sistema de normas de contabilidade e auditoria, assim como a supervisão correspondente;
> d) Sistemas eficazes e eficientes de gestão de riscos e controle interno; e
> e) Quando proceda, a adoção de medidas corretivas em caso de não cumprimento dos requisitos estabelecidos no presente parágrafo.
> 3. Cada Estado-Parte, em conformidade com os princípios fundamentais de sua legislação interna, adotará as medidas que sejam necessárias nos

---

[16] BRASIL. *Decreto nº 5.687*, de 31 de janeiro de 2006. Promulga a Convenção das Nações Unidas contra a Corrupção, adotada pela Assembleia-Geral das Nações Unidas em 31 de outubro de 2003 e assinada pelo Brasil em 9 de dezembro de 2003. Disponível em: <http://www.planalto.gov.br/ccivil_03/_ato2004-2006/2006/decreto/d5687.htm>. Acesso em: 18 jan. 2018.

âmbitos civil e administrativo para preservar a integridade dos livros e registros contábeis, financeiros ou outros documentos relacionados com os gastos e ingressos públicos e para prevenir a falsificação desses documentos.

As normas acima transcritas remetem à normatização constitucional brasileira acerca da fiscalização contábil, financeira e orçamentária do Estado, em especial no que tange ao dever de prestar contas e ao correspondente poder de exigi-las. Conforme prevê a CR/88, no parágrafo único de seu art. 70, "prestará contas qualquer pessoa física ou jurídica, pública ou privada, que utilize, arrecade, guarde, gerencie ou administre dinheiros, bens e valores públicos".

É dever do Poder Legislativo realizar o controle externo da Administração Pública, auxiliado pelos Tribunais de Contas (art. 71, *caput*, da CR/88). Tais órgãos são apoiados pelo controle interno de cada um dos poderes, de acordo com o art. 74 da Constituição da República. No exercício desse mister, utilizam como fonte normativa de sua atuação diplomas como a Lei nº 4.320/1964, que estabelece normas de direito financeiro para o Poder Público, e a Lei nº 101/2000, Lei de Responsabilidade Fiscal, com as modificações introduzidas pela Lei nº 131/2009, que estipula regras quanto à transparência da gestão dos recursos públicos. Essas normas, conquanto mereçam críticas, inoportunas nessa ocasião, dão concretude ao preconizado nos itens 2 e 3 do art. 9º da Convenção de Mérida.

Não existe, por outro lado, um tipo penal específico denominado enriquecimento ilícito no Brasil. Contudo, a Lei nº 8.429/1992, em seu art. 9º, inciso VII, considera o enriquecimento ilícito como um ato de improbidade administrativa.

Na seara das iniciativas internacionais na luta contra a corrupção, a Convenção de Mérida se constitui no mais importante instrumento jurídico voltado à prevenção e à repressão da corrupção. Há que se reconhecerem inúmeras outras contribuições, dentre as quais cabe mencionar as da Convenção da Organização para a Cooperação e Desenvolvimento Econômico (OCDE) sobre o Combate da Corrupção de Funcionários Públicos Estrangeiros em Transações Comerciais Internacionais.[17]

---

[17] BRASIL. *Decreto nº 3.678*, de 30 de novembro de 2000. Promulga a Convenção sobre o Combate da Corrupção de Funcionários Públicos Estrangeiros em Transações Comerciais Internacionais, concluída em Paris, em 17 de dezembro de 1997. Disponível em: <http://www.planalto.gov.br/ccivil_03/decreto/d3678.htm>. Acesso em: 18 jan. 2018.

Um dos aspectos principais da mencionada Convenção da OCDE, que a legislação brasileira toma como referência, diz respeito à responsabilidade penal de pessoas jurídicas em razão da prática de atos relacionados à corrupção.

O ordenamento jurídico do Brasil não previu a responsabilidade penal da pessoa jurídica (exceto nos casos de crime ambiental, conforme o art. 225 da Constituição de 1988 e a Lei nº 9.605/1998). Admite-se, por outro lado, a responsabilização objetiva cível e administrativa das pessoas jurídicas que pratiquem atos abarcados pelo conceito de "corrupção", nos termos da Lei nº 12.846/2013, conhecida como Lei Anticorrupção das Empresas.

No sistema penal brasileiro, a responsabilidade de pessoas jurídicas vem de encontro à regra da culpabilidade, condição da imposição da pena (regra não aplicável aos crimes ambientais).

No art. 173, §5º, da Constituição de 1988, encontram-se definidos alguns tipos de responsabilidade às quais se sujeitam as empresas estatais: tributária, administrativa, econômica, societária, em relações de consumo, entre outras, que incidem sobre o patrimônio da empresa ou até impõem a suspensão parcial ou total de suas atividades.

No que se refere à responsabilização civil e administrativa, existem inúmeras hipóteses em que se admite a penalização: a Lei nº 8.666/1993, em seus artigos 87 e 88, e a Lei nº 8.443/1992, a partir do artigo 46, preveem possibilidades de aplicação de sanções administrativas a pessoas jurídicas.

Enfrentar a corrupção não é uma tarefa simples, sobretudo pelas formas complexas que assume no mundo contemporâneo, caracterizado pelos avanços tecnológicos, a globalização da economia e a velocidade das operações transnacionais.

A divulgação de estudos sobre os efeitos da corrupção na economia levou a comunidade internacional a buscar novas oportunidades para seu combate, e a questão passou a ser um dos mais importantes itens da agenda dos organismos internacionais.

Contudo, carece de base científica a afirmação de que hoje existiria mais corrupção que antigamente. No breve histórico a seguir exposto, observamos que remontam ao fim do século passado inúmeros e rumorosos casos de corrupção.

Podemos dizer que nunca antes foi possível observar esforços efetivos no combate à corrupção ou articulações entre entes internacionais na adoção de políticas de prevenção e repressão do fenômeno em questão, como os que são empreendidos e vistos a partir da edição do Decreto nº 5.687, de 31 de janeiro de 2006, que adotou a ratificação da Convenção das Nações Unidas contra a Corrupção de 31 de outubro de 2003.

Diante da ameaça que a corrupção transnacional representa para as instituições, é somente a partir da efetiva participação de organismos internacionais como as Nações Unidas, a OCDE, a OEA, o Banco Mundial, o Banco Interamericano, entre outros, que atuam com financiamentos e propostas de modelagens, que será possível a apresentação de medidas efetivas, posto que "(...) o enfrentamento do tema passa a ser um dos mais importantes itens da agenda de discussão política mundial" (conf. FURTADO, 2015, p. 412-413).

É preciso reconhecer que o problema da corrupção no Brasil é também decorrente das lacunas e imprecisões legislativas (algumas extremamente permissivas ou pouco incisivas), da fragilidade das instituições (principalmente aquelas responsáveis pelo exercício do controle) e da impunidade dos responsáveis pela prática dos atos de corrupção.

Mais do que qualquer razão histórica ou cultural, "o diagnóstico da corrupção e das medidas necessárias à sua superação deve ater-se mais ao exame de elementos estruturais e normativos do que culturais ou morais", na visão de Furtado (2015, p. 414), com a qual concordamos parcialmente. Atualmente, as neurociências abrem uma nova fronteira visando a investigar causas da ocorrência de atos antissociais, entre eles, a corrupção.[18]

O combate à corrupção no Brasil só se dará de forma efetiva a partir da vontade política e da adoção de medidas preventivas que tendam também a enfrentar fatores culturais e morais que não se pode mais ignorar, buscando-se, inclusive, melhores processos seletivos daqueles ocupantes de cargos de direção, chefia, assessoramento e ordenamento de despesas.

A análise de alguns casos que permearam a história do Brasil permitiu observar que o envolvimento do Congresso Nacional (mediante CPIs e CPMIs) orientou a identificação e a correção de diversas vulnerabilidades na legislação e nas estruturas administrativas e judiciais do país. Infelizmente, até o momento, essa vontade não se mostrou suficientemente forte a ponto de superar o poder exercido por grupos econômicos e políticos favorecidos pelas falhas do ordenamento jurídico brasileiro.

---

[18] Para saber mais, vide MOURÃO, 2017.

É necessária uma profunda reforma nas estruturas de combate à corrupção do Brasil, haja vista que se observa uma tendência recente a imputar ao controle social a responsabilidade pela prevenção de atos de corrupção a partir de uma população majoritariamente deseducada para tal e mais preocupada com a sobrevivência diária, diante de uma acentuada desigualdade econômica e social.

Em um cenário em que essa própria população já dotou o aparato estatal de recursos humanos e financeiros para desempenhar esse papel, a razão de não ser realizado a contento encontra seu fundamento muito mais na própria ineficácia da atuação estatal que na pretensa omissão de seus cidadãos.

Não se pode, portanto, descurar da ampliação do controle administrativo e sua realização com rigor, pressupondo-se o fortalecimento e expansão dos quadros funcionais e dos recursos materiais dos órgãos e entidades governamentais voltados à investigação de atos de corrupção.

Parece-nos que, não necessariamente, o incremento orçamentário e de quadros, com impactos diretos no gasto público, seja a solução mais adequada. Conceitos tais como produtividade no setor público, racionalidade, seletividade e materialidade precisam ser conhecidos e disseminados de modo a serem internalizados, inclusive nas atividades de controle.

O papel exercido pela imprensa, meio legítimo de controle social, em regimes democráticos, também há de ser enaltecido. A divulgação dos escândalos ocorridos e o acompanhamento das medidas adotadas pelos órgãos públicos devem ser reconhecidos como estratégia válida de empoderamento do controle e de conscientização da sociedade, o que influencia incisivamente o sentimento de impunidade gerado em face dos rumorosos casos de corrupção no país.

A ideia também defendida de um melhor arranjo institucional dos órgãos de controle, exposta adiante, e entre elas a inserção dos Tribunais de Contas na estrutura do Poder Judiciário, a exemplo do que ocorre em Portugal, possibilitaria a criação de juízes especializados no trato das questões relacionadas à corrupção, implicando a busca por maior efetividade das ações punitivas e reduzindo a sensação de impunidade.

As falhas na legislação e nas estruturas da Administração Pública que permitem a prática de atos corruptos, a partir de constatações fáticas, apresenta-nos a oportunidade de tecer proposta de enfrentamento à corrupção, desde a prevenção até a punição.

Antes, porém, analisam-se, em perspectiva histórica, fatos que demonstram a persistência da corrupção sistêmica no Brasil, os quais evidenciam a necessidade de conceber resposta institucional efetiva ao fenômeno, conforme capítulo a seguir.

CAPÍTULO 2

BREVE HISTÓRICO DA CORRUPÇÃO NO BRASIL NO SÉCULO XXI

De modo geral, a legislação brasileira observa as exigências fixadas pelas Convenções que buscam o combate à corrupção e a efetividade do gasto público.

O real problema enfrentado pelo país reside na falta de efetividade dessa legislação, falta justificada por razões de naturezas diversas: desde a adoção do sistema federativo (no sentido da discrepância dos esforços empreendidos no combate à corrupção em cada esfera de governo, federal, estadual ou municipal) até a falta de colaboração entre os órgãos de controle, a morosidade do Poder Judiciário na resolução dos processos e a desvalorização dos servidores públicos empenhados no controle interno.

Essas e outras falhas nas estruturas administrativas brasileiras constituem a razão para a ocorrência de inúmeros casos de corrupção no Brasil nos últimos vinte anos. A análise de alguns destes casos revela, mais que falhas sistêmicas, oportunidades de melhoria no enfrentamento da corrupção.

2.1 Anos 2010 (Operação Zelotes, Petrolão, Operação Lava Jato, Cartel de Metrôs de São Paulo e SBM Offshore)

A Operação Zelotes foi deflagrada no dia 26 de março de 2015 pela Polícia Federal, em parceria com o Ministério Público Federal e a Corregedoria do Ministério da Fazenda, para investigar esquemas de sonegação fiscal junto ao Conselho Administrativo de Recursos Fiscais (Carf), órgão vinculado à Receita Federal e responsável pelo julgamento de recursos administrativos de autuações contra empresas e pessoas físicas. O dano estimado é de R$ 19 bilhões,[19] montante que corresponde, aproximadamente, aos valores envolvidos no esquema apurado pela Operação Lava Jato, cerca de R$ 20 bilhões, ou o triplo do montante do esquema do Mensalão.

O título da operação é uma referência ao adjetivo "zelote", aquele que tem falso zelo ou cuidado fingido,[20] apontando para o contraste entre a função dos Conselheiros do Carf, de preservar os cofres públicos, e os possíveis desvios por eles operados.

As investigações da Polícia Federal tiveram início em 2013 e alcançaram processos datados de 2005, apontando a existência de escritórios de consultoria que vendiam serviços de "redução ou cessação" de débitos fiscais no Carf.

O esquema funcionava da seguinte maneira: as empresas autuadas contratavam aqueles escritórios para tentar reverter a multa. Os escritórios, por sua vez, possuíam como sócios ex-integrantes ou integrantes do conselho. Os Conselheiros do Carf ligados aos escritórios de consultoria revertiam as multas e eram pagos por isso (o cargo de Conselheiro no Carf é voluntário, ou seja, não é remunerado).

Em alguns casos, os conselheiros procuravam as empresas autuadas ou os escritórios de consultoria depois de verificarem situações que poderiam ser manipuladas no conselho. É de se perguntar como um conselho administrativo pode decidir a renúncia de receita da ordem de milhões de reais sem qualquer participação de órgãos de controle externos à Administração envolvida, seja o Ministério Público, seja o Tribunal de Contas.

As empresas se propunham a pagar propinas de até 10% das dívidas tributárias para que os autos fossem revertidos, anulando ou diminuindo as cobranças da Receita Federal.

As investigações apontaram para indícios de que ex-conselheiros, mesmo após deixarem o colegiado, mantiveram pessoas de confiança no órgão, de modo a dar continuidade ao esquema de corrupção, repartindo os recursos percebidos ilegalmente. Os investigados respondem pelos crimes de advocacia administrativa, associação criminosa, organização

---

[19] Valor estimado em 26 de março de 2015. Disponível em: <http://exame.abril.com.br/brasil/noticias/desvios-na-operacao-zelotes-podem-superar-os-da-lava-jato>. Acesso em: 9 ago. 2016.

[20] BRASIL. Ministério da Fazenda – Receita Federal. *Operação Zelotes*. Disponível em: <http://idg.receita.fazenda.gov.br/noticias/ascom/2015/marco/operacao-zelotes-1>. Acesso em: 19 jan. 2018.

criminosa, tráfico de influência, corrupção ativa e passiva e lavagem de dinheiro.

Já o Petrolão, um dos maiores casos de corrupção da história do Brasil, consistiu num esquema de lavagem de dinheiro que envolveu a empresa Petrobras, distribuidores, ex-funcionários da estatal, doleiros e partidos políticos. Cerca de R$ 20 bilhões[21] teriam sido movimentados no esquema. A Petrobras contratava empresas para prestação de serviços, construção de empreendimentos e fornecimento de materiais. Na formalização do contrato, funcionários ou diretores da estatal cobravam propina àquelas empresas para facilitar negócios. Os contratos eram superfaturados para permitir o desvio de dinheiro dos cofres da estatal para os beneficiários do esquema.

Dentre as obras superfaturadas investigadas estariam a refinaria Abreu e Lima, em Pernambuco, cujo superfaturamento estimado pelo TCU é de R$ 370 milhões; a refinaria de Pasadena, nos Estados Unidos, com um prejuízo estimado em mais de US$ 720 milhões; e as obras do Complexo Petroquímico do Rio de Janeiro (Comperj), que teve um custo estimado de R$ 7,5 bilhões, com um superfaturamento indicado pelo TCU de R$ 249 milhões.

O dinheiro do superfaturamento dos contratos era distribuído entre lobistas, doleiros e outros intermediários que repassavam os valores a políticos e funcionários públicos. O esquema também beneficiava a partidos políticos que indicavam diretores da Petrobras, que, por sua vez, colaboravam com o esquema, mantendo o ciclo vicioso.

A Operação Lava Jato se desdobra em quase 50 fases até novembro de 2017.[22] Nas primeiras, que se desenvolveram entre março e abril de 2014, 130 mandados judiciais foram cumpridos em sete Estados. Mais de 40 pessoas foram indiciadas pelos crimes de formação de organização criminosa, crimes contra o sistema financeiro nacional, falsidade ideológica e lavagem de dinheiro.

Com a colaboração e depoimentos dos detidos, para além da análise dos materiais apreendidos, dados bancários e interceptações telefônicas, as investigações puderam seguir em frente rumo às grandes empresas acusadas de corromper os agentes públicos.

---

[21] Valor estimado em 12 de novembro de 2015. Disponível em: <http://www.valor.com.br/politica/4313280/desvios-de-dinheiro-na-petrobras-podem-chegar-r-42-bilhoes-diz-pf>. Acesso em: 9 ago. 2016.

[22] Conforme MINISTÉRIO PÚBLICO FEDERAL – PROCURADORIA DA REPÚBLICA NO PARANÁ. *Fase 47ª da Operação Lava Jato apura corrupção na Transpetro*. 2017. Disponível em: <http://www.mpf.mp.br/pr/sala-de-imprensa/noticias-pr/47a-fase-da-operacao-lava-jato-apura-corrupcao-na-transpetro>. Acesso em: 26 jan. 2018.

Até janeiro de 2017, houve 72 acusações criminais contra 289 pessoas.[23] Em relação aos políticos detentores de foro privilegiado, ao menos 76 inquéritos estão em diversas fases de tramitação no STF e no STJ (FELLET, 2017). Mais de 300 inquéritos foram abertos pela Polícia Federal. Foram expedidos mais de 200 mandados de prisão de caráter preventivo ou temporário.[24] Procuradores da República têm conduzido a investigação. No Congresso Nacional, uma Comissão Parlamentar de Inquérito foi instaurada no âmbito da Câmara dos Deputados para averiguar as denúncias na Petrobras, sem, entretanto, ter alcançado resultados práticos (conf. MASCARENHAS, 2015).

No que toca ao Cartel do Metrô de São Paulo, em maio de 2013, uma denúncia foi feita ao Conselho Administrativo de Defesa Econômica (Cade), revelando um cartel internacional, articulado entre multinacionais e agentes públicos, para superfaturar obras e serviços na rede ferroviária de São Paulo, ocorridos entre os anos de 1990 e 2000.

As investigações da Polícia Federal, em parceria com o Ministério Público Federal, o Ministério Público do Estado de São Paulo e o Cade, apontaram um desvio de mais de US$ 50 milhões[25] ao erário paulista (cerca de R$ 139 milhões em valores atualizados).[26]

A denúncia partiu da Siemens, empresa alemã que também compunha o esquema, a partir de um acordo assinado com o Cade – acordo esse que previa a imunidade civil e criminal da empresa, e de seus executivos, em troca do acordo de leniência. A Siemens revelou o esquema de formação de cartéis para avançar sobre licitações públicas na área de transporte sobre trilhos no estado de São Paulo.

O plano ocorria de duas formas: as multinacionais subcontratavam empresas no Brasil para pagar propina a políticos (inclusive autoridades ligadas ao governo) e a servidores públicos (agentes de empresas públicas); e faziam uso de contas estrangeiras para as movimentações dos recursos arrecadados no esquema. De outra maneira, as multinacionais

---

[23] MINISTÉRIO PÚBLICO FEDERAL. *A Lava Jato em números no Paraná*. 2017. Disponível em: <http://www.mpf.mp.br/pr/sala-de-imprensa/noticias-pr/47a-fase-da-operacao-lava-jato-apura-corrupcao-na-transpetro>. Acesso em: 26 jan. 2018.

[24] POLÍCIA FEDERAL. *Operação Lava Jato – números*. 2017. Disponível em: <http://www.pf.gov.br/imprensa/lava-jato/numeros-da-operacao-lava-jato>. Acesso em: 26 jan. 2018.

[25] Valor estimado em 19 de julho de 2013, conf. Rodrigues; Marcondes de Moura; Pardellas, 2013.

[26] Valor atualizado conforme Índice Nacional de Preços ao Consumidor Amplo referente a dezembro de 2015. Disponível em: <https://www3.bcb.gov.br/CALCIDADAO/publico/corrigirPorIndice.do?method=corrigirPorIndice>. Acesso em: 9 ago. 2016.

formavam cartéis: combinavam entre si quem ganharia e quem perderia as licitações, para daí conseguirem forçar preços superfaturados.

Desde que as autoridades tomaram ciência da prática, a saber, no ano de 2008, quando passou a ser investigada, não foram aplicadas medidas de contenção dos desvios. Ao contrário, as empresas envolvidas continuaram a vencer licitações e a firmar contratos com o governo do Estado de São Paulo, chamando a atenção do Ministério Público do Estado.

Por sua vez, o caso SBM Offshore, em abril de 2012, envolveu a maior fabricante de plataformas marítimas de exploração de petróleo do mundo. Instaurou-se uma comissão interna para apurar denúncias de corrupção em contratos com governos e empresas privadas. Supostamente, funcionários das subsidiárias da SBM, ao redor do mundo, estariam corrompendo autoridades para firmar os devidos contratos. As investigações apontaram pagamentos de propina para a realização de contratos em Angola, na Malásia, na Itália, no Cazaquistão, no Iraque e no Brasil.

O caso ganhou visibilidade quando um ex-funcionário da SBM, Jonathan Taylor, que trabalhava na sucursal de Mônaco, deixou a empresa e exigiu € 3 milhões para não revelar o esquema. Tendo sua "proposta" recusada, Taylor publicou as conclusões da investigação na Wikipédia, a enciclopédia colaborativa da internet.

Os documentos divulgados por Taylor indicavam nomes, valores, e-mails trocados entre dirigentes da SBM e de outras empresas internacionais, entre elas a Petrobras. Mostravam que funcionários e intermediários da estatal brasileira teriam percebido mais de US$ 42 milhões,[27] cerca de R$ 364 milhões, em valores atuais,[28] para favorecer contratos com a empresa holandesa, entre os anos de 1995 e 2002.

No Brasil, o esquema utilizou contratos de consultoria que serviam para repassar a propina para diretores da Petrobras. Esses contratos previam uma comissão de 3% sobre os valores definidos nos contratos firmados entre a SBM e a Petrobras. Sobre esse percentual, 1% seria destinado à consultoria, e os outros 2%, a diretores da estatal.

---

[27] Valor estimado em 17 de dezembro de 2015. Disponível em: <http://www1.folha.uol.com.br/poder/2015/12/1720135-pf-deflagra-operacao-que-mira-postalis-e-sbm-offshore.shtml>. Acesso em: 9 ago. 2016.

[28] Valor atualizado conforme Índice Nacional de Preços ao Consumidor Amplo referente a dezembro de 2015. Disponível em: <https://www3.bcb.gov.br/CALCIDADAO/publico/corrigirPorIndice.do?method=corrigirPorIndice>. Acesso em: 9 ago. 2016.

Em outubro de 2015, a SBM Offshore firmou um acordo de leniência com o Ministério Público holandês, num valor estimado em US$ 280 milhões. O acordo pôs fim aos inquéritos sobre os pagamentos irregulares às autoridades dos governos brasileiro, angolano e guineense. No Brasil, o acordo de leniência celebrado entre a SBM, o Ministério Público Federal e a Controladoria-Geral da União obrigou a empresa holandesa a pagar cerca de R$ 1 bilhão em indenizações à União. Como previa o acordo, 65% dos recursos foram destinados à Petrobras em dinheiro. Os outros 35% foram revertidos à estatal em prestação de serviços.

2.2 Anos 2000 (Castelo de Areia, Satiagraha, Navalha, Renangate, ONGs, Águas Profundas, Dossiê, Sanguessugas, Faktor, Mensalão Mineiro, Mensalão, Fundação José Sarney, Vampiros, Ibama, Anaconda, Sudene e Painel do Senado)

A Operação Castelo de Areia foi deflagrada em 2009 pela Polícia Federal em parceria com o Ministério Público do Estado de São Paulo, visando a desbaratar esquemas de desvio de dinheiro público em obras superfaturadas e pagamentos de propina a agentes públicos operacionalizados por empreiteira.

Doleiros também utilizariam empresas-fantasma para desviar o dinheiro para contas ilegais no exterior. Relatórios da Polícia Federal mencionam partidos políticos como donatários do suposto esquema (SERAPIÃO, 2014).

Informes que datam de 2008, disponibilizados pela construtora, comprovavam doações legais de R$ 23,8 milhões a partidos e candidatos. Seis pessoas, entre diretores e outros funcionários da empresa, chegaram a ser indiciadas.

Em 2010, mediante liminar concedida pelo STJ, a operação foi interrompida. No dia 5 de abril de 2011, a Sexta Turma do Superior Tribunal de Justiça votou pela anulação da operação, ao compreender que as provas contra os acusados teriam sido coletadas por fontes anônimas. O Ministério Público do Estado de São Paulo, no dia 7 de abril de 2011, recorreu da decisão ao Supremo Tribunal Federal.

A Operação Satiagraha foi um desdobramento do escândalo do Mensalão. Compreendeu uma ação da Polícia Federal, deflagrada em 2008, contra um suposto esquema de desvio e lavagem de dinheiro público operado por banqueiros, políticos e empresários.

As investigações da Polícia Federal comprovaram transações financeiras com recursos desviados por Marcos Valério operadas por banqueiro do grupo Opportunity.

Investigações anteriores à da Polícia Federal, datadas de 2005, já apontavam o banqueiro como operador de fraudes no mercado de capitais (a partir da disposição de informações privilegiadas), envolvendo outro doleiro, investidor sênior do grupo Opportunity, também mencionado noutras ações da PF por operar de forma irregular no mercado financeiro, além do prefeito de São Paulo, entre 1997 e 2000, cuja gestão foi marcada por inúmeras acusações de corrupção. Os desvios estariam estimados em mais de US$ 1 milhão[29] (R$ 2,5 milhões em valores atuais).[30]

No ano de 2011, o Superior Tribunal de Justiça entendeu ilegais as provas recolhidas na Operação Satiagraha, deslegitimando as acusações contra os envolvidos, concedendo-lhes liberdade.

No que toca à Operação Navalha, foi deflagrada pela Polícia Federal no dia 17 de maio de 2007, em parceria com o Ministério Público Federal e a Controladoria-Geral da União, visando a desbaratar um esquema de desvio de recursos públicos por meio de fraudes em licitações e superfaturamentos em obras públicas como as do Programa de Aceleração do Crescimento (PAC) e as do Programa Luz para Todos.

O esquema funcionava da seguinte maneira: por meio de lobistas, a construtora Gautama contatava deputados que atuavam na Câmara para liberar verbas para a empresa por meio de emendas. Liberada a verba, as empresas faziam *lobby* junto a Ministérios (como o das Cidades e o dos Transportes) e outros órgãos para agilizar a aprovação dos recursos. Garantidos os recursos, a Gautama atuava junto a Governadores, Prefeitos e servidores públicos para vencer licitações. Finalmente, a empresa corrompia os responsáveis pelos empreendimentos, superfaturando as obras com falsos registros ou, simplesmente, não as realizando.

A Polícia Federal divulgou um levantamento que apontava para o pagamento de mais de R$ 103 milhões da União à construtora Gautama, entre os anos de 2000 e 2006. O total dos desvios operados

---

[29] Valor estimado em 19 de março de 2009. Disponível em: <http://noticias.uol.com.br/politica/2009/03/19/ult5773u850.jhtm>. Acesso em: 24 de jun. 2016.

[30] Valor atualizado conforme Índice Nacional de Preços ao Consumidor Amplo referente a dezembro de 2015. Disponível em: <https://www3.bcb.gov.br/CALCIDADAO/publico/corrigirPorIndice.do?method=corrigirPorIndice>. Acesso em: 8 ago. 2016.

pelo esquema é de R$ 610 milhões,[31] pouco mais de R$ 1 bilhão de reais em valores atualizados.[32]

Embora tenham sido determinadas ordens de ressarcimento ao erário pelos danos causados, não se tem notícia de que o montante desviado pela Gautama, ou parte dele, retornou aos cofres públicos. Todas as 46 pessoas presas pela Polícia Federal na operação foram soltas.

O caso conhecido como Renangate, em 2007, envolveu uma série de denúncias de atos de corrupção que atingiram senador alagoano e o levaram a renunciar à presidência do Senado.

O conjunto dos casos ficou conhecido como Renangate, uma referência ao caso Watergate, escândalo de corrupção que assolou a presidência dos Estados Unidos, nos anos 1970, e que resultou na renúncia de Richard Nixon, então presidente pelo Partido Republicano.

A crise começou em 25 de maio de 2007, quando a revista *Veja* publicou uma matéria que afirmava que o Senador, e então presidente do Senado, teria pago R$ 400 mil em "pensões" a uma jornalista por meio de um lobista de uma construtora (JÚNIOR, 2007).

Intimado a prestar esclarecimentos perante o Conselho de Ética do Senado, o Senador alegou, portando declarações de renda, que o dinheiro destinado ao pagamento das pensões lhe pertencia. Seriam recursos advindos de atividades secundárias que exercia no setor pecuário. Na mesma ocasião, ele também afirmou não ter relação alguma com a construtora que implicasse percepção de benefícios.

Outras denúncias vinculariam o senador a outros supostos casos de corrupção. No dia 10 de setembro de 2007, denunciante confirmava o envolvimento do senador num esquema irregular de arrecadação de recursos (MEIRELES, 2007), reiterando o teor de um depoimento prestado por ele mesmo à Polícia Civil do Distrito Federal, no ano de 2006. Seria um esquema chefiado por pessoas indicadas em Ministérios como o da Previdência Social e o da Saúde. Os desvios foram estimados em mais de R$ 3 milhões.

No dia 13 de outubro de 2007, outra denúncia revelou que o Senador havia feito uma emenda parlamentar de R$ 280 mil, de modo a favorecer uma empresa-fantasma de seu ex-assessor (BRANDT, 2007).

---

[31]   Valor estimado em março de 2012. Disponível em: <http://mundoestranho.abril.com.br/materia/os-maiores-escandalos-de-corrupcao-do-brasil>. Acesso em: 9 ago. 2016.

[32]   Valor atualizado conforme Índice Nacional de Preços ao Consumidor Amplo referente a dezembro de 2015. Disponível em: <https://www3.bcb.gov.br/CALCIDADAO/publico/corrigirPorIndice.do?method=corrigirPorIndice>. Acesso em: 9 ago. 2016.

A votação pela cassação do mandato por quebra de decoro parlamentar ocorreu no dia 12 de setembro de 2007, a portas fechadas e com votos secretos. Dos 81 Senadores, 40 votaram contra a cassação, 35 votaram a favor e 6 se abstiveram. Para que o mandato fosse cassado, seriam necessários 41 votos, ou seja, maioria absoluta. Novamente, no dia 4 de dezembro daquele ano, houve absolvição, desta vez com 46 votos contra a cassação, 29 a favor e 3 abstenções. Todas as representações movidas contra o Senador alagoano foram arquivadas. No mesmo dia, 4 de dezembro, o Senador renunciou à Presidência da Casa, mas não abandonou o mandato. Estima-se que o total dos recursos desviados no Renangate seja de mais de R$ 2,3 bilhões.[33]

A CPI das ONGs foi um desdobramento do Escândalo do Dossiê, instalada no âmbito do Senado no dia 15 de março de 2007, para investigar o repasse de recursos federais feito a ONGs e a Oscips (Organizações da Sociedade Civil de Interesse Público) ligadas ao governo federal, entre os anos de 2003 e 2006.

A instalação da Comissão Parlamentar foi motivada pela denúncia apresentada pela ONG Contas Abertas, que apontou a percepção de mais de R$ 18 milhões,[34] pouco mais de R$ 29 milhões em valores corrigidos,[35] pela ONG Unitrabalho, que tinha como colaborador um dos chefes do comitê de reeleição de ex-presidente da República, antes apontado como um dos envolvidos no Escândalo do Dossiê.

Três anos depois, no dia 1º de novembro de 2010, a CPI chegou ao fim sem concluir as investigações. O relatório da Comissão, com mais de 1.400 páginas, não foi apreciado e por isso não foi votado, o que fez com que todo o processo fosse arquivado.

A CPI também conseguiu a quebra dos sigilos fiscal, bancário e telefônico de várias entidades que mantiveram relações com o Movimento dos Trabalhadores Rurais Sem-Terra (MST), o que posteriormente orientou a instalação da Comissão Parlamentar Mista de Inquérito (CPMI) do MST, em 2009. Durante o primeiro ano, a CPI das ONGs foi mais acionada pelos partidos de oposição.

---

[33] Valor estimado em 25 de dezembro de 2015. Disponível em: <http://veja.abril.com.br/infograficos/rede-escandalos/perfil/renan-calheiros.shtml>. Acesso em: 9 ago. 2016.

[34] Valor estimado em 18 de setembro de 2007. Disponível em: <http://www.responsabilidadesocial.com/edicoes/44/>. Acesso em: 9 ago. 2016.

[35] Valor atualizado conforme Índice Nacional de Preços ao Consumidor Amplo referente a dezembro de 2015. Disponível em: <https://www3.bcb.gov.br/CALCIDADAO/publico/corrigirPorIndice.do?method=corrigirPorIndice>. Acesso em: 9 ago. 2016.

Por sua vez, a Operação Águas Profundas consistiu numa ação da Polícia Federal, deflagrada em 2007, sobre fraudes em licitações da Petrobras, com construtoras de navios e plataformas petrolíferas.

A ação, que envolveu também o Ministério Público Federal e uma equipe de auditoria interna da própria Petrobras, resultou num processo com 28 denunciados, dentre os quais se encontravam servidores públicos, empresários e políticos. Dos 28 denunciados no esquema, 14 foram condenados pelos crimes de corrupção ativa, corrupção passiva, formação de quadrilha, fraude em licitação e estelionato. O presidente da Petrobras à época foi deposto após parecer da CPI.

Os processos licitatórios empreendidos para a manutenção das plataformas P-10, P-14, P-16 e P-22 consistiam num "jogo de cartas marcadas". A concorrência era fraudada pelos estaleiros que competiam no processo, a saber, Angra Porto, Mauá Jurong e Iesa, que formaram um cartel para perceber percentuais dos valores alçados nos contratos com a Petrobras, estimados em quase R$ 200 milhões[36] (R$ 343 milhões em valores atuais).[37]

Além de conceder informações privilegiadas sobre os processos de licitação, os servidores da estatal envolvidos no esquema trabalhavam para ocultar parte do dinheiro obtido com os contratos resultantes das licitações, utilizando-se de empresas-fantasma, por onde circulavam clandestinamente os recursos. O esquema também servia para fraudar contratos com ONGs.

O Escândalo do Dossiê consistiu numa fraude que envolveu integrantes de partido político numa tentativa de incriminação de candidato ao governo do Estado de São Paulo, no ano de 2006. O dossiê, supostamente, relacionaria o candidato ao "Escândalo das Ambulâncias". Constariam ainda no arquivo acusações contra candidato à Presidência. No curso das investigações, foi demonstrado que o conteúdo do dossiê contra os políticos era falso.

Os fatos remontam a 8 de agosto de 2006, quando um dos proprietários da empresa que fornecia as ambulâncias superfaturadas prestou os últimos depoimentos à CPI instaurada sobre o Escândalo das Ambulâncias.

---

[36] Valor estimado em 21 de abril de 2010. Disponível em: <http://www.cepcorrupcao.com.br/2000/Anos-2000-60-Operacao-Aguas-Profundas-Petrobras.pdf>. Acesso em: 20 de jun. 2016.

[37] Valor atualizado conforme Índice Nacional de Preços ao Consumidor Amplo referente a dezembro de 2015. Disponível em: <https://www3.bcb.gov.br/CALCIDADAO/publico/corrigirPorIndice.do?method=corrigirPorIndice>. Acesso em: 8 ago. 2016.

Em suas declarações, o empresário envolveu mais cinco e inocentou dez parlamentares, contradizendo seu depoimento já prestado no mês de julho daquele mesmo ano. Dois dias depois, a CPI pediu a cassação de 69 parlamentares (dos 99 citados) e a inocência de 18 deles.

Na noite do dia 14, a Polícia Federal prendeu em flagrante, num hotel em São Paulo, membros da campanha de candidato ao governo de São Paulo. Portavam mais de R$ 1,7 milhão em dinheiro (quase R$ 3 milhões em valores corrigidos),[38] valor que seria usado na compra do dossiê (FILHO; BARREIRA, 2006). Na mesma noite, também foram presos os empresários, acusados de chantagem e ocultação de documentos. Entre presos em São Paulo estavam o ex-tesoureiro partidário no Estado de Mato Grosso, em 2004, e o advogado partidário.

O Ministro da CGU à época afirmou que havia mais provas sobre o envolvimento de políticos, para além do depoimento dos empresários. Logo, a campanha seria suspensa pelo TSE de São Paulo.

Em 24 de abril de 2007, o TSE finalizou o julgamento de uma ação movida por partidos oposicionistas contra o Presidente da República e os demais envolvidos no esquema do dossiê. Pela falta de provas, com unanimidade, houve a absolvição dos implicados no caso. Também foi inocentado o ex-Ministro da Justiça.

Alguns dias antes do julgamento no TSE, no dia 11 de abril, o Supremo Tribunal Federal votou pelo arquivamento do inquérito contra Senador supostamente envolvido, alegando também a falta de provas.

O Escândalo das Ambulâncias, também conhecido como Máfia das Sanguessugas, foi um esquema de corrupção detectado em 2006 devido à descoberta de quadrilhas articuladas para o desvio de recursos públicos destinados à compra de ambulâncias. Os desvios estariam estimados em mais de R$ 140 milhões,[39] aproximadamente R$ 242 milhões em valores atuais.[40]

Esses grupos negociavam com assessores parlamentares a liberação de emendas individuais ao orçamento da União para que fossem destinados recursos para municípios específicos. De posse desses recursos, os

---

[38] Valor atualizado conforme Índice Nacional de Preços ao Consumidor Amplo referente a dezembro de 2015. Disponível em: <https://www3.bcb.gov.br/CALCIDADAO/publico/corrigirPorIndice.do?method=corrigirPorIndice>. Acesso em: 9 ago. 2016.

[39] Valor estimado em março de 2012. Disponível em: <http://mundoestranho.abril.com.br/materia/os-maiores-escandalos-de-corrupcao-do-brasil>. Acesso em: 9 ago. 2016.

[40] Valor atualizado conforme Índice Nacional de Preços ao Consumidor Amplo referente a dezembro de 2015. Disponível em: <https://www3.bcb.gov.br/CALCIDADAO/publico/corrigirPorIndice.do?method=corrigirPorIndice>. Acesso em: 9 ago. 2016.

envolvidos manipulavam licitações, fraudando a concorrência, valendo-se de empresas de fachada e superfaturando preços.

Os recursos oriundos da fraude eram distribuídos entre os participantes do esquema integrado por Ministros, Parlamentares, Prefeitos, servidores públicos e empresários. Em todo o país, foram mais de 600 prefeituras, em 24 Estados, envolvidos na fraude.

No âmbito do Congresso, nenhum dos Parlamentares associados ao escândalo foi punido. A Polícia Federal prendeu, temporariamente, mais de 40 pessoas, entre Assessores e Deputados. Também foram cumpridos 53 mandados de busca e apreensão. Todos os envolvidos foram soltos e responderam a processos judiciais em liberdade.

As quantias desviadas não foram recuperadas. Também não se tem notícia de melhorias na legislação ou nas estruturas administrativas que tenham decorrido diretamente do Escândalo das Ambulâncias.

A Operação Faktor nomeia uma série de investigações da Polícia Federal sobre caixas dois operados na campanha ao governo do Estado do Maranhão em 2006.

Nesse mesmo ano, o Conselho de Controle de Atividades Financeiras (Coaf), vinculado ao Ministério da Fazenda, notificou o Ministério Público Federal no Maranhão sobre movimentações financeiras atípicas em contas bancárias controladas por parentes da então candidata ao governo.

As movimentações estariam estimadas em R$ 3 milhões[41] (R$ 5,5 milhões em valores corrigidos).[42]

Interceptações telefônicas realizadas pela Polícia Federal para investigações anteriores à própria operação evidenciaram o envolvimento de parentes e de contadores de empresas por eles gerenciadas. Todos eles também tiveram os sigilos fiscal e bancário quebrados.

Relatório da Polícia Federal apontou o trânsito de volumosas quantias de dinheiro entre o sistema de emissoras de rádio e televisão de propriedade da família e uma empresa denominada de *factoring* e fomento mercantil, também de propriedade da família.

Relatório do Coaf indicou, segundo Meireles, Amaral e Rangel (2008) em matéria publicada na revista *Época*, um saque de R$ 2 milhões em dinheiro vivo, operado às vésperas do segundo turno das eleições para o governo do Estado do Maranhão. Logo, notificou-se um depósito

---

[41] Valor estimado em 11 de janeiro de 2008. Conf. MEIRELES; AMARAL; RANGEL, 2008.

[42] Valor atualizado conforme Índice Nacional de Preços ao Consumidor Amplo referente a dezembro de 2015. Disponível em: <https://www3.bcb.gov.br/CALCIDADAO/publico/corrigirPorIndice.do?method=corrigirPorIndice>. Acesso em: 8 ago. 2016.

operado na conta da gráfica que edita o jornal *O Estado do Maranhão*, também vinculado ao sistema de comunicações da família envolvida. Outros saques e depósitos de enormes quantias (entre R$ 800 mil e R$ 1,2 milhão) constam vinculados às contas de parentes, do sistema de comunicação e da empresa de *factoring* entre os dias 23 e 27 de outubro de 2006.

Em 2009, parente da então Governadora foi indiciado pela Polícia Federal por formação de quadrilha, gestão irregular de instituição financeira, lavagem de dinheiro e falsidade ideológica. Em depoimento prestado à PF, negou todas as acusações. Em 2011, a Sexta Turma do Superior Tribunal de Justiça anulou as provas coletadas pela Polícia Federal no curso da Operação Faktor por considerá-las ilegais.

O Mensalão Mineiro é considerado pelas autoridades que o investigaram o embrião do Mensalão, depois verificado no plano federal. Consistiu num esquema de financiamento irregular que beneficiou a campanha à reeleição do então Governador do Estado de Minas Gerais, no ano de 1998. Os desvios, operados por empresas de publicidade, foram estimados em mais de R$ 3 milhões,[43] ou R$ 9,3 milhões, em valores atualizados.[44]

Como consta na denúncia apresentada pelo Ministério Público, o então Governador teria forçado os presidentes das companhias estatais de saneamento e mineração a destinar recursos para agência de publicidade, sob a justificativa das "cotas de patrocínio para eventos".

O caso só ganhou visibilidade em 2005, quando as investigações empreendidas pela CPMI dos Correios e pela Polícia Federal (Inquéritos nº 2.245[45] e nº 2.280[46]), sobre o Mensalão federal, com a quebra dos sigilos fiscais e bancários das agências de publicidade indicaram relações com os eventos de 1998, em Minas Gerais.

No mesmo ano, a CPMI dos Correios verificou a discrepância nos valores dos repasses realizados para a publicidade de evento de

---

[43] Valor estimado em 5 de junho de 2015. Disponível em: <http://noticias.uol.com.br/ultimas-noticias/agencia-estado/2015/06/05/acao-civel-do-mensalao-mineiro-comeca-a-tramitar.htm>. Acesso em: 14 abr. 2016.

[44] Valor atualizado conforme Índice Nacional de Preços ao Consumidor Amplo referente a dezembro de 2015. Disponível em: <https://www3.bcb.gov.br/CALCIDADAO/publico/corrigirPorIndice.do?method=corrigirPorIndice>. Acesso em: 9 ago. 2016.

[45] BRASIL. Supremo Tribunal Federal. *Inquérito nº 2.245/MG*. Relator Min. Joaquim Barbosa, 28 de agosto de 2007. Disponível em: <http://stf.jusbrasil.com.br/jurisprudencia/756199/inquerito-inq-2245-mg>. Acesso em: 14 abr. 2016.

[46] BRASIL. Supremo Tribunal Federal. *Inquérito nº 2.280/MG*. Relator Min. Joaquim Barbosa, 11 de maio de 2007. Disponível em: <http://stf.jusbrasil.com.br/jurisprudencia/4277312/inquerito-inq-2280>. Acesso em: 14 abr. 2016.

motocross, com relação aos anos anteriores: R$ 50 mil em 1995; R$ 50 mil em 1996; R$ 250 mil em 1997; e, estranhamente, R$ 3 milhões em 1998. A denúncia do Ministério Público foi apresentada no ano de 2007. Ao todo, 15 pessoas figuraram como réus. Todos foram acusados de peculato e lavagem de dinheiro.

Os processos seguem na Justiça há mais de uma década e a grande maioria continua sem sentença (MARQUES, 2017). Alguns de seus réus aguardam julgamento ocupando cargos de prestígio.

A ação civil ajuizada pelo Ministério Público do Estado de Minas Gerais,[47] com o pedido de ressarcimento dos recursos aos cofres públicos, encontra-se no Supremo Tribunal Federal e voltou a transitar na justiça mineira em maio de 2015.

Como no Mensalão federal, nota-se grande lapso nas apurações e demora no deslinde das ações instauradas.

O Mensalão foi um dos maiores escândalos de corrupção do país e consistiu num esquema de pagamento de propinas a parlamentares em troca de votos favoráveis às propostas do governo federal.

Os recursos que alimentavam o esquema provinham de contratos administrativos firmados entre entidades da administração federal (Ministério do Trabalho e Emprego, Ministério dos Esportes, Banco do Brasil, Banco Rural, Eletronorte, Correios etc.) e empresas de publicidade vinculadas ao empresário Marcos Valério Fernandes de Souza (DNA Propaganda Ltda. e SMP&B Comunicação Ltda.).

O superfaturamento nos preços dos contratos e a percepção de propinas por outros meios obscuros permitiam a captação indevida de recursos, a fim de, como já exposto, aliciar partidos e parlamentares, financiar campanhas e enriquecer, ilicitamente, agentes públicos e empresários.

O repasse dos recursos era feito mediante depósitos, a partir das contas correntes das agências de publicidade ou por entes intermediários (como a empresa Garanhuns e a corretora Bônus Banval). Os desvios foram estimados em R$ 55 milhões,[48] quase R$ 70 milhões em valores atualizados.[49]

---

[47] Ver matéria "Ação cível do mensalão tucano volta a transitar em MG", veiculada em *O Estado de São Paulo*, 5 jun. 2015. Disponível em: <http://noticias.uol.com.br/ultimas-noticias/agencia-estado/2015/06/05/acao-civel-do-mensalao-mineiro-comeca-a-tramitar.htm>. Acesso em: 14 abr. 2016.

[48] Valor estimado em março de 2012. Disponível em: <http://mundoestranho.abril.com.br/materia/os-maiores-escandalos-de-corrupcao-do-brasil>. Acesso em: 9 ago. 2016.

[49] Valor atualizado conforme Índice Nacional de Preços ao Consumidor Amplo referente a dezembro de 2015. Disponível em: <https://www3.bcb.gov.br/CALCIDADAO/publico/corrigirPorIndice.do?method=corrigirPorIndice>. Acesso em: 9 ago. 2016.

As operações de repasse orientadas foram denominadas "valeriodutos". As fontes que nutriam os "valeriodutos" não foram identificadas com precisão, tal como exposto pelo Procurador-Geral da República, em denúncia apresentada ao STF em 30 de março de 2006 (FURTADO, 2015, p. 355).

O caso ganhou visibilidade quando a imprensa divulgou um vídeo no qual o Diretor do Departamento de Contratação e Administração de Material dos Correios, à época, foi flagrado recebendo propina para beneficiar empresários interessados em compor o rol de fornecedores da empresa estatal.

Os diálogos no vídeo também apontaram o envolvimento de membros do Congresso Nacional em troca de apoio político. Deputado Federal eleito pelo Estado do Rio de Janeiro foi mencionado como um dos articuladores do esquema.[50]

Em 25 de maio de 2005, o Congresso Nacional instaurou uma CPMI para investigar o suposto esquema. Num primeiro momento, a Comissão Parlamentar focou as alegações de desvio de dinheiro público e tráfico de influência na administração dos Correios. Intimado a depor, o Deputado Federal admitiu o cometimento dos crimes.

Em agosto de 2007, o STF recebeu a denúncia oferecida pelo Procurador-Geral da República, que nominava como "ação de quadrilha" a conduta de ex-Ministro da Casa Civil e de outras 39 pessoas envolvidas nos desvios de dinheiro público e compra de apoio político. Todos responderam como réus a processos penais, por corrupção ativa e formação de quadrilha enquanto membros do núcleo político-partidário do esquema.

Várias melhorias foram empreendidas a partir do escândalo do Mensalão. Na legislação, foram apresentados Projetos de Emenda Constitucional[51] como o que prevê a publicidade dos currículos e agendas de agentes políticos e servidores comissionados e, ainda, o que regula a aplicação da Lei de Improbidade Administrativa a agentes políticos.

Projetos de Lei Complementar sugeridos pela CPMI dos Correios, instituindo limites às despesas com publicidade, e de projetos de Lei Ordinária (especificamente, a revisão e atualização das Leis nº 9.613/1998 e nº 8.429/1992, respectivamente, a Lei de Lavagem de Dinheiro e a Lei de Improbidade Administrativa, na inserção de outras condutas que

---

[50] Ver matéria "O homem-chave do PTB", publicada na *Veja*, p. 57, edição de 18 de maio de 2005. In: FURTADO, 2015, p. 358.

[51] Conf. Relatório final da CPMI dos Correios, v. III, p. 1.685, abr. 2006. In: FURTADO, 2015, p. 366.

configurem ou que antecedam a configuração dos crimes) também foram aprovados.

Outro elemento que, no rol das mudanças legislativas, também tem significativa importância é o da redução da discricionariedade nas licitações. De fato, proposta de revisão da Lei nº 8.666/1993 levantada pela Comissão Parlamentar, como descrito no relatório final da CPMI, destaca a ampla gama de subjetividade que permeia contratações públicas complexas e vultosas, permitindo-se a manutenção de enorme gargalo por onde escoam os recursos públicos.[52]

No plano estrutural, verificam-se, ainda, propostas de criação de câmaras e varas judiciais especializadas no julgamento de crimes contra a Administração Pública[53] e a composição do Sistema Nacional de Combate à Corrupção (SNCC), uma base eletrônica de dados que comporta informações de diversas fontes. A criação da Agência Nacional de Inteligência Financeira (Anif) e da Comissão Permanente Mista de Combate à Corrupção são outras iniciativas (melhorias estruturais) decorrentes do Escândalo do Mensalão.

O caso da Fundação José Sarney envolve denúncia de desvio de dinheiro público ocorrida entre os anos de 2005 e 2008. A Petrobras repassou a ela, via Lei Rouanet, pouco mais de R$ 1,3 milhão. Entretanto, conforme veiculado em junho de 2009,[54] do montante repassado pela estatal à fundação, R$ 522 mil,[55] teriam sido desviados para empresas-fantasmas e empresas da família do Senador (R$ 1,1 milhão em valores atuais).[56]

Ainda em 2009, o Ministério Público, o Tribunal de Contas da União e a Controladoria-Geral da União passaram a investigar a Fundação. Não há informações sobre o andamento dessas investigações ou de possíveis conclusões.

---

[52] Conf. Relatório final da CPMI dos Correios, v. III, p. 1696, abr. 2006. In: FURTADO, 2015, p. 369.

[53] BRASIL. Senado Federal. *Proposta de Emenda à Constituição nº 14*, de 2010. Arquivada em 26 dez. 2014. Disponível em: <http://www25.senado.leg.br/web/atividade/materias/-/materia/96948>. Acesso em: 14 abr. 2016.

[54] Ver matéria "Entenda as denúncias contra a Fundação José Sarney", veiculada pelo jornal *Folha de S.Paulo*. Disponível em: <http://www1.folha.uol.com.br/poder/2009/10/643234-entenda-as-denuncias-contra-a-fundacao-jose-sarney.shtml>. Acesso em: 20 de jun. 2016.

[55] Valor estimado em 29 de março de 2014. Disponível em: <http://epoca.globo.com/tempo/noticia/2014/03/cgu-aponta-desvio-de-verba-na-bfundacao-jose-sarneyb.html>. Acesso em: 9 ago. 2016.

[56] Valor atualizado conforme Índice Nacional de Preços ao Consumidor Amplo referente a dezembro de 2015. Disponível em: <https://www3.bcb.gov.br/CALCIDADAO/publico/corrigirPorIndice.do?method=corrigirPorIndice>. Acesso em: 9 ago. 2016.

Em agosto, o Ministério Público do Estado (MPE) do Maranhão abriu inquérito civil para apurar as suspeitas de desvio de dinheiro público na aplicação de R$ 960 mil repassados em 2004 pelo governo do Estado à Fundação José Sarney. Não há conclusões sobre o referido inquérito do MPE do Maranhão.

A Máfia dos Vampiros foi um esquema de corrupção que envolveu políticos, servidores públicos e lobistas no superfaturamento de medicamentos, dentre eles hemoderivados. O esquema foi descoberto em 2004, em ação conjunta da Polícia Federal com o Ministério Público Federal.

Escutas telefônicas evidenciaram o envolvimento de servidores do Ministério da Saúde nas fraudes em licitações para aquisição dos hemoderivados. Entre as irregularidades constatadas pelo MPF estão a violação do sigilo das propostas e a combinação prévia dos preços dos medicamentos pelas empresas envolvidas no processo licitatório.

Em 2008, dez pessoas foram denunciadas pelo Ministério Público Federal, sendo sete pessoas físicas e três jurídicas. Foi ajuizada ação de improbidade administrativa. O MPF pediu a devolução aos cofres públicos de mais de R$ 27 milhões[57] que teriam sido obtidos ilicitamente nos contratos superfaturados (R$ 44 milhões em valores atuais),[58] além da anulação dos contratos celebrados com as empresas envolvidas.

Não há informações precisas acerca da efetiva devolução dos recursos obtidos irregularmente.

A Operação Curupira foi deflagrada no Instituto Brasileiro de Meio Ambiente e dos Recursos Naturais Renováveis (Ibama), pela Polícia Federal, no ano de 2004, em parceria com o Ministério Público Federal, para investigar um amplo esquema de corrupção ativa e passiva que congregava de servidores públicos a autoridades políticas e empresas do ramo madeireiro. A prática de crimes diversos envolvia desde a extração até o transporte ilegal de madeira na região dos Estados do Mato Grosso, Pará e Roraima.

A operação concentrou suas ações na gerência-executiva do Ibama do Estado do Mato Grosso, onde, há vinte meses, sofria investigação por inúmeras irregularidades. As quadrilhas que praticavam as fraudes, para

---

[57] Valor estimado em 14 de junho de 2012. Disponível em: <http://www.muco.com.ber/index.php?option=com_content&view=article&id=259:operacao-mafia-dos-vampiros-&catid=37:operacoes-da-pf&Itemid=56>. Acesso em: 20 de jun. 2016.

[58] Valor atualizado conforme Índice Nacional de Preços ao Consumidor Amplo referente a dezembro de 2015. Disponível em: <https://www3.bcb.gov.br/CALCIDADAO/publico/corrigirPorIndice.do?method=corrigirPorIndice>. Acesso em: 8 ago. 2016.

além de formadas por agentes da própria autarquia (e por despachantes e madeireiros), visavam a desviar recursos públicos para o financiamento de campanhas eleitorais de candidatos a cargos públicos.

A Câmara dos Deputados já vinha discutindo, por meio de Comissões Parlamentares, a biopirataria. O relatório final da CPI da biopirataria[59] apontou gerente-executivo do Ibama no Pará como o chefe do esquema de desmatamento ilegal naquele Estado. A CPI também indicou o envolvimento de senadora pelo Estado do Pará, ex-esposa do gerente-executivo do referido Instituto.

Entre as razões que propiciaram a ocorrência de fraude, cabe mencionar as falhas nos sistemas de controle de transporte de madeira.

O controle e o processamento das Autorizações para Transporte de Produtos Florestais (ATPF), realizados pelo próprio Ibama, não permitiam aos fiscais de campo verificar a veracidade do documento, tampouco se o que estava expresso na autorização correspondia aos dados registrados junto ao Ibama, ou, ainda, se a ATPF teria sido utilizada ilegalmente pela mesma madeireira por mais de uma vez.

A partir dos depoimentos, a CPI[60] verificou que o Ibama não realizava investimentos em infraestrutura, equipamentos e capacitação técnica necessária às fiscalizações.

Nos desdobramentos dos esforços da Operação Curupira, empreendidos pela Polícia Federal, é possível verificar o decreto de mais 157 prisões, efetuadas não apenas em Mato Grosso, mas também nos estados de Mato Grosso do Sul, Goiás e São Paulo, sem contar o envolvimento de 58 madeireiras no esquema.

Entre as consequências mais palpáveis sobre a legislação e sobre as estruturas administrativas em decorrência do caso, está a extinção das ATPF e sua substituição pelos Documentos de Origem Florestal (DOF).[61]

---

[59] Instalada em 25 de agosto de 2004, consolidando uma vasta discussão sobre a temática desde 1997, concluída em 28 de março de 2006.

[60] Como se extrai da lição de Lucas Rocha Furtado (2015, p. 296): "(…) A exemplo disso, tem-se que, nos meses de março e abril de 2005, a unidade do Ibama situada no estado de Pernambuco realizou diversas apreensões, recuperando dezenas de milhares de metros cúbicos de madeira. Nessa operação, denominada Pica-Pau I, realizada na região de Anapu, nenhum dos fiscais que dela participou tinha curso de reconhecimento de anatomia de madeira, provocando, em consequência, situação inusitada, em que os próprios autuados foram obrigados a identificar e informar aos fiscais os tipos de madeira que estavam sendo apreendidos, configurando situação vergonhosa e indigna para aquela corporação autárquica".

[61] Instituídos pela Portaria nº 253, de 18 de agosto de 2006, os DOF tornaram-se a nova licença obrigatória de controle do transporte de produtos e subprodutos florestais de origem nativa.

A Operação Anaconda foi deflagrada no dia 30 de outubro de 2003 e articulada pela Polícia Federal, em parceria com a Procuradoria-Geral da República, para desmontar um esquema de venda de sentenças judiciais no Estado de São Paulo.

Denúncia recebida no Estado de Alagoas, no ano de 2001, orientou as primeiras investigações. A Justiça de Maceió autorizou escutas telefônicas para apurar um suposto esquema criminoso que envolvia policiais e juízes e que funcionava da seguinte maneira: os criminosos, "clientes", eram encaminhados para policiais por advogados. Os policiais, por sua vez, orientavam os clientes e deixavam brechas nos inquéritos, que poderiam ser utilizadas posteriormente por juízes, também ligados ao esquema, para beneficiar aqueles criminosos. Os "clientes" eram contrabandistas, doleiros e empresários investigados por crimes tributários e outros tipos de delitos.

No dia 13 de novembro de 2003, o Ministério Público Federal ofereceu denúncias contra juízes, advogados, empresários e policiais. Ao todo, 15 mandados judiciais foram expedidos. A operação prendeu nove pessoas e, com elas, foram apreendidos mais de US$ 550 mil, 200 quilos em armas e munição, além de documentos, computadores e veículos. Foram presos dois delegados e um agente da Polícia Federal, dois advogados, dois empresários e a ex-mulher de um juiz federal.

Também, a Procuradoria-Geral da República denunciou três juízes federais, entre eles o juiz da 4ª Vara Criminal Federal, tido como coordenador do esquema, denunciado por formação de quadrilha, falsidade ideológica, peculato, prevaricação, corrupção ativa e passiva, facilitação de contrabando, lavagem de dinheiro e tráfico de influência. O juiz da 1ª Vara Criminal foi denunciado por falsidade ideológica, formação de quadrilha e interceptação telefônica ilegal; e seu irmão, o também juiz da 7ª Vara Criminal, já investigado pelo Ministério Público, foi denunciado pelos crimes de formação de quadrilha, ameaça e abuso de poder.

Em março de 2004, o Departamento de Recuperação de Ativos Financeiros, do Ministério da Justiça, viabilizou o rastreamento internacional de contas bancárias na Suíça, na Áustria e nas Ilhas Cayman.

Em outubro de 2015, a Procuradoria-Geral da República e o Ministério da Justiça, a partir de um acordo negociado com o governo suíço, anunciaram o repatriamento de US$ 19,4 milhões[62] (R$ 61 milhões

---

[62] Valor estimado em 15 de abril de 2015. Disponível em: <http://veja.abril.com.br/brasil/operacao-anaconda-brasil-repatria-us-194-mi-de-rocha-mattos-na-suica/>. Acesso em: 9 ago. 2016.

em valores corrigidos)[63] que constavam numa conta no banco suíço BNP Paribas. Os recursos repatriados foram aplicados de acordo com a Lei de Lavagem de Dinheiro.[64]

Entre os casos mais rumorosos de corrupção na Sudam (Superintendência de Desenvolvimento da Amazônia) está aquele que envolvia o então presidente do Senado, ocorrido em 2001.

Desde 1992, o Congresso Nacional já demonstrava ter conhecimento de supostas fraudes envolvendo o governador do Estado do Pará, à época. Naquele mesmo ano, a Câmara dos Deputados chegou a recolher 231 assinaturas para a instauração de uma CPI para investigar suspeitas referentes ao período em que havia sido ministro da Reforma Agrária (entre os anos de 1987 e 1988) e da Previdência Social (entre 1989 e 1990). O pedido chegou a ser arquivado e desarquivado em 1995, mas, até 2001, não havia sido aprovado.

Nos anos de 1998 e 1999, dos 151 projetos financiados pela Sudam, na região da rodovia Transamazônica (BR-230), 20 foram declarados pela Polícia Federal e pelo Ministério Público Federal como irregulares.

A apuração dos processos verificou que, dos R$ 547 milhões liberados para esses projetos, cerca de R$ 214 milhões[65] foram desviados (R$ 260 milhões em valores atualizados)[66] em esquemas de corrupção supostamente dirigidos pelo então presidente do Senado.

O caso somente se tornou público em 2001, quando o ex-presidente do Senado, em retaliação às denúncias de violação do painel eletrônico da Casa, apresentou um documento do Banco Central que incriminava o rival. O relatório revelava o envolvimento dele no desvio de R$ 1 milhão do Banco do Estado do Pará (Banpará), por meio da aplicação em fundos de renda fixa ao portador, feitas com cheques administrativos.

Mesmo após a revelação das denúncias, em 2001, o Senado não conseguiu abrir uma CPI contra seu então presidente. Em 21 de junho de 2001, o Colégio de Líderes rejeitou a proposta dos partidos de oposição.

---

[63] Valor atualizado conforme Índice Nacional de Preços ao Consumidor Amplo referente a dezembro de 2015. Disponível em: <https://www3.bcb.gov.br/CALCIDADAO/publico/corrigirPorIndice.do?method=corrigirPorIndice>. Acesso em: 9 ago. 2016.

[64] Veja-se BRASIL. *Lei nº 9.613*, de 3 de março de 1998. Disponível em: <http://www.planalto.gov.br/ccivil_03/leis/L9613.htm>. Acesso em: 27 out. 2016.

[65] Valor estimado em março de 2012. Disponível em: <http://mundoestranho.abril.com.br/materia/os-maiores-escandalos-de-corrupcao-do-brasil>. Acesso em: 9 ago. 2016.

[66] Valor atualizado conforme Índice Nacional de Preços ao Consumidor Amplo referente a dezembro de 2015. Disponível em: <https://www3.bcb.gov.br/CALCIDADAO/publico/corrigirPorIndice.do?method=corrigirPorIndice>. Acesso em: 9 ago. 2016.

Foram várias as falhas verificadas na estrutura da Sudam que contribuíam para a ocorrência de fraudes na autarquia, entre elas: a deficiência ou a inexistência de estudos de viabilidade técnica, econômica e financeira dos projetos de empreendimento; a falta de mecanismos de apuração de sobrepreços; a aprovação de projetos apresentados por empresas inadimplentes com a Seguridade Social e com a Fazenda Pública; a falta de controle da execução dos projetos de financiamento em face da indisponibilidade de estruturas de auditoria interna.

O caso da violação do painel do Senado, por sua vez, ocorreu em fevereiro de 2000, um dia antes da votação que cassaria o mandato de Senador envolvido nos esquemas de desvio de recursos públicos na obra do Fórum Trabalhista de São Paulo. Outro senador solicitou à diretoria do Prodasen (Secretaria de Tecnologia da Informação do Senado Federal) a lista dos votos em nome de senador pelo Estado da Bahia e então presidente da Casa.

O caso só veio à tona em fevereiro de 2001, quando o então Presidente do Senado afirmou, numa conversa com Procuradores da República, ter tido acesso à lista dos votos certos. Um dos procuradores gravou a conversa e a divulgou. Peritos da Universidade Estadual de Campinas, a Unicamp, foram convocados para verificar a autenticidade da gravação feita e se o painel fora de fato violado.

Dois meses após o início das investigações, a perícia confirmou que o painel do Senado fora violado, mas sem alterações nos votos, conforme o relatório final da Comissão de Inquérito (2001, p. 22-23).

No dia 23 de maio de 2001, o Conselho de Ética do Senado aprovou, por 13 votos a 2, a abertura do processo de cassação dos mandatos dos Senadores envolvidos por quebra de decoro parlamentar. Nos dias seguintes, os dois renunciaram.

Em 2002, ambos (representantes do Partido da Frente Liberal – PFL) retornaram ao Congresso Nacional: o primeiro foi reeleito pelo Estado da Bahia como Senador, e o segundo foi o mais bem votado Deputado do Distrito Federal.

Em 2006, um deles foi eleito Governador pelo Distrito Federal. Em seu discurso de posse, cobrou o posicionamento ético dos políticos. Em 2007, no dia 20 de julho, o ex-Presidente do Senado faleceu.

Em fevereiro de 2010, a Corte Especial do STJ determinou a prisão preventiva do ex-Senador, então Governador do Distrito Federal, visando à preservação da ordem pública. A Corte também determinou o seu afastamento do cargo de Governador. Em março, a Câmara do Distrito Federal aprovou a abertura do processo de *impeachment*, cassando-lhe o mandato por infidelidade partidária. No mês seguinte, deixou a prisão, já destituído do cargo de Governador.

Em todos os casos analisados, vê-se a ampla utilização de empresas públicas e privadas para a prática de atos corruptos, o que se buscou coibir quando o Brasil concretizou normas da Convenção da OCDE sobre Corrupção de Funcionários Públicos Estrangeiros em Transações Comerciais Internacionais e editou legislação anticorrupção materializada na Lei nº 12.846/2013, conhecida como Lei Anticorrupção, da qual trataremos a seguir.

CAPÍTULO 3

A CORRUPÇÃO NAS EMPRESAS
(LEI Nº 12.846/2013)[67]

A adoção de uma legislação anticorrupção de empresas no Brasil tem como principal fonte o *Foreign Corrupt Practices Act – FCPA*, lei federal dos Estados Unidos da América. A FCPA foi editada em 1977, com o intuito de coibir as práticas de empresas que se valiam de condutas inidôneas para obter proveito em seus negócios.

Nessa lei, o delito de corrupção é tipificado como pagar, prometer, oferecer ou autorizar o pagamento de dinheiro ou qualquer outro bem de valor a candidatos, autoridades ou funcionários públicos estrangeiros, com o objetivo de corromper ou aferir vantagem indevida ou diferenciada.

A FCPA tem jurisdição extraterritorial, sendo aplicável às pessoas físicas e jurídicas norte-americanas, além daquelas com subsidiárias no território dos EUA, que possuam capital expresso em dólar americano, ou até mesmo que tenham utilizado bancos, casas de câmbio ou *holdings* norte-americanas para transitar dinheiro sujo.

A referida lei ainda vige e é a precursora de um movimento que se iniciou em meados da década de 1990, quando a comunidade internacional se uniu para dar início ao combate integrado da corrupção, que despertava sérias preocupações morais e políticas, além de abalar a boa governança e o desenvolvimento econômico dos países.

Foi assim que, em 23 de maio de 1997, diversos países, dentre eles o Brasil, assinaram a Convenção sobre o Combate da Corrupção de Funcionários Públicos Estrangeiros em Transações Comerciais Internacionais,[68] adotada pelo Conselho da OCDE.

---

[67] Tópico escrito com a colaboração de Lucas Regufe Braga Teixeira, advogado e especialista pela PUC Minas em Direito Público: Controle de Contas, Transparência e Responsabilidade e em Gestão Pública e Controle com Foco em Resultados.

[68] CONVENÇÃO DA OCDE. Disponível em: <http://www.cgu.gov.br/sobre/perguntas-frequentes/articulacao-internacional/convencao-da-ocde>. Acesso em 24 out. 2016.

Entre as várias obrigações avençadas na referida Convenção, os signatários se comprometeram a tipificar em seus ordenamentos a prática de corrupção, que consistia no delito de qualquer pessoa, intencionalmente, oferecer, receber ou dar qualquer vantagem pecuniária indevida a um funcionário público, causando ação ou omissão deste no desempenho de suas funções oficiais.

A citada Convenção foi recepcionada no Brasil pelo Decreto nº 3.678/2000,[69] e acarretou alterações no Código Penal, dentre as quais pode-se citar: a tipificação da corrupção praticada contra a Administração Pública estrangeira, artigos 337-B a 337-D, acrescidos pela Lei nº 10.467/2002,[70] e o aumento das penas previstas para os crimes de corrupção ativa e passiva, tipificadas nos artigos 317 e 333, conforme alterações propostas pela Lei nº 10.763/2003.[71]

Outro marco no combate internacional à corrupção ocorreu em 1º de julho de 2011, com a entrada em vigor do *UK Bribery Act* (UKBA), que enrijeceu as normas de combate à corrupção no Reino Unido.

A lei supracitada prevê como crime os atos de oferecer, prometer ou dar vantagem financeira indevida a terceiro, com o intuito de induzi-lo à execução inadequada de suas funções, bem como a conduta passiva de pedir ou aceitar propina, ou omissa, de não impedir corrupção praticada em seu nome.

Dentre as novidades advindas do *UK Bribery Act* estão a tipificação da corrupção privada, fato até então atípico nas legislações que o antecederam, bem como a penalidade de multa de valor ilimitado aos transgressores, além da pena de até dez anos de prisão, caso seja cometido por pessoa física.

3.1 O combate à corrupção no setor privado brasileiro (Lei nº 12.846/2013)

A Lei nº 12.846, de 1º de agosto de 2013,[72] popularmente conhecida como Lei Anticorrupção das Empresas, surgiu como uma resposta

---

[69] BRASIL. *Decreto nº 3.678*, de 30 de novembro de 2000. Disponível em: <http://www.planalto.gov.br/ccivil_03/decreto/D3678.htm>. Acesso em: 25 out. 2016.

[70] BRASIL. *Lei nº 10.467*, de 11 de junho de 2002. Disponível em: <http://www.planalto.gov.br/ccivil_03/leis/2002/L10467.htm>. Acesso em: 25 out. 2016.

[71] BRASIL. *Lei nº 10.763*, de 12 de novembro de 2003. Disponível em: <http://www.planalto.gov.br/ccivil_03/leis/2003/L10.763.htm>. Acesso em: 25 out. 2016.

[72] BRASIL. *Lei nº 12.846*, de 1º de agosto de 2013. Disponível em: <http://www.planalto.gov.br/ccivil_03/_ato2011-2014/2013/lei/l12846.htm>. Acesso em: 25 out. 2016.

governamental aos protestos populares ocorridos em junho de 2013 que, dentre diversas demandas, cobravam melhorias nas áreas de saúde e educação, além do combate efetivo à corrupção e o restabelecimento da moralidade na Administração Pública brasileira.

As manifestações reuniram milhões de brasileiros em um movimento essencialmente apolítico – no sentido de ser apartidário, pelo menos em seu nascedouro –, com grande repercussão na mídia nacional e internacional, já que o Brasil estava sediando a Copa das Confederações de Futebol e sediaria a Copa do Mundo de Futebol no ano seguinte.

Além dos eventos esportivos, em 2014, também ocorreria a eleição presidencial, sendo imperioso para o governo federal acalmar os ânimos populares e se afastar da imagem de governo corrupto e ineficiente.

O fato de a Lei Anticorrupção ter sido publicada cerca de dois meses após o início das manifestações populares não significa que ela tenha sido criada de maneira açodada e pouco debatida, porquanto, na verdade, ela é fruto do Projeto de Lei (PL) nº 6.826, que já tramitava no Congresso Nacional desde 18 de fevereiro de 2010, de autoria da Controladoria-Geral da União.

Não se pode olvidar que o clamor público foi determinante para a aprovação do referido PL pelo Senado Federal, onde se encontrava paralisado desde fevereiro de 2011, após aprovação na Câmara dos Deputados.

Transcorrida a *vacatio legis* de 180 dias, a Lei nº 12.846/2013 entrou em vigor em 29 de janeiro de 2014; contudo, sua aplicação efetiva ainda dependia de regulamentação, o que ocorreu somente em 18 de março de 2015, com o advento do Decreto nº 8.420/2015.[73]

Em que pese o decreto regulamentador da Lei Anticorrupção ter levado mais de um ano para ser editado, tal diploma tem sofrido duras críticas de parte dos estudiosos do tema, conforme será visto adiante.

Antes do advento da Lei nº 12.846/2013, não havia norma legal de caráter genérico que previsse responsabilização objetiva administrativa e civil às pessoas jurídicas de direito privado que cometessem ilícitos contra a Administração Pública, sendo a matéria de penalidades tratada de maneira esparsa em diversos diplomas legais, dentre os quais podemos

---

[73] BRASIL. *Decreto nº 8.420*, de 18 de março de 2015. Regulamenta a Lei nº 12.846, de 1º de agosto de 2013, que dispõe sobre a responsabilização administrativa de pessoas jurídicas pela prática de atos contra a administração pública, nacional ou estrangeira e dá outras providências. Disponível em: <http://www.planalto.gov.br/ccivil_03/_Ato2015-2018/2015/Decreto/D8420.htm>. Acesso em: 25 out. 2016.

citar, em caráter exemplificativo, a Lei de Licitações nº 8.666/1993 e a Lei de Improbidade Administrativa nº 8.429/1992.

Ainda, vale dizer que a Lei Anticorrupção é constituída por sete capítulos, quais sejam: I – Disposições Gerais; II – Dos atos lesivos à Administração Pública nacional ou estrangeira; III – Da responsabilização administrativa; IV – Do processo administrativo de responsabilização; V – Do acordo de leniência; VI – Da responsabilização judicial; e VII – Disposições finais.

A Lei Anticorrupção e o decreto que a regulamentou, ao analisarmos suas principais características, os sujeitos ativo e passivo, os requisitos para aplicação, apresentam diversas falhas, dentre outros pontos, que podem vir a fulminar a eficácia da novel legislação, estabelecendo vários aspectos *sui generis* que passaremos a comentar.

Trata-se de lei da esfera do direito administrativo sancionador, aplicável às pessoas jurídicas, como se denota da leitura do art. 1º, que dispõe sobre a responsabilização objetiva administrativa e civil de tais pessoas pela prática de atos contra a Administração Pública, nacional ou estrangeira.

Além de especificar o destinatário da norma, que pode ser qualquer pessoa que se relacione com o Poder Público, até mesmo, em tese, pessoas jurídicas de direito privado de sua Administração Indireta, a referida lei também prevê quem pode ser sujeito passivo dos atos de corrupção, quais as condutas ilícitas e suas punições.

O procedimento para apuração dos ilícitos descritos na Lei nº 12.846/2013 é primordialmente administrativo, e as sanções fixadas possuem caráter administrativo e civil.

Há quem defenda que a Lei Anticorrupção é uma lei essencialmente penal. Assim, ela se distinguiria da matéria penal quanto ao processo em si, já que se trata de um processo administrativo, e não quanto a sua substância (CARVALHOSA, 2015).

3.2 Sujeito ativo e tipificação do delito de corrupção

A Lei nº 12.846/2013 é aplicável às pessoas jurídicas que se enquadrem no parágrafo único de seu art. 1º,[74] quais sejam, aquelas

---

[74] Assim prevê o diploma legal: "Art. 1º. *Omissis*. Parágrafo único. Aplica-se o disposto nesta Lei às sociedades empresárias e às sociedades simples, personificadas ou não, independentemente da forma de organização ou modelo societário adotado, bem como a quaisquer fundações, associações de entidades ou pessoas, ou sociedades estrangeiras, que tenham sede, filial

constituídas de fato ou de direito, com ou sem fins lucrativos, personificadas e organizadas empresarialmente ou não.

Cabe destacar que a Lei nº 12.846/2013 prevê a possibilidade de responsabilização dos partidos políticos pelos atos de corrupção, bem como as Organizações Não Governamentais (ONGs), Organizações Sociais (OSs), Organizações da Sociedade Civil de Interesse Público (Oscips) e entidades de classe.

O art. 5º da Lei Anticorrupção[75] elenca os atos lesivos ao patrimônio público, classificados como atos de corrupção, aqueles praticados por pessoas jurídicas que atentem contra o patrimônio público nacional ou estrangeiro e contra princípios da Administração Pública ou contra os compromissos internacionais assumidos pelo Brasil, em especial no que toca à obtenção de vantagens ilícitas, à perpetração de fraudes em processos licitatórios e o embaraço às atividades de investigação ou fiscalização de órgãos, entidades ou agentes públicos.

Pela leitura do *caput* do art. 5º, percebem-se os requisitos *sine qua non* para a aplicação das penalidades previstas, dentre eles: a) o ato lesivo deve ser causado por pessoa jurídica; b) o sujeito passivo deve ser a Administração Pública nacional ou estrangeira; c) os objetos lesados devem ser o patrimônio público nacional ou estrangeiro, os princípios da Administração Pública ou os compromissos internacionais assumidos pelo Brasil.

Tendo em vista que a Lei Anticorrupção tipifica condutas e comina primordialmente sanções administrativas (apesar de também prever sanções civis, aplicadas na esfera judicial), há que reconhecer que tal diploma pertence ao campo do direito administrativo sancionador. Assim, considerando-se os pontos de aproximação entre o

---

ou representação no território brasileiro, constituídas de fato ou de direito, ainda que temporariamente".

[75] Assim prevê o diploma legal: "Art. 5º. Constituem atos lesivos à administração pública, nacional ou estrangeira, para os fins desta Lei, todos aqueles praticados pelas pessoas jurídicas mencionadas no parágrafo único do art. 1º, que atentem contra o patrimônio público nacional ou estrangeiro, contra princípios da administração pública ou contra os compromissos internacionais assumidos pelo Brasil, assim definidos: I – prometer, oferecer ou dar, direta ou indiretamente, vantagem indevida a agente público, ou a terceira pessoa a ele relacionada; II – comprovadamente, financiar, custear, patrocinar ou de qualquer modo subvencionar a prática dos atos ilícitos previstos nesta Lei; III – comprovadamente, utilizar-se de interposta pessoa física ou jurídica para ocultar ou dissimular seus reais interesses ou a identidade dos beneficiários dos atos praticados; IV – no tocante a licitações e contratos: (…) V – dificultar atividade de investigação ou fiscalização de órgãos, entidades ou agentes públicos, ou intervir em sua atuação, inclusive no âmbito das agências reguladoras e dos órgãos de fiscalização do sistema financeiro nacional". In: BRASIL. *Lei nº 12.846*, de 1º de agosto de 2013. Disponível em: <http://www.planalto.gov.br/ccivil_03/_ato2011-2014/2013/lei/l12846.htm>. Acesso em: 25 out. 2016.

direito administrativo sancionador e o direito penal, ramo do qual a Administração retira alguns de seus princípios e parte da racionalidade científica, devem ser assegurados aos litigantes direitos e garantias atinentes ao processo criminal, sob pena de nulidade absoluta dos procedimentos realizados.

A observância dos princípios da legalidade e da segurança jurídica, que implica certeza e previsibilidade das condutas do Estado e, em particular, da Administração Pública, bem como a dicção do *caput* do art. 5º da Lei nº 12.846/2013, o qual prevê as condutas proibidas, tornam taxativo o rol do referido dispositivo.

Ainda assim, Santos e Pardini (2014) criticam o excesso de subjetivismo e a abstração das condutas previstas na Lei Anticorrupção, com o argumento de que elas seriam demasiadamente abertas, o que acarretaria insegurança jurídica e, em muitos casos, a sua inaplicabilidade.

Em sentido diverso, Carvalhosa (2015) defende que os "tipos" são autoexplicativos e objetivos; contudo, tece ressalva no tocante ao disposto no inciso IV da alínea g do art. 5º, por entender que a expressão "manipular ou fraudar o equilíbrio econômico-financeiro dos contratos celebrados com a administração pública" depende de aspectos subjetivos atinentes ao caso concreto.

Outro ponto importante a ser observado é que as condutas ilícitas tipificadas no art. 5º da Lei nº 12.846/2013 não constituem inovações legislativas, eis que já se encontram previstas, com maior ou menor similitude, em ordenamentos esparsos, tais como o Código Penal (Decreto nº 2.848/1940),[76] a Lei de Improbidade Administrativa (Lei nº 8.429/1992)[77] e a Lei de Licitações (Lei nº 8.666/1993).[78]

Contudo, em que pesem as condutas típicas já estarem previstas, o foco das leis anteriores sempre se voltou para a conduta do agente, tratando a responsabilização à luz de critérios subjetivos, como culpa e dolo, o que acarretava dificuldades na reparação do erário lesado.

Nesse sentido, cite-se o posicionamento do Superior Tribunal de Justiça, segundo o qual "não é possível o ajuizamento de ação de improbidade administrativa exclusivamente em face de particular,

---

[76] BRASIL. *Decreto-Lei nº 2.848*, de 7 de dezembro de 1940. Disponível em: <http://www. planalto.gov.br/ccivil_03/decreto-lei/Del2848.htm>. Acesso em: 25 out. 2016.

[77] BRASIL. *Lei nº 8.429*, de 2 de junho de 1992. Disponível em: <http://www.planalto.gov.br/ ccivil_03/leis/L8429.htm>. Acesso em: 25 out. 2016.

[78] BRASIL. *Lei nº 8.666*, de 21 de junho de 1993. Disponível em: <http://www.planalto.gov.br/ ccivil_03/leis/L8666cons.htm>. Acesso em: 25 out. 2016.

sem a concomitante presença de agente público no polo passivo da demanda".[79]

Frente ao exposto, não se pode olvidar que a promulgação da Lei nº 12.846/2013 representa importante instrumento de combate à corrupção, uma vez que as pessoas jurídicas passam a responder objetivamente pelos danos causados à Administração Pública, possibilitando a recomposição dos prejuízos suportados pelo erário, além de dar efetividade a todo o conjunto de normas que regulamentam o tema.

3.3 Da responsabilidade objetiva das pessoas jurídicas

Como já dito, a grande inovação trazida pela Lei Anticorrupção é a responsabilização objetiva das pessoas jurídicas por atos lesivos à Administração Pública, nos termos do *caput* do art. 1º. Na verdade, essa lei não foi a primeira a prever a responsabilização objetiva no âmbito administrativo, pois a Lei nº 12.529/2011, Lei de Defesa da Concorrência, já o havia feito antes. O diferencial da Lei Anticorrupção é tratar da responsabilização objetiva administrativa e civil de forma genérica e ampla, tanto no que diz respeito aos destinatários da norma, quanto no que se relaciona à natureza das condutas proibidas.

Em termos práticos, significa dizer que é desnecessária a comprovação de dolo ou de culpa de prepostos ou da empresa, a fim de que haja responsabilização da entidade pela prática de atos lesivos ao patrimônio público ou aos demais bens jurídicos arrolados no *caput* do art. 5º da Lei nº 12.846/2013.

Destoando desse entendimento, Justen Filho (2013) argumenta que as empresas só incorrerão nas sanções previstas na Lei Anticorrupção caso reste comprovado o dolo do agente que praticou a ação, *in verbis:*

> Em momento algum a Lei nº 12.846/2013 instituiu uma espécie de corrução objetiva, em que seria bastante e suficiente a ocorrência de eventos materiais. Ocorre que, consumada a infração em virtude da conduta reprovável de um ou mais indivíduos, poderá produzir-se a responsabilização de pessoa jurídica.

É forçoso reconhecer que não assiste razão ao jurista, uma vez que a Lei nº 12.846/2013 é textual ao afirmar que a responsabilização das empresas pela prática de atos de corrupção independe da apuração

---

[79] BRASIL. Superior Tribunal de Justiça. *REsp nº 1.171.017*. Relator Ministro Sérgio Kukina, publicado em 25 fev. 2014.

do elemento subjetivo dolo ou culpa. Nesse sentido, cabe citar os ensinamentos de Modesto Carvalhosa (2015), que preleciona que

> Não há fator psicológico nessa ação direcionada. Não há na pessoa jurídica impulsão de sentimentos irredutíveis próprios da conduta humana (...). O mundo da pessoa jurídica é inteiramente diverso. Sua ação e sua conduta visam objetivamente a um determinado fim, para cuja consecução não entram aspectos psicológicos.

Ademais, a Lei Anticorrupção é bastante específica, pois na ocasião em que quis atribuir a responsabilidade subjetiva o fez, como, por exemplo, ao prever que as pessoas físicas que incorram na prática de atos de corrupção serão responsabilizadas nos limites de sua culpabilidade, ou seja, desde que fique comprovado ter havido culpa ou dolo na conduta lesiva à Administração Pública, nos termos do §2º do art. 3º do diploma supracitado.

Desta vez, ante a própria ressalva feita pelo legislador, nota-se que a aferição do elemento subjetivo é inaplicável ao processo administrativo previsto na Lei nº 12.846/2013.

Por fim, é importante reconhecer o acerto do legislador ao optar pelo procedimento administrativo para a apuração dos atos de corrupção cometidos pelas pessoas jurídicas, eis que, na esfera penal, via de regra, não seria possível atribuir responsabilidades sem apurar a presença dos elementos subjetivos culpa e dolo. De fato, a responsabilização de pessoas jurídicas na esfera criminal é excepcional e restrita textualmente, na Constituição da República de 1988, à hipótese dos crimes contra o meio ambiente,[80] os quais são regulados pela Lei nº 9.605/1998,[81] e dos atos contra a ordem econômica e financeira e contra a economia popular.[82]

---

[80] Art. 225. Todos têm direito ao meio ambiente ecologicamente equilibrado, bem de uso comum do povo e essencial à sadia qualidade de vida, impondo-se ao Poder Público e à coletividade o dever de defendê-lo e preservá – lo para as presentes e futuras gerações.§1º Para assegurar a efetividade desse direito, incumbe ao Poder Público: (...) §3º As condutas e atividades consideradas lesivas ao meio ambiente sujeitarão os infratores, pessoas físicas ou jurídicas, a sanções penais e administrativas, independentemente da obrigação de reparar os danos causados.

[81] BRASIL. *Lei nº 9.605*, de 12 de fevereiro de 1998. Dispõe sobre as sanções penais e administrativas derivadas de condutas e atividades lesivas ao meio ambiente, e dá outras providências. Disponível em: <http://www.planalto.gov.br/CCivil_03/leis/L9605.htm>. Acesso em: 30 jan. 2018.

[82] Conf. art. 173 da CR/88: "Ressalvados os casos previstos nesta Constituição, a exploração direta de atividade econômica pelo Estado só será permitida quando necessária aos imperativos da segurança nacional ou a relevante interesse coletivo, conforme definidos em lei. (...) §5º. A lei, sem prejuízo da responsabilidade individual dos dirigentes da pessoa jurídica, estabelecerá a responsabilidade desta, sujeitando-a às punições compatíveis com

3.4 Das penalidades

Estabelece a Lei nº 12.846/2013 que as pessoas jurídicas que incorrem nas práticas ilícitas previstas no art. 5º estarão sujeitas a sofrer sanções tanto na esfera administrativa quanto na esfera cível.

No que toca à responsabilização administrativa, a lei prevê punições bastante rígidas para as pessoas jurídicas que cometerem atos de corrupção, sendo as sanções previstas: 1) aplicação de multa; 2) obrigatoriedade de publicação da decisão condenatória em veículo de grande circulação.

As sanções supracitadas poderão ser aplicas de forma isolada ou cumulativamente, de acordo com as peculiaridades do caso concreto.

Discute-se na doutrina se a cumulação de penalidades administrativas, em represália a um mesmo fato, configuraria ou não o bis in idem. Contudo, entendemos que a sanção pecuniária pode ser cumulada com outros tipos de sanções, sem ofensa ao referido princípio. Nesse sentido, Eduardo Rocha Dias (1997) preleciona, *in verbis*:

> A questão encontra sua solução mediante análise do que dispõe a Lei de Licitações, face aos princípios da atividade punitiva do Estado. Dispõe o §2º do art. 87 da lei 8.666/1993 que as sanções previstas nos incs. I, III e IV do mesmo artigo (advertência, suspensão temporária de participação em licitação e impedimento de contratar com a Administração e declaração de inidoneidade) poderão ser aplicadas juntamente com a do inc. II (multa). Por consequência, a única sanção cumulável com as demais é a pecuniária. Em atenção ao princípio da proporcionalidade, devem ser levadas em conta na aplicação de cada sanção tanto a gravidade do ilícito quanto a ocorrência ou não de reincidência.

Quando da aplicação da multa, a autoridade competente deverá observar os requisitos de dosimetria estabelecidos no art. 7º da Lei Anticorrupção,[83] bem como a regulamentação do Decreto nº 8.420/2015,

---

sua natureza, nos atos praticados contra a ordem econômica e financeira e contra a economia popular."

[83] No que tange à penalidade de multa, o inciso I do art. 6º prevê que o valor desta deve ser aplicado tendo como limites o intervalo compreendido entre 0,1% e 20% do faturamento bruto no exercício anterior ao da instauração do processo administrativo, excluídos os tributos. Estabelece nesse sentido o diploma legal: "Art. 7º. Serão levados em consideração na aplicação das sanções: I – a gravidade da infração; II – a vantagem auferida ou pretendida pelo infrator; III – a consumação ou não da infração; IV – o grau de lesão ou perigo de lesão; V – o efeito negativo produzido pela infração; VI – a situação econômica do infrator; VII – a cooperação da pessoa jurídica para a apuração das infrações; VIII – a existência de mecanismos e procedimentos internos de integridade, auditoria e incentivo à denúncia de

em especial seus arts. 17 a 23, e considerar, segundo critérios *numerus clausus*, a gravidade da infração.

A multa possui caráter meramente sancionatório, ou seja, tem natureza punitiva, o que permite afirmar que seu pagamento não isenta o corruptor da obrigação de ressarcir os danos causados ao erário.

Deve-se observar, ainda, o disposto no §2º do art. 16 da Lei nº 12.846/13, que prevê que a multa pode ser reduzida em até 2/3, na hipótese de celebração do acordo de leniência.

Frente ao exposto, denota-se que a aplicação da multa é de natureza obrigatória, sempre que verificados atos de corrupção, pois o ordenamento carece de dispositivos que autorizem sua não aplicação.

Já em relação à penalidade de publicação extraordinária da decisão condenatória, é certo que esta deverá ocorrer à custa do condenado, em meios de comunicação de grande circulação, na área da prática da infração e de atuação da pessoa jurídica ou, na sua falta, em publicação de circulação nacional.

Deverá ainda proceder à afixação de edital, pelo prazo mínimo de 30 dias, no próprio estabelecimento ou no local de exercício da atividade, de modo visível ao público, e em sítio eletrônico na rede mundial de computadores.

Por fim, é importante consignar que, diferentemente do que ocorre com a pena de multa, a celebração do acordo de leniência isenta o corruptor da publicação da decisão condenatória, conforme dispõe o parágrafo 2º do art. 16 da lei.

A teor do que preleciona o art. 18 da lei, a responsabilização da empresa infratora na via administrativa não exclui a responsabilização na esfera judicial.

Vale destacar que o ordenamento pátrio entende que não ocorre *bis in idem* no caso de cumulação de sanções nas esferas cível, penal e administrativa, as quais são, em regra, independentes.

Dentre as punições judiciais previstas para serem aplicadas individual ou cumulativamente, destacam-se: o perdimento dos bens, direitos ou valores que representem vantagem ou proveito direta ou indiretamente obtidos da infração, ressalvado o direito do lesado ou de terceiro de boa-fé; a suspensão ou interdição parcial de suas atividades; a dissolução compulsória da pessoa jurídica; a proibição de receber incentivos, subsídios, subvenções, doações ou empréstimos

---

irregularidades e a aplicação efetiva de códigos de ética e de conduta no âmbito da pessoa jurídica; IX – o valor dos contratos mantidos pela pessoa jurídica com o órgão ou entidade pública lesados".

de órgãos ou entidades públicas e de instituições financeiras públicas ou controladas pelo poder público, pelo prazo mínimo de 1 (um) e máximo de 5 (cinco) anos.

No tocante à penalidade de dissolução compulsória, a Lei Anticorrupção prevê requisitos para sua aplicação, quais sejam: 1) efetiva comprovação de que a empresa é utilizada como mera fachada para consumação de ilícitos; 2) utilização como laranja para ocultar e esconder os verdadeiros beneficiários da corrupção; 3) que a pessoa jurídica tenha habitualidade em promover atos ilícitos.

Por meio de Ação Civil Pública é que o órgão fiscalizador deve promover a cobrança de ressarcimentos e multas aplicadas, ainda que administrativas, podendo, contudo, ser exigida na mesma ação a aplicação das sanções cíveis supracitadas.

Como medida acautelatória, com vistas a garantir futuro ressarcimento aos cofres públicos e o pagamento das penalidades impostas, o Ministério Público, o órgão lesado ou a Advocacia-Geral da União podem requerer, judicialmente, a declaração de indisponibilidade de bens, valores e direitos dos investigados, conforme previsto no §4º do art. 19 da Lei nº 12.846/2013.

No que tange à competência, a lei que disciplina a Ação Civil Pública (Lei nº 7.347/1985)[84] define que o juízo adequado para processar e julgar o feito é o do local onde houver ocorrido a prática de ato lesivo à Administração Pública, como versa o art. 2º.

Contudo, também deve ser resguardada, quando do ajuizamento das ações, a competência das Justiças Federal, Estadual e Distrital, que será fixada em razão do sujeito passivo e do bem público lesado.

Tendo em vista que a legitimidade das partes é uma das condições da ação, a Ação Civil Pública deve ser proposta por um dos legitimados previstos no *caput* do art. 19 da Lei nº 12.846/2013, quais sejam, a União, os Estados, o Distrito Federal e os Municípios, por meio das respectivas Advocacias Públicas ou órgãos de representação judicial, ou equivalentes, e o Ministério Público.

É importante frisar que a já citada Lei nº 7.347/1985 permite o litisconsórcio ativo entre os Ministérios Públicos Federal, Estaduais e Distrital, uma vez que o órgão é uno e indivisível.

---

[84] BRASIL. *Lei nº 7.347*, de 24 de julho de 1985. Disponível em: <http://www.planalto.gov.br/ccivil_03/leis/L7347orig.htm>. Acesso em: 25 out. 2016.

3.5 Desconsideração da personalidade jurídica

A Lei Anticorrupção prevê que a personalidade jurídica pode ser desconsiderada[85] quando utilizada de forma deliberada para viabilizar a prática de atos ilícitos ou para provocar confusão patrimonial. Entende-se por confusão patrimonial a mistura entre patrimônio do administrador e patrimônio da empresa, tais como uso do caixa da pessoa jurídica para pagamentos de despesas particulares.

A Lei nº 12.846/2013 não inova ao prever a desconsideração da personalidade jurídica em âmbito de processo administrativo, uma vez que o instituto já se encontra previsto na Lei nº 12.529/2011,[86] que estrutura o Sistema Brasileiro de Defesa da Concorrência, conforme art. 34, *in verbis:* "A personalidade jurídica do responsável por infração da ordem econômica poderá ser desconsiderada quando houver da parte deste abuso de direito, excesso de poder, infração da lei, fato ou ato ilícito ou violação dos estatutos ou contrato social."

O tema já foi enfrentado pelo Superior Tribunal de Justiça – STJ, que, no RMS nº 15.166/BA,[87] julgou legal a desconsideração da personalidade jurídica na esfera do processo administrativo, para preservar a moralidade administrativa e a indisponibilidade dos interesses públicos tutelados de modo a prevenir o abuso de forma e a fraude à lei.

Por consequência da desconsideração da personalidade jurídica, os efeitos das sanções aplicáveis às empresas são estendidos aos administradores, que passam a responder inclusive com patrimônio particular pelo pagamento de multas e ressarcimento ao erário, evitando-se assim que o malfeitor se loculpte à custa de dinheiro ilícito e blinde seu patrimônio, escondendo-se atrás da pessoa jurídica utilizada na prática dos atos de corrupção.

Parece contraditório, no entanto, que uma lei que tenha como ponto focal a responsabilização administrativa objetiva de pessoas jurídicas preveja como um de seus possíveis efeitos justamente a desconsideração dessa personalidade.

---

[85] Nesse sentido, vide a íntegra do disposto no art. 14 do referido diploma legal, *in verbis*: "Art. 14. A personalidade jurídica poderá ser desconsiderada sempre que utilizada com abuso do direito para facilitar, encobrir ou dissimular a prática dos atos ilícitos previstos nesta Lei ou para provocar confusão patrimonial, sendo estendidos todos os efeitos das sanções aplicadas à pessoa jurídica aos seus administradores e sócios com poderes de administração, observados o contraditório e a ampla defesa".

[86] BRASIL. *Lei nº 12.529*, de 30 de novembro de 2011. Disponível em: <http://www.planalto. gov.br/ccivil_03/_ato2011-2014/2011/Lei/L12529.htm>. Acesso em: 25 out. 2016.

[87] BRASIL. Superior Tribunal de Justiça. *RMS 15.166/BA*. Rel. Min. Castro Meira, Segunda Turma, publicado em 7 ago. 2003.

3.6 Do acordo de leniência

O acordo de leniência consiste em um ajuste celebrado entre o órgão competente pela fiscalização, por meio de sua autoridade máxima, e a pessoa jurídica que incorreu nas condutas tipificadas na Lei Anticorrupção e na Lei nº 8.666/1993, comprometendo-se a fornecer informações que levem à identificação dos envolvidos na infração à lei, bem como apresentar documentos que comprovem os ilícitos sob apuração, recebendo, em contrapartida, benefícios em forma de atenuante e de excludentes de eventuais punições.

Há, na verdade, dois acordos de leniência. O primeiro deles, regulado pelo art. 16 da Lei nº 12.846/2013, é voltado para as condutas tipificadas no art. 5º desse mesmo diploma legal. O segundo, previsto no art. 17, incide sobre os ilícitos previstos na Lei nº 8.666/1993, visando a isentar ou atenuar as sanções administrativas estabelecidas nos arts. 86 e 88 dessa Lei.

A celeuma ocorre na medida em que é difícil apartar as respectivas abrangências dos acordos, haja vista a semelhança das condutas abarcadas por cada um deles e a dicção legal lacônica a esse respeito.[88] Pode-se defender, como uma das interpretações possíveis, que o acordo de leniência do art. 17 (referente à Lei nº 8.666/1993) tem esfera de incidência residual em relação ao do art. 16 (que diz respeito aos atos tipificados no art. 5º da Lei nº 2.846/2013), considerando a maior amplitude das condutas arroladas nesse último dispositivo.

Para a celebração do acordo de leniência, é necessário que a empresa infratora seja a primeira a manifestar interesse em cooperar com a apuração do ilícito, cesse totalmente a prática da atividade ilícita sob investigação, confesse sua participação nestas, coopere de forma plena com as investigações e, por fim, compareça aos atos processuais, devendo a proposta de acordo ser feita até a conclusão do relatório do Processo Administrativo de Responsabilização (PAR).

O prazo entre a aceitação da proposta e a celebração do acordo de leniência não pode exceder 180 (cento e oitenta) dias, contados do início das negociações, podendo tal prazo ser dilatado a critério da autoridade competente para a apuração dos ilícitos.

Contudo, tanto a Lei nº 12.846/2013 quanto seu Decreto regulamentador nº 8.420/2015 deixaram lacunas que inviabilizam o uso efetivo

---

[88] Sobre o entendimento quanto aos campos de incidência dos acordos de leniência dos arts. 16 e 17 da Lei nº 2.846/2013, cf. DI PIETRO; MARRARA, 2017.

do acordo de leniência, no que se refere às empresas infratoras e às autoridades competentes.

Dentre as omissões legislativas, é forçoso reconhecer a falta de dispositivo que mitigue efeitos penais decorrentes das confissões obtidas em virtude do acordo de leniência.

Tal assertiva fica ainda mais nítida se consideramos que a empresa não possui vontade própria e seus atos são determinados pela atuação e vontade de seus prepostos. Ora, se o acordo de leniência deve ser proposto pela própria empresa, via de regra através dos seus dirigentes, e as provas das irregularidades obtidas os incriminarão pessoalmente, é de se concluir que o acordo de leniência não será utilizado.

A solução para o impasse criado pela lei pode se dar através da celebração concomitante de acordos de delação premiada celebrados entre os dirigentes e prepostos das pessoas jurídicas e o Ministério Público, desde que homologado judicialmente.

Outro ponto esquecido pelo legislador é que o acordo de leniência deve ser celebrado pela autoridade máxima do órgão responsável pela fiscalização e acarreta mitigação das penas administrativas, além da sanção cominada no art. 19, inciso IV (em síntese, proibição de receber incentivos, subsídios, subvenções, doações ou empréstimos de órgãos públicos). Contudo, pode-se observar que nem o Ministério Público, nem a Advocacia Pública são partes do referido acordo, quando considerada a textualidade da Lei nº 12.846/2013, mormente após a perda da eficácia da Medida Provisória nº 703/2015, que alterava alguns de seus dispositivos. Dessa forma, não estão vinculados a ele, podendo ajuizar ações que visem a responsabilizar a empresa na esfera judicial, redundando em ineficácia quanto à defesa ante todas as provas por ela fornecidas e as confissões assinadas por seus administradores.[89]

Uma das soluções possíveis seria exigir que o Ministério Público participasse das negociações e da assinatura do acordo de leniência, abrindo mão da propositura da ação cível reparatória. Contudo, tal procedimento não assegura totalmente a pessoa jurídica, pois, em que pese o Ministério Público ser um órgão uno e indivisível, a empresa ficaria sujeita às denúncias ofertadas por outros membros, que não o signatário do acordo, sendo a análise do caso remetida ao caso concreto.

---

[89] Sobre a polêmica envolvendo a competência dos órgãos estatais para celebrar acordo de leniência e as repercussões negativas sobre os esforços de combate à corrupção, cf. OLIVEIRA, Gustavo Justino de. A insegurança jurídica das empresas e os acordos de leniência na legislação anticorrupção brasileira. *Migalhas*, 2017. Disponível em: <http://www.migalhas. com.br/dePeso/16,MI259553,21048-A+inseguranca+juridica+das+empresas+e+os+acordos+ de+leniencia+na>. Acesso em: 30 jan. 2018.

O ponto mais controvertido do acordo de leniência fica a cargo da pessoa competente para celebrá-lo em nome da Administração Pública, que é a autoridade máxima do órgão responsável pela fiscalização. A lei parece ter sido feita pensando-se tão somente no Poder Executivo federal, onde existe um órgão de controle interno com autonomia para investigar e celebrar acordos de leniência.

Ocorre que, em grande parte dos municípios e Estados, não há controladoria instalada, sendo a autoridade máxima, no caso, o Chefe do Poder Executivo que, na maioria das vezes, ocupa o polo passivo do ato de corrupção, já que é o ordenador de despesas e signatário dos contratos fraudados objeto da investigação.

É obvio que, em casos análogos, a autoridade máxima pode se valer do poder que lhe foi concedido para celebrar acordos de leniência simulados, impedindo a aplicação das penalidades mais gravosas da lei de licitações e da própria lei, e sem a real apuração dos fatos e punição dos responsáveis.

Frente ao exposto, pode-se concluir que, embora o acordo de leniência se preste a garantir a efetividade da colaboração da empresa corrupta na apuração dos fatos e identificação dos envolvidos, a prática ainda se encontra muito distante dessa realidade, pois o instrumento, como colocado, além de ser pouco atrativo para as empresas, ainda abre uma porta para a sedimentação de atos de corrupção.

3.7 Da prescrição

A lei prevê que as infrações tipificadas em seu art. 5º prescrevem em cinco anos, contados da ocorrência do ato ilícito, ou do dia em que tiver cessado, em caso de conduta permanente.

A instauração do processo administrativo interrompe o prazo prescricional que, desde então, tem seu cômputo reiniciado, sendo interrompido novamente com o ajuizamento da Ação Civil Pública, intentada para dar efetividade às punições aplicadas na esfera administrativa. Vale ressaltar que a celebração do acordo de leniência também interrompe o prazo prescricional, a teor do disposto no art. 16, §9º, da Lei nº 12.846/2013.

3.8 Cadastro Nacional de Empresas Punidas

Já dentre as disposições gerais, a Lei Anticorrupção implanta o Cadastro Nacional de Empresas Punidas (CNEP), cujo objetivo é dar publicidade às punições aplicadas às pessoas jurídicas infratoras.

O órgão responsável pela aplicação da punição tem o dever de informar os efeitos e suas extensões no Cadastro Nacional de Empresas Inidôneas e Suspensas (Ceis), conforme preconiza o art. 23 da Lei nº 12.846/2013.

Tendo em vista a descentralização do Poder Público, bem como a crônica falta de comunicação entre todos os órgãos que o compõem, a publicidade das punições aplicadas é fundamental para a efetividade de tais decisões, em especial da sanção prevista no inciso IV do art. 19, que prevê a proibição de receber incentivos, subsídios, subvenções, doações ou empréstimos de órgãos ou entidades públicas e de instituições financeiras públicas ou controladas pelo poder público, pelo prazo mínimo de 1 (um) e máximo de 5 (cinco) anos.

A lei é omissa quanto ao prazo máximo de duração da publicidade a ser dada às punições aplicadas, devendo tal fato ser resolvido no caso concreto pela autoridade competente no caso de divulgação em meio de comunicação de grande circulação na área da prática da infração e de atuação da pessoa jurídica e de edital afixado no próprio estabelecimento ou no local de exercício da atividade, já que, na hipótese de publicação em sítio eletrônico, o prazo é de trinta dias, conforme art. 24, inciso III, do Decreto nº 8.420/2015. Contudo, o mais acertado é que a publicidade perdure enquanto perdurarem os efeitos da punição aplicada, seja administrativamente, seja judicialmente.

Pode-se concluir, portanto, que a Lei Anticorrupção, apesar de todas as dificuldades apontadas, vem somar-se ao esforço de combate sistêmico ao fenômeno da corrupção, buscando fechar o ciclo de sua ocorrência – de modo inédito no Direito brasileiro, e com décadas de atraso em comparação com os países desenvolvidos – ao prever a punição dos corruptores.

A corrupção pode ser escondida em organizações complexas. Muitas vezes envolve pessoas jurídicas de modo a dissimular a participação de seus controladores, por meio de engendrados esquemas de "caixa dois" e lavagem de recursos obtidos de modo ilícito, os quais somente são possíveis de subsistir por meio da corrupção orçamentária e da desvairada expansão do gasto público.

É função dos Tribunais de Contas o controle e acompanhamento de todo o sistema orçamentário do Estado, do planejamento, passando pela execução até a demonstração do cumprimento de metas. Nesse cenário, as fragilidades existentes no atual modelo podem significar o comprometimento do efetivo combate à corrupção.

CAPÍTULO 4

CORRUPÇÃO E EFETIVIDADE DAS POLÍTICAS PÚBLICAS

O combate à corrupção pressupõe uma abordagem que considere aspectos governamentais, econômicos, políticos, jurídicos e empresariais, como visto anteriormente.

Discorrendo sobre corrupção, Jorge Malem Seña (2002) assevera, no que toca às origens fenomenológicas, que a corrupção na América Latina se encontra enraizada na história da colonização vivenciada, sendo certo que, no último século, a imensa maioria dos presidentes sul-americanos foi acusada por atos de corrupção cometidos durante seus respectivos mandatos e, em consequência, nenhum deles foi condenado à pena privativa de liberdade por tais atos.

A corrupção, aliada ao financiamento da política, ao tráfico de armas, à construção de obras públicas ou às, duvidosamente legais, atividades financeiras de alguns bancos, tem atingido também os países desenvolvidos.

Desde os primórdios da humanidade, a corrupção vem acompanhando a política, os atos de governo, o mercado, a vida social, sendo conhecida como a segunda atividade mais antiga do mundo.

As oportunidades extraordinárias para os comportamentos parasitários ou oportunistas se veem favorecidas neste mundo cada vez mais globalizado, onde as pessoas e instituições nacionais e internacionais interagem com mais frequência e rapidez e em relacionamentos assimétricos.

Certamente, o incremento da corrupção está vinculado à estratégia de globalização. Essa tem servido de porta de entrada para a corrupção nos países ibero-americanos, estabelecendo redes políticas, econômicas, comerciais e culturais, de acordo com estudos realizados pelo Barômetro Global da Corrupção da Transparência Internacional (TRANSPARENCY INTERNATIONAL, 2013).

O processo de globalização da economia costuma ser mencionado com frequência como um fator que propicia algumas práticas corruptas entre diversos atores que operam em relacionamentos assimétricos no âmbito internacional. As assimetrias entre os agentes não são unicamente econômicas, podem ser também de ordem jurídica, moral e cultural. Essas assimetrias se convertem em um incentivo para que empresários, financistas e homens de negócios prefiram certas jurisdições ou contextos para realizar determinadas transações comerciais porque elas oferecem não só maiores oportunidades econômicas, mas também uma maior facilidade para a venalidade e um eficaz escudo protetor contra a investigação das práticas corruptas.

Somam-se a essa dificuldade os aspectos legais atinentes ao fato de que o que constitui um crime num país pode ser objeto de um gasto passível de dedução em outro. Isso leva as pessoas a racionalizarem suas práticas corruptas como necessidades ou como violações às leis impostas por razões técnicas (NACIONES UNIDAS, 1997). A corrupção se apresenta, assim, como meio idôneo para conseguir os fins desejados.

A corrupção administrativa, a política, a mercantil e, até mesmo, a judicial se apresentam com peculiaridades específicas, o que faz com que sua compreensão e as medidas orientadas ao seu controle devam ser também particulares. Porém, mais comum a todos os tipos é a pretensão dos agentes que praticam atos de corrupção visando a obter um benefício irregular que, de outro modo, não teria sido possível conseguir. Essa pretensão é manifestada mediante a violação de um dever institucional por parte dos corruptos que, a princípio, deveriam cumprir.

O fato de a corrupção constituir um delito penal é uma questão contingente de cada sistema legal, a depender do sistema jurídico assim a estabelecer como delito. Isso porque, não havendo previsão legal, atos ditos de corrupção, por não tipificarem delito penal específico, seriam passíveis tão somente de uma censura moral por parte daqueles que com eles não concordassem.

A expectativa de vultosos benefícios comuns faz com que os atos de corrupção sejam cercados de muitos níveis de proteção, desde a lavagem de dinheiro associada à evasão de divisas, até mesmo à proteção dada por oficiais públicos do Legislativo, Executivo e Judiciário, mediante pagamento.

A corrupção tem efeitos nocivos para o país que suporta esse mal. Tais efeitos podem ser econômicos, políticos, sociais e jurídicos. No âmbito econômico, a corrupção atenta contra os investimentos estrangeiros e nacionais, uma vez que faz com que a despesa pública seja dirigida não para satisfazer as necessidades mais urgentes dos setores mais necessitados da população, e sim para atividades que produzam bons lucros, mesmo que irregulares, além do incremento dos custos dos bens e dos serviços envolvidos.

Importa destacar que não é apenas o setor público que está propenso a esse tipo de situação. Apesar de a corrupção ser um mecanismo inserido em todas as esferas sociais, é efetivamente no setor público que atinge frontalmente os Direitos Humanos e a cidadania, provocando uma série de violações na qualidade democrática de relações interpessoais, interinstitucionais e políticas, conferindo, assim, uma instabilidade social e crise de legitimidade governamental.

Para Jorge Seña (2002), a corrupção também desarranja a estrutura política e social na democracia, uma vez que as decisões de alocação de recursos não são realizadas em prol do desejo da maioria.

Em tal sentido, a democracia e corrupção se repelem mutuamente. Uma pressupõe o respeito à vontade popular, a lealdade às instituições, a transparência nos negócios públicos. A outra necessita de acordos obscuros, processos insindicáveis e a subjugação de muitos em face de poucos.

Estando a corrupção instalada e tolerada pelas instâncias administrativas e judiciais de um país, a deterioração é rápida e com efeitos danosos na economia, na política e na qualidade de vida da população em geral. O Estado de Direito é substituído pela lei do mais forte, a segurança jurídica é implodida e o Direito deixa de atuar na pacificação social.

O Estado se transforma num instrumento implacável de opressão e extermínio nas mãos dos corruptos. A desmoralização de agentes públicos e seu afastamento da vida pública, vistos como fatores corriqueiros, passam a ser considerados "efeitos colaterais", meras casualidades na guerra do vale-tudo pelo dinheiro, em que a abordagem *rent-seeking* é a regra.

Nesse contexto, o *rent-seeking* traduz-se na atuação individual ou coletiva (grupos, empresas, sindicatos etc.) em busca de garantir uma renda econômica, de modo apropriado ou não, para si ou para seu grupo. É o exemplo das barreiras tarifárias, em que a atuação de lobistas, investimento em publicidade, arregimentação da opinião pública a sua causa, abordagem de autoridades governamentais com, eventualmente, o pagamento de alguma vantagem indevida para se obter uma decisão favorável passam a fazer parte da regra do jogo.

Dadas todas essas consequências negativas, não é de surpreender que existam múltiplos mecanismos para enfrentar a corrupção, cuja eficácia depende do contexto em que se inserem. Não devemos esquecer, porém, que a luta contra a corrupção não tem se desenvolvido linearmente, nem com a mesma força, em todos os âmbitos em que se operacionalizou.

De fato, as circunstâncias políticas vigentes num momento determinado podem significar impedimento na tomada de medidas eficazes contra a corrupção. Não é pouco frequente que o pretexto do momento político seja aduzido como motivo para não tomar medidas contra esse mal.

Buscando esclarecer aspectos éticos relativos ao tema, Leonardo Boff[90] afirma a necessidade de se criar a "cultura da retidão" contra a "cultura da corrupção", o que afirmou ao abordar a formação do caráter nacional e a corrupção sob o enfoque histórico, filosófico e humanista, citando ainda que recentemente o Brasil caiu três posições no "ranking" dos países mais corruptos, segundo levantamento da ONG Transparência Internacional.

Entre as várias ações possíveis para se combater sistemicamente a corrupção, preconiza-se atualmente um órgão de controle externo das contas públicas mais técnico e menos político: "será mais eficiente e útil para a sociedade, uma vez que grande parte das mazelas sociais poderiam ser evitadas caso a função das Cortes de Contas fosse levada a sério no país".[91]

A ressaltar a importância da atuação proativa dos órgãos de controle para a efetividade dos gastos públicos, importa destacar que foi uma atuação do Tribunal de Contas do Estado do Rio Grande do Sul[92] que iniciou a discussão, e posterior movimento em todo o Brasil,

---

[90] Afirmou o teólogo, em palestra no XXVII Congresso dos Tribunais de Contas do Brasil, ocorrido em Vitória-ES, em dezembro de 2013, *in verbis*: "(...) o caráter do brasileiro é marcado pela corrupção, que historicamente está incutida em nossa sociedade. *O ser humano é um ser naturalmente falível, que vive dividido entre o certo e o errado, entre a luz e a sombra. E a corrupção se aproveita das fraquezas humanas para se instalar.* (...) É preciso criar a cultura da retidão contra a cultura da corrupção. Não há um mundo sem corrupção, isso é irreal., (...) *a corrupção está ligada a 'três deuses' que comandam a humanidade: o poder, o dinheiro e a sexualidade*". In: BOFF, Leonardo. *Corrupção*. Disponível em: <http://www.tce.pe.gov.br/internet/index.php/noticias-tce/245-2013/dezembro/1925-e-preciso-criar-a-cultura-da-retidao-contra-a-cultura-da-corrupcao-diz-leonardo-boff>. Acesso em: 10 dez. 2013.

[91] Diogo Ringenberg defende uma profunda reforma no sistema constitucional de escolha dos dirigentes desses órgãos de controle externo, consubstanciada na Proposta de Emenda à Constituição nº 329/2013. In: RINGENBERG, Diogo Roberto. *Um TC mais técnico, para o bem do Brasil*. Disponível em: <http://www.ampcon.org.br/ampcon/noticias_midia/1/0/1455/%22Um_TC_mais_técnico,_para_o_bem_do_Brasil%22,_diz_AMPCON.html>. Acesso em: 10 dez. 2013.

[92] Reforçou o Conselheiro Pietroski daquela Corte de Contas: "De fato, uma inspeção realizada por aquela Corte de Contas apontou que as tarifas cobradas na capital deveriam ter um valor inferior ao praticado. (...) foi possível discutir aspectos (...), tais como a composição

acerca dos preços das tarifas dos transportes públicos, rastilho aceso em Porto Alegre, o qual, meses depois, implicou as mais importantes manifestações vistas nos últimos vinte anos no país, no ano de 2013.

A problemática da corrupção é ampla, atingindo praticamente todos os países desenvolvidos ou em desenvolvimento no mundo. A Assembleia Geral da Organização Latino-Americana e do Caribe das Entidades Fiscalizadoras Superiores (OLACEFS)[93] destacou de maneira incisiva a necessidade de as entidades ali reunidas adotarem "caixa de ferramentas", objetivando o controle da corrupção, com base nas seguintes premissas: prevenção e detecção da corrupção, denúncia, auditoria, inclusão de aliados cidadãos e institucionais.

Em 2011, na Venezuela, e posteriormente em Brasília, em 2013, a Cepat[94] foi instada a desenvolver práticas operacionais, a partir das reflexões sobre ética e corrupção, aprovando o plano operativo anual, objetivando instrumentalizar os esforços das instituições oficiais e da sociedade organizada para combater a falta de transparência, as hipóteses de discricionariedade e a ausência de prestação de contas.

A luta contra a corrupção necessita de esforços globais que envolvam conjuntamente entidades governamentais e a sociedade civil organizada, tais como: o Departamento de Crimes Econômicos e Corrupção do Escritório da ONU sobre Drogas e Crime – UNODC, a Divisão de Integridade no Setor Público, a Diretoria de Governança e Desenvolvimento Territorial da OCDE e outros, a exemplo dos Tribunais de Contas, que a ela queiram ser agregados, pois há consenso quanto à importância do trabalho e da crescente perda de confiança da cidadania em instituições.

Ao examinar as raízes históricas da corrupção e seus respectivos *backgrounds* políticos e econômicos, Seppo Tiihonen (2003, p. 5-7) assevera que a corrupção é um termo com muitos significados, entre eles "a perversão ou destruição da integridade em troca de deveres públicos, propina ou favorecimentos".

Sendo a corrupção conectada com as funções públicas e a violação de normas legais e padrões, regulações e interesses públicos, ela não

---

dos custos da planilha tarifária e a diferença entre frota operante e frota reserva, como se extrai da referida matéria (...) O trabalho terminou se constituindo em referência para decisões, inclusive para aquelas tomadas pelo Poder Judiciário, que influíram no cotidiano da população, reduzindo o preço das passagens". In: SILVESTRE; BAGATINI, 2013.

[93] Ocorrida na cidade de Santiago do Chile, de 8 a 12 de dezembro de 2013.

[94] OLACEFS. *Comitê de Ética Pública, Probidad Administrativa y Transparencia (CEPAT)*. Disponível em: <http://www.olacefs.com/Olacefs/ShowProperty/BEA%20Repository/Sitios/XIIIAsamblea/Documentos/Tema_Tecnico_1>. Acesso em: 13 dez. 2013. p. 2-3.

pode separar-se do crescimento e expansão do setor público. Podem ser detectados três períodos da expansão das funções do Estado durante os últimos cem anos, quais sejam: a industrialização do final do século XX, após a Segunda Guerra Mundial e com a expansão, ao final dos anos 1960, da ideia da sociedade do bem-estar, ou *Great Society*.[95]

Assim, revela-se a necessidade de se melhor sindicar esse estado de coisas, haja vista que, se há corrupção, necessário identificar seus agentes causadores para abordar a solução do problema com mais eficácia.

Propomos, então, medidas para o combate à corrupção e efetividade das políticas públicas, centradas em reformas institucionais aliadas a práticas de prevenção à corrupção que visem a reduzir a ocorrência de desvios e contribuam de fato para a melhoria do gasto público e aumento da produtividade da alocação de recursos.

Certos da complexidade do problema e da miríade de abordagens que comporta, temos em mente a natureza humana tantas vezes esquecida quando da proposição de medidas legais, inovações administrativas e projetos de controle, como nos alerta Comparato (2006), para quem "a paixão pelo poder é intrinsecamente corruptora. (…) Tudo isso explica por que é justamente no exercício do poder que costumam vir à tona os defeitos recônditos da alma humana. 'O poder revela o homem', diz Aristóteles".

Para se ter uma ideia da importância do estudo do fenômeno, em pesquisa realizada pelo Fórum Econômico Mundial, a corrupção foi apontada como o maior desafio a ser enfrentado pelos países da América Latina, no ano de 2015, à frente de outros temas relevantes, como educação e aumento da desigualdade.

Por outro lado, pode-se dizer que a compreensão da corrupção como um problema a ser combatido pelos países é recente. Até a década de 80 do século passado, era comum, dentro de um enfoque econômico do fenômeno, que alguns estudiosos entendessem a corrupção como um "lubrificante" da economia, especialmente necessário em países com excesso de burocracia (ROCHA, 2008, p. 70).

A partir dos anos 1990 é que se passou a ressaltar os custos sociais, econômicos e políticos da corrupção, voltando-se a atenção às causas

---

[95] Segundo Tiihonen (2003, p. 7), "Os governos estavam construindo um novo tipo de sociedade do bem-estar – ou "Great Society" – onde o Estado tinha novas responsabilidades em assegurar aos cidadãos o bem-estar social. O Estado começou a tomar para si responsabilidades, além de regular o estado de direito, regulava também as funções básicas da economia e da sociedade. Tornou-se um empreendedor ativo, possuidor, e, ao mesmo tempo, ator, nos diferentes tipos de funções e negócios".

institucionais do fenômeno, bem como à necessidade de reduzir sua incidência (ROCHA, 2008).

Destaca-se, nesse cenário, a variedade de significados do termo *corrupção*, bem como a diversidade de enfoques metodológicos empregados no estudo do tema.

Ferreira e Fornasier (2015) caracterizam corrupção como abuso do cargo público para obter benefícios privados. No mesmo sentido, Pope e Vogl (2000). Em uma perspectiva mais ampla, Vieira propõe um conceito socioeconômico de corrupção, entendida como "trocas irregulares impessoais e monetárias".[96]

Por fim, cita-se Filgueiras (2009), que define corrupção como "um juízo moral, com base no qual consideramos determinada ação política correta ou incorreta, de acordo com valores pressupostos que definem um conteúdo normativo da moralidade".

A corrupção no Brasil, em uma perspectiva histórica, está invariavelmente associada a condutas do Estado, o qual teria assumido, acima da sociedade, "o papel de sujeito criador da ordem pública e de agente apto a provocar transformações sociais, dentro de um projeto de democracia".[97] Essa a razão pela qual, no país, o discurso anticorrupção esteve sempre ligado a propostas de alteração da máquina administrativa.

Em síntese, a tipologia da corrupção é variada, abrangendo as práticas ilícitas observadas nas relações travadas entre Administração Pública e setor privado – em especial, no âmbito das licitações e contratações públicas –, bem como as condutas que se desenvolvem precipuamente no meio privado (formação de cartéis, por exemplo).[98]

Nosso foco, portanto, é centrado na corrupção pública. Assim, para os fins aqui tratados, corrupção pode ser entendida como o emprego indevido das funções e meios governamentais para obter proveito ilegítimo (LOYA, 2007).

A corrupção pública se revela em diversas facetas, abrangendo desde o suborno de pequena monta de agentes de trânsito para escapar

---

[96] Vieira reconhece que o conceito proposto não abarca todas as práticas caracterizadas como corruptas, mas destaca que a definição é importante para apartar a corrupção de outras condutas potencialmente lesivas ao interesse público, mas que ocorrem no âmbito de relações pessoais, sem cunho monetário (o "jeitinho"). Nesse sentido, cf. VIEIRA, 2008.

[97] Nessa perspectiva é que ao aumento do aparato do Estado corresponderia o incremento da corrupção no Brasil. Sobre o assunto, cf. CARVALHO, 2008.

[98] Nesse sentido, André Cuisset (2008) faz análise comparativa de índices sobre a corrupção no México e na França. Não se nega que mesmo as condutas corruptas inteiramente originadas no âmbito privado contem com a intervenção do Estado, ainda que apenas com um viés punitivo, em um momento posterior.

de uma multa, perpassando o conluio para obter a adjudicação de contratos públicos milionários e, mesmo, o nepotismo (LOYA, 2007), o que clama pelo empreendimento de esforços no sentido da moralização e do mérito no setor público.

Diante do caráter mutável e multifacetado do fenômeno da corrupção, é imprescindível que o controle público seja constantemente adaptado e atualizado, com o fim de manter seu dinamismo e efetividade.[99]

Importante destacar, por outro lado, que a corrupção não se restringe a países pobres ou em desenvolvimento. O próprio surgimento de organismos estatais especializados no combate à corrupção, tanto em países desenvolvidos quanto em países pobres, a partir da segunda metade do século XX, revela que reduzir a justificativa para a corrupção a fatores históricos (ou culturais) é um equívoco.

De fato, se por um lado é corrente o estereótipo dos líderes de nações não desenvolvidas ou em desenvolvimento que culpam certas ideologias e o legado histórico para mascarar a corrupção e a ganância, de outro, não se pode ignorar o papel ativo que países poderosos desempenham no fomento à corrupção e a outras condutas ilícitas em tais nações.[100]

Nessa perspectiva, cumpre chamar a atenção para o entendimento corriqueiro, e questionável, de que no Brasil existiria uma "cultura da corrupção". Haveria no país uma maior tolerância social a práticas corruptas, decorrente do histórico patrimonialista, que tornaria os cidadãos mais propensos ao cometimento de ilícitos.

Não se nega que exista, de fato, uma distância entre o discurso e a prática da sociedade brasileira como um todo quando se trata de corrupção (FRAGA, 2016). As práticas abertamente corruptas são veementemente rechaçadas pela população (*v.g.*: o recebimento de dinheiro por políticos para favorecer empresas em licitações). No entanto, essa mesma população admite que o conceito de honestidade é relativo e, sob certas condições, coaduna-se com a realização de práticas

---

[99] Com esse escopo, o artigo 5.3 da Convenção da ONU contra a Corrupção, preconiza o seguinte: "Cada Estado-Parte procurará avaliar periodicamente os instrumentos jurídicos e as medidas administrativas pertinentes a fim de determinar se são adequadas para combater a corrupção". BRASIL. Controladoria-Geral da União. *Convenção das Nações Unidas contra a Corrupção*. Brasília: CGU, 2008.

[100] Cf., sobre o assunto, PLESSIS, A. D. Corruption Isn't Just a Developing World Issue, and It's Time Western Leaders Did More. *World Economic Forum,* 2016. Disponível em: <https://www.weforum.org/agenda/2016/05/corruption-isn-t-just-a-developing-world-issue-and-it-s-time-western-leaders-did-more/>. Acesso em: 21 jul. 2016. Nesse sentido, cf. LAVERICK, 2016, p. 136-159.

frequentemente ilícitas, como a falsificação de carteira de estudante para obter os benefícios a ela atrelados.

Como sustentar, então, que não vigora na sociedade brasileira uma cultura de corrupção? Nessa "brecha" de leitura da moralidade, potencializada por uma sociedade desigual, marcada por privilégios de grupos, é que floresce a percepção de que a corrupção é generalizada.

É premente, desse modo, convencer os cidadãos de que a responsabilidade pela prevenção e pela erradicação da corrupção é compartilhada entre Estado e sociedade civil, organizada ou não (BRASIL, Convenção das Nações Unidas contra a Corrupção, 2008). Deve-se fomentar a confiança dos cidadãos uns nos outros e também nas instituições, o que demanda uma profunda e abrangente repactuação social.

Ao mesmo tempo, é necessário fomentar entre os agentes públicos a observância de altos padrões de integridade, honestidade e responsabilidade.

Diante das considerações acima, pode-se afirmar, ainda, que a cultura não é causa única para os altos índices de corrupção verificados no Brasil, uma vez que fatores de natureza diversa, ligados tanto às pessoas quanto à estrutura econômica e social, a exemplo da renda, da escolaridade, da estrutura de mercado, do rigor das leis e das instituições encarregadas do controle, influenciam a maior ou menor adesão às práticas corruptas.

A corrupção é, pois, um fenômeno complexo e, por essa razão, não é provocada apenas por um fator isoladamente considerado, seja a cultura, seja a economia, seja a política. Em razão disso é que entendemos que inovações institucionais, legais e administrativas são medidas necessárias, de modo a também abordar as soluções de forma sistêmica, atacando seus múltiplos fatores causais.

Questão importante é a relação comumente feita entre corrupção e pobreza, dentro de uma abordagem econômica do fenômeno. A corrupção, nessa perspectiva, reduz os recursos disponíveis na sociedade, incrementando os custos de acesso aos serviços de interesse público.[101] Tal consequência é especialmente nefasta em países não desenvolvidos ou em desenvolvimento.

Outros problemas também são citados como decorrentes da corrupção, entre os quais cabe destacar o risco aos direitos dos cidadãos

---

[101] Silva, Garcia e Bandeira (2002, p. 24) defendem que a corrupção afeta a produtividade econômica e, assim, compromete o retorno dos fatores produtivos. Em síntese, a corrupção comprometeria a produtividade do capital, reduzindo a riqueza circulante em um dado país.

e às liberdades, uma vez que se considera que a corrupção constitui ameaça à aplicação das leis, à paz social e à segurança, bem como ao desenvolvimento sustentável.[102]

Pode-se dizer que as repercussões especialmente negativas da corrupção são agravadas pela dificuldade de mensurá-la. Cuida-se de fenômeno que se desenvolve essencialmente por meio de condutas ocultas, em tese, a salvo do escrutínio público.

Um dos índices mais difundidos pelos estudiosos do tema é o da Transparência Internacional. Esse índice mede a percepção de determinados agentes econômicos e políticos sobre o nível de corrupção no setor público em vários países do globo.

A escala do índice varia de 0 (indicativo de alta corrupção) a 100 pontos (indicativo de um país "limpo"). Notas inferiores a 50 pontos indicam sério problema de corrupção.

De acordo com o Relatório de 2015 da Transparência Internacional,[103] a média global dos 168 países avaliados foi de 43 pontos, o que é ruim dentro da escala do índice, conforme explicitado acima.

Na América, a média do conjunto de países avaliados é de 40 pontos. O país do continente mais bem colocado no ranking de 2015 é o Canadá, na nona posição entre os 168 países pesquisados, com 83 pontos. Na contramão, Venezuela e Haiti ocupam a pior posição no continente (158ª), com 17 pontos cada um.

Nota-se que a pontuação do Brasil permaneceu ruim em todo o período destacado, a despeito dos esforços empregados no combate à corrupção.

Ao longo dos últimos quinze anos, foram feitas diversas inovações na legislação (ex.: Lei de Acesso à Informação, Lei da Transparência e Lei Anticorrupção), além do fortalecimento de mecanismos institucionais, como a criação, na esfera federal, da Secretaria da Transparência e Prevenção da Corrupção.

A situação do Brasil demanda análise acurada, o que foi realizado por Fernando Mendes Monteiro (2014). Em avaliação concisa, pode-se dizer que a posição relativa do país no ranking da Transparência evoluiu, ainda que timidamente, no período compreendido entre os anos de 2009 e 2013. Na transição do ano de 2014 para 2015, há uma queda acentuada, conforme se observa no gráfico seguinte:

---

[102] Nesse contexto, o Programa das Nações Unidas para o Desenvolvimento alerta que a corrupção afeta todos os aspectos da sociedade organizada (UNITED NATIONS DEVELOPMENT PROGRAMME, 2014).

[103] TRANSPARENCY INTERNATIONAL. Corruption Perceptions Index 2015: Data and Methodology. *Transparency International*, 2015. Disponível em: <http://www.transparency.org/cpi2015>. Acesso em: 2 ago. 2016.

Gráfico 1 – Brasil no Índice de Percepção da Corrupção (2009/2015)

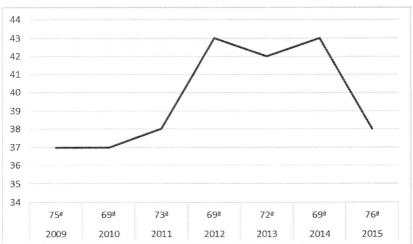

Conforme dito, de 2014 para 2015, houve significativa piora na colocação do Brasil no ranking. Em 2014, o país ocupava a 69ª posição entre 175 países, somando 43 pontos. Em 2015, passou a ocupar a 76ª posição entre os 168 países pesquisados, somando 38 pontos. O Relatório da Transparência Internacional de 2015 explica que a queda do Brasil no ranking foi a maior entre todos os países da América, tendo sido provocada pela eclosão do escândalo de corrupção na empresa estatal Petrobras, considerado o maior da história do país.

Apenas para se ter uma ideia da discrepância das situações, países na vizinhança do Brasil são muito mais bem avaliados no mesmo ranking de 2015 da Transparência Internacional. O Uruguai, por exemplo, ocupa a 21ª posição, com 74 pontos. O Chile, por sua vez, ocupa a 23ª posição, com 70 pontos.

Conforme os últimos números divulgados pela Transparência Internacional, em 2016[104] e 2017[105] o Brasil ocupa a 79ª e 96ª posições, respectivamente.

---

[104] TRANSPARENCY INTERNATIONAL. Corruption Perceptions Index 2016. Disponível em: <https://www.transparency.org/whatwedo/publication/corruption_perceptions_index_2016>. Acesso em: 12 mar. 2018.
[105] TRANSPARENCY INTERNATIONAL. Corruption Perceptions Index 2017. Disponível em: <https://www.transparency.org/news/feature/corruption_perceptions_index_2017>. Acesso em: 12 mar. 2018.

O que esses números querem dizer? O Brasil tornou-se mais corrupto? Que medidas são necessárias para melhorar esse estado de coisas?

De início, cumpre destacar a importância do índice da Transparência Internacional para revelar a problemática (ao menos parte dela) da corrupção em um dado país. Pode-se dizer que essa medida quantitativa permite a análise da corrupção sob os vieses de variadas disciplinas, para além da Criminologia, campo que tradicionalmente se ocupou da investigação do fenômeno (PETERS; ERKKILÄ; MARAVIĆ, 2016).

Porém, vale notar que o índice não mede propriamente a dimensão da corrupção, mas sim a percepção de certos atores econômicos e políticos sobre práticas corruptas.[106] Trata-se de uma medida indireta, e não direta, da corrupção. Cuida-se, assim, de medida válida, mas que não pode ser apreendida de modo isolado para fins de compreensão do fenômeno da corrupção em um dado país.[107]

Com efeito, há aspectos não mensuráveis da corrupção, os quais não se sujeitam à análise quantitativa, a começar pela lógica que guia as práticas corruptas (PETERS; ERKKILÄ; MARAVIĆ, 2016). Por outro lado, a percepção do que é corrupto ou não varia de acordo com o país ou, mais especificamente, em função dos diferentes tipos de sociedade.

A pesquisa da corrupção não pode ser limitada a apenas uma perspectiva, diante da complexidade da compreensão do fenômeno, que, cumpre ressaltar, se manifesta geralmente por meio de condutas ocultas ao olhar público (e, consequentemente, dos estudiosos do tema).

Importante destacar, por oportuno, uma nova faceta que vem sendo assumida pela corrupção, devido às transformações econômicas e políticas observáveis em diversos países do globo, na esteira da globalização, das privatizações e da desregulamentação,[108] qual seja, a corrupção transnacional, que não conhece fronteiras territoriais,

---

[106] Nesse sentido é que Filgueiras (2009) entende que o índice é útil por revelar aspectos culturais da corrupção.

[107] Peters et al. revelam a preocupação dos estudiosos com a confiabilidade do método de pesquisa fundado apenas em entrevistas. Para os autores, determinar em que medida a pesquisa de percepção reflete meras opiniões ou a corrupção real é a grande dificuldade apresentada por esse método. Conforme sintetizam: "Como todos sabemos, um grande número de pessoas afirmando a mesma coisa não a torna verdadeira." Cf. PETERS *et al.*, 2016, p. 125.

[108] Quem faz esse destaque é CARTIER-BRESSON, J. As análises econômicas das causas e consequências da corrupção: algumas lições para os países em desenvolvimento. In: BRASIL. Ministério do Planejamento, Orçamento e Gestão. Secretaria de Gestão. *Seminário Brasil-Europa de prevenção da corrupção*: textos de referência. Brasília: MP, 2007. p. 21-39.

estendendo-se até onde o capital fluido encontrar esteio e condições de multiplicação.

Nesse contexto, diante de fenômeno tão multifacetado, e de consequências tão prejudiciais, diversos estudiosos têm concebido estratégias de combate à corrupção.

Tais estratégias demandam o conhecimento das medidas preconizadas pela Convenção das Nações Unidas contra a Corrupção (BRASIL, 2008), a qual foi ratificada pelo Brasil em 2005 e promulgada em 2006, por meio do Decreto Federal nº 5.687/2006.

Essa Convenção prevê uma variedade de ações, estratégias e medidas que, em seu conjunto, servem ao propósito de prevenir e combater a corrupção de modo abrangente.

Entre as ações nela preconizadas estão:

a) criação de órgão estatal especializado na prevenção e no controle à corrupção (agência anticorrupção);[109]

b) estímulo às boas práticas de governança, à transparência e à integridade dos setores público e privado, em especial no que toca à seleção de pessoal e às contratações públicas;

c) ampliação da tipificação de condutas tidas como corruptas,[110] alcançando não só as pessoas naturais como também as pessoas jurídicas; e

d) promoção da cooperação internacional em matéria de combate à corrupção, no que tange, por exemplo, ao procedimento de extradição e à recuperação de ativos, visando à reparação de danos.

Em uma abordagem econômica da corrupção, Susan Rose-Ackerman (2007), uma das principais estudiosas do tema no mundo, também arrola medidas de prevenção e combate ao fenômeno. Assume-se que fatores variados influenciarão a manifestação da corrupção em cada país. Assim, as estratégias de enfrentamento devem levar em conta tal realidade: medidas aplicadas com sucesso em países desenvolvidos podem não produzir os efeitos desejados quando implementadas em países pobres ou em desenvolvimento, e vice-versa.

---

[109] Estudiosos enfatizam que a Convenção da ONU, em uma perspectiva sistemática, dá esteio à abordagem multiorgânica da corrupção. Conf. HUSSMAN; HECHLER; PEÑAILILLO, 2009.

[110] Exemplo é a tipificação como crime da oferta de suborno a funcionários estrangeiros ou de funcionários de organizações internacionais. Nesse sentido, cf. BRASIL, Convenção das Nações Unidas contra a Corrupção, 2008.

Algumas das medidas preconizadas têm seu enfoque na corrupção realizada no âmbito da Administração Pública, em associação ou não com entes privados.

Como órgão constitucionalmente responsável pela defesa da ordem jurídica brasileira, do regime democrático e dos interesses sociais e individuais indisponíveis,[111] o Ministério Público Federal tem tido atuação destacada em recentes casos de corrupção de grande proporção, a exemplo da rede de corrupção desmantelada na empresa estatal Petrobras. Esse órgão também propôs diversas medidas de prevenção e enfrentamento da corrupção, aglutinando-as em dez grupos. Tais medidas não diferem, em finalidade e enfoque, das estratégias de combate à corrupção preconizadas por Susan Rose-Ackerman ou das medidas apregoadas pela Convenção da ONU.

Observa-se que boa parte das medidas concretas preconizadas pelo MPF (BRASIL, Ministério Público Federal, 2016) encontra-se na esfera do Direito Penal ou Processual Penal. Essa ênfase se liga à missão institucional do órgão, incumbido, entre outras tarefas, do desempenho da persecução penal.

As propostas de Susan Rose-Ackerman e aquelas contidas na Convenção da ONU incluem o estímulo à criação de uma agência anticorrupção, assunto que não consta das medidas preconizadas pelo Ministério Público Federal.

A seguir, apresentamos proposta que visa ao enfrentamento da corrupção sistêmica no Brasil, buscando a efetividade dos gastos com ações e serviços públicos.

A proposta é lastreada em fontes doutrinárias, de pesquisa e em nossa experiência profissional no controle externo da Administração Pública, que margeia um quarto de século.

Durante a *16th International Anti-Corruption Conference*,[112] tivemos a oportunidade de discutir com especialistas mundiais as medidas que dão ou não certo no enfrentamento da corrupção, o que norteou a elaboração da proposta.

Daniel Chak (2015) assevera, de forma categórica, calcado na sua experiência como ex-comissário da Comissão Independente contra a Corrupção (ICAC), de Hong Kong, que há fatores críticos de

---

[111] Nesse sentido, estabelece a Constituição da República de 1988, art. 127, *caput*.

[112] TRANSPARENCY INTERNATIONAL. *16th IACC – International Anti-Corruption Conference*, Putrajaya, Malasia, 2015. Disponível em: <https://16iacc.sched.org/event/415e/fighting-corruption-by-authorities-what-worked-and-what-went-wrong>. Acesso em: 28 set. 2016.

sucesso nas iniciativas anticorrupção, quais sejam: fragmentação de responsabilidades anticorrupção, orçamento insuficiente das agências, sistema legal fraco, falta de treinamento profissional e conhecimento (*expertise accounting*), falta de compromisso dos servidores e investigações mal instruídas, liderança hesitante, falta de apoio público, lacunas legais, desafios na violação de direitos, falta de testemunhas para depor, assistência jurídica no exterior não próxima, ameaças contra os investigadores, corrupção interna, administração pública burocrática, sistemas governamentais ineficientes, regras e regulamentações restritivas e complexas, controles gerenciais inadequados, sistema de freios e contrapesos insuficientes, falta de transparência, ausência de desejo de mudança ou transformação.

Logo se vê a complexidade do enfrentamento da corrupção e sua múltipla abordagem, razão pela qual a proposta aqui lançada não pode ser analisada sob a ótica de uma panaceia, mas como esforço legítimo no sentido de buscarmos caminhos próprios, focados no que a experiência internacional destaca como consenso.

Tal consenso internacional é fruto de décadas de expertise no enfrentamento da corrupção apreendida e da corrupção inata. Claro que fatores culturais e de sistematização jurídica implicam maior ou menor efetividade das soluções propostas. Entretanto há um núcleo de similaridades que não se pode negar: instituições especializadas, dotadas de recursos humanos e materiais qualificados e suficientes, dentro de um arcabouço legal firme e seguro e composto por dirigentes independentes, autônomos e probos.

Assim, para todos os fatores críticos de sucesso das iniciativas anticorrupção reconhecidos pela comunidade internacional, propusemos[113] soluções possíveis para a realidade do Brasil, conforme se vê na tabela a seguir, quais sejam:

---

[113] Para saber mais, vide MOURÃO, Licurgo. *Orçamento público biopolítico: corrupção, transparência e efetivação dos gastos*. 2016. 631f. Tese (Doutorado em Direito) – Faculdade de Direito, Universidade de São Paulo, São Paulo, 2016.

Tabela 1 – Fatores críticos de sucesso das iniciativas anticorrupção no Brasil

FATOR CRÍTICO DE SUCESSO	PROPOSTA DE ENFRENTAMENTO
Administração burocrática, sistemas governamentais ineficientes, falta de treinamento profissional e *expertise accounting*, regras e regulamentações restritivas e complicadas, controles gerenciais inadequados e falta de transparência.	Adoção do Demonstrativo da Reserva do Possível – DRP
Orçamento insuficiente e assistência jurídica no exterior não próxima.	Adoção do Orçamento Biopolítico Zero – OBPZ
Falta de apoio público, falta de testemunhas para depor, inadequação legal, ausência de desejo de mudança ou transformação.	Adoção de legislação recompensadora dos denunciantes – LRD (*Whistleblowers*)
Liderança hesitante, sistema legal fraco, desafios na violação de direitos, fragmentação de responsabilidades anticorrupção e sistema de freios e contrapesos insuficiente.	Adoção dos Tribunais Judiciais de Contas – TJCs
Falta de compromisso dos servidores, ameaças contra os investigadores e corrupção interna.	Adoção do Teste de Integridade e Psicopatia para Agentes Públicos – TIP

Passaremos, portanto, ao estudo pormenorizado da medida necessária ao combate à corrupção e à promoção da efetividade das políticas públicas, consubstanciada na adoção dos Tribunais Judiciais de Contas (TJCs), o qual, dinamizado pelas alterações que propomos, tornar-se-á um revigorado Tribunal de Contas Democrático, tendo como paradigma as agências anticorrupção, a exemplo das iniciativas mais exitosas em todo o mundo.

CAPÍTULO 5

TRIBUNAL DE CONTAS DEMOCRÁTICO

De há muito se discute a necessidade de mudanças estruturais profundas na composição e na forma de atuação dos Tribunais de Contas, em face da sua conhecida politização e de críticas lançadas por representantes da sociedade civil organizada acerca de sua atuação (TRANSPARÊNCIA BRASIL, 2014).

É nessa conjuntura, portanto, que propomos que eles funcionem tendo como paradigma agências anticorrupção, produto da institucionalização dos mecanismos de enfrentamento da corrupção, buscando-se na expertise estrangeira estândares para, ao final, aduzir-se proposta de reformulação institucional.

De acordo com Luís de Sousa (2008, p. 23), agência anticorrupção pode ser definida como um "(...) órgão (de financiamento) público e de natureza durável, com uma missão específica de combate à corrupção", e também de estabelecimento de estratégias de prevenção e repressão.

Na pesquisa que empreendemos, observamos que os países que adotam tal modelo apresentam diversificações entre si. Revisamos o arranjo institucional de combate à corrupção no Brasil, ao mesmo tempo em que examinamos algumas experiências internacionais bem-sucedidas, de modo a verificar se tais modelos, ou ao menos alguns de seus caracteres, podem ser adotados no contexto brasileiro.

5.1 Modelos existentes de agência anticorrupção

Registra-se que a criação de agências anticorrupção, compreendidas como órgãos públicos especializados na prevenção e no enfrentamento da corrupção, é fenômeno verificável nos mais diversos países do globo, sejam eles desenvolvidos ou não (SOUSA, 2008).

Informações sobre agências anticorrupção em todo o mundo contabilizam dezenas de países em que tais órgãos foram instituídos (ANTI-CORRUPTION AUTHORITIES, 2016). A localização geográfica desses organismos estatais abarca todos os continentes do mundo.

A multiplicação dessas agências especializadas corrobora o entendimento de que a corrupção não é um fenômeno localizado, restrito a países pobres.

Diante da diversidade de modelos, formas e tamanhos desses órgãos, reconhece-se em duas agências os parâmetros para a criação de todas as demais no mundo. São elas: a Comissão Independente contra a Corrupção (ICAC, na sigla em inglês), de Hong Kong, e o Bureau de Investigação de Práticas Corruptas (CPIB, na sigla em inglês), de Cingapura (SANTOS, 2009).

Antes de tratar especificamente desses modelos, necessário ressaltar que os estudiosos, partindo das medidas preconizadas por organismos internacionais como a ONU e o Banco Mundial, costumam classificar as agências anticorrupção conforme a função que exercem (plexo de atribuições), ou de acordo com o modo como se organizam (vinculação administrativa).

Classificadas de acordo com as funções que exercem, as agências podem ser multipropósitos, instituições de aplicação coercitiva da lei ou instituições de prevenção, coordenação e desenvolvimento de políticas (SANTOS, 2009).

O primeiro modelo, das agências multipropósitos, encampa os órgãos que desenvolvem uma multiplicidade de atividades ligadas à prevenção e ao enfrentamento da corrupção, como o monitoramento e a investigação.

Instituições de aplicação coercitiva são aquelas que atuam nas linhas investigativa e processual, a exemplo das procuradorias e dos órgãos de investigação judiciária.

Por fim, as agências de coordenação e de desenvolvimento de políticas são aquelas que se dedicam à pesquisa, à análise e à elaboração de políticas. Trata-se de órgãos com natureza científica e de assessoramento sobre o assunto corrupção.

Outra classificação, de John R. Heilbrunn (2004), leva em conta não apenas a função desempenhada pela instituição, como também a sua vinculação administrativa. Nesse sentido, as agências são classificadas de acordo com o modelo universal, o modelo investigativo vinculado ao Poder Executivo, o modelo parlamentar vinculado ao Legislativo e o modelo multiagência sem vinculação específica.

A primeira categoria, da agência universal, independente e autônoma, abrange as funções investigativa, preventiva e comunicativa, sendo representada pela agência anticorrupção de Hong Kong.[114]

O modelo investigativo é caracterizado pela formação de restrita comissão com poderes investigativos, vinculada ao Poder Executivo. Esse é o caso da agência anticorrupção de Cingapura.

O modelo parlamentar, vinculado ao Poder Legislativo, se concentra na função de prevenção, sendo este o caso da agência anticorrupção de Nova Gales do Sul.

O modelo multiagência congrega funções variadas, sendo integrado por um conjunto de organismos independentes e distintos entre si e que atuam em rede de cooperação. Esse último é o modelo observável em países como os Estados Unidos e o Brasil.

País que apresenta modelo multiagência, de algum modo semelhante ao brasileiro, são os Estados Unidos, onde órgãos de distintas vinculações administrativas, como o FBI (Federal Bureau of Investigation), o OGE (Office of Government Ethics) e o GAO (U.S. Government Accountability Office) atuam, cada um em seus respectivos campos de competência, na prevenção e no enfrentamento à corrupção.

Enquanto o OGE, criado em 1978, possui viés mais pedagógico, atuando na qualificação do quadro funcional do Estado e na fiscalização de programa de ética no serviço público (UNITED STATES OFFICE OF GOVERNMENT ETHICS, 2016), o GAO, ligado ao Congresso, exerce o controle externo das atividades do Poder Executivo (U.S. GOVERNMENT ACCOUNTABILITY OFFICE, 2016). Por sua vez, o FBI age essencialmente, e com preponderância, na repressão a crimes de corrupção (FEDERAL BUREAU OF INVESTIGATION – FBI, 2016).

Oportuno considerar, em consonância com Fernando Mendes Monteiro (2013), que o modelo multiagência é o mais comum nos países ocidentais. A razão para a preferência por tal modelo – e não por uma construção institucional que concentre os poderes investigativos, de prevenção e pedagógicos em um só órgão (agência universal) – decorreria do fato de que os países, de modo geral, não fazem uma escolha deliberada pelo primeiro arranjo, ele se consolidaria naturalmente ao longo do tempo.

---

[114] Observa-se que a autonomia e a independência de que cuidam os estudiosos estão ligadas à constituição das agências anticorrupção como entes apartados do aparelho administrativo estatal central. Mesmo nos países ou territórios em que tais entes desfrutam de considerável independência, invariavelmente há a necessidade de reportar-se a uma autoridade estatal superior fora da estrutura da entidade (por exemplo, um Chefe do Poder Executivo, como é o caso de Hong Kong).

Há exceções à regra da consolidação natural do modelo multiagência. Nos Estados Unidos,[115] houve opção expressa por combater a corrupção por meio de diversas frentes institucionais, como reflexo do escândalo Watergate (MONTEIRO, 2013).

Considerado principal modelo de sucesso, a agência anticorrupção de Hong Kong (ICAC) iniciou seus trabalhos no ano de 1974, quando o território ainda era uma colônia britânica (MONTEIRO, 2013).

A agência surgiu em resposta a um quadro de corrupção sistêmica que chegou ao clímax com a eclosão de um escândalo envolvendo o alto escalão da polícia.

As práticas corruptas, à época, abarcavam desde políticos de alta hierarquia até os mais diversos servidores públicos, incluindo policiais, bombeiros e funcionários de hospitais, os quais frequentemente exigiam dos cidadãos o pagamento de valores pecuniários indevidos para executar suas atribuições funcionais (INDEPENDENT COMISSION AGAINST CORRUPTION, 2016). Nesse contexto, uma das principais missões da agência foi – e ainda é – a de modificar a percepção pública de que subornos e propinas seriam aceitáveis na vida cotidiana dos cidadãos.

A ICAC possui competências abrangentes que abarcam funções investigativas, preventivas e pedagógicas. Autodenominada agência de aplicação da lei (ou de execução da lei), é dotada de atribuições como a de realizar detenções e de efetuar buscas e apreensões. Destaca-se, por outro lado, que a função de acusação atinente aos casos de corrupção é de competência do Departamento de Justiça, e não da ICAC (ANTI-CORRUPTION AUTHORITIES, 2016).

Acima de tudo, o modelo de Hong Kong revela uma opção política pela centralização da estratégia de prevenção e combate à corrupção, por meio da criação de um só órgão autônomo – em termos administrativos e funcionais – e independente em relação a outros entes do Estado. Esse arranjo é justificado, em especial, pela desconfiança que imperava em relação aos órgãos e agentes públicos integrantes da estrutura administrativa vigente à época da criação da agência.

---

[115] Cita-se também o caso do México, onde graves casos de corrupção envolvendo políticos, policiais e traficantes de drogas são noticiados. Nesse país, recente reforma constitucional teve como finalidade a criação de um sistema anticorrupção distribuído entre vários órgãos estatais. Nesse sentido, cf. matéria "Corruption in Latin America: Democracy to the Rescue?", publicada em 2015 no The Economist. Disponível em: <http://www.economist.com/news/americas/21646272-despite-epidemic-scandal-region-making-progress-against-plague-democracy>. Acesso em: 21 jul. 2016.

Pode-se dizer que a efetividade da ICAC decorre em grande parte do específico ambiente político e social que deu esteio à sua criação, bem como dos extensos poderes a ela atribuídos, alguns dos quais não são integralmente compatíveis com o sistema democrático, de acordo com estudiosos.[116]

Alguns pontos merecem ser destacados. Como já dito, a agência de Hong Kong é dotada de alguns poderes significativos, como os de acesso a contas bancárias e de confisco de propriedades e documentos. Além disso, a atuação da agência está lastreada em um sistema legal com ampla tipificação criminal de condutas corruptas, o que não se observa, por exemplo, no Brasil, onde, por exemplo, o enriquecimento sem causa ainda não é considerado crime (BANDEIRA, 2016).

Com efeito, o reconhecido sucesso da agência de Hong Kong está ligado a uma série de fatores muito próprios desse território autônomo chinês. Conta a favor da efetividade da agência o forte investimento em prevenção. Além disso, o apoio político, a independência da agência, a preocupação de dotá-la de recursos humanos bem qualificados, bem como de recursos financeiros suficientes foram fundamentais para que tal órgão alcançasse os resultados esperados.

Verifica-se uma significativa diferença territorial entre Brasil e Hong Kong (INDEPENDENT COMISSION AGAINST CORRUPTION, 2016), bem como o fato de que a ICAC se dedica integralmente à prevenção e ao combate à corrupção.

Atualmente, Hong Kong ocupa a 18ª colocação no índice de percepção da corrupção da Transparência Internacional, somando 75 pontos (TRANSPARENCY INTERNATIONAL, 2015). Trata-se, ao lado do Japão, do segundo asiático mais bem colocado no ranking, atrás apenas de Cingapura (8ª posição, 85 pontos), segundo o *Corruption Perceptions Index 2015: Data and Methodology* (TRANSPARENCY INTERNATIONAL, 2015). A título de comparação, a China, país ao qual pertence a região administrativa de Hong Kong, ocupa a 83ª posição, com 37 pontos, ainda segundo o referido estudo.

Já em Cingapura, o Bureau de Investigação de Práticas Corruptas (CPIB), instituído em 1952, antes mesmo da independência da Coroa Britânica, em 1959, é a agência responsável pela prevenção e combate à corrupção (HIN, 2011). Trata-se do único órgão competente para investigar atos de corrupção. Caso algum outro órgão ou entidade

---

[116] Exemplo seria a excepcional possibilidade de realizar busca e apreensão sem mandado, com fundamento em suspeição do Comissário da agência. Cf. MONTEIRO, 2013, p. 15-17.

de aplicação da lei se deparar com ofensa do tipo, é necessário que ele transfira o caso para o CPIB, o que consideramos mais eficaz em contraponto à miríade de órgãos competentes no combate à corrupção que se observa no Brasil.

A depender da origem do recurso (federal, estadual ou municipal) ou da esfera de responsabilização (cível, penal ou administrativa) no Brasil, órgãos tão distintos como Procuradorias Municipais, Tribunal de Contas da União e Auditoria-Geral do Estado, entre outros, poderão estar legitimados para atuar.

A criação do CPIB se insere em contexto de reconhecimento, pelo governo, da necessidade de controle e redução da corrupção sistêmica, entendida como herança colonialista.[117] A estratégia da agência é combater a corrupção em qualquer de suas formas ou dimensões. Assim, a atuação do CPIB se estende dos pequenos atos de corrupção até as condutas criminosas de alto nível.[118]

Nesse sentido, três são as funções desenvolvidas pela agência: 1) receber e investigar queixas de corrupção, tanto no setor público quanto no privado; 2) investigar condutas desviantes e ilegais de agentes públicos; 3) examinar as práticas e procedimentos no serviço público, de modo a reduzir as oportunidades para as práticas corruptas (QUAH, 2001).

A estrutura de combate à corrupção na cidade-estado está fundada em quatro pilares: normas anticorrupção efetivas, agência anticorrupção efetiva, punição efetiva, administração governamental eficiente (HIN, 2011).

Necessário ressaltar que, mesmo provido de tais competências abrangentes, o CPIB depende da anuência da Procuradoria-Geral para ingressar em juízo e processar determinada pessoa por prática de corrupção (HEAN, 2009), o que pode ser entendido como um controle externo exercido sobre a agência, de modo a mitigar sua hegemonia nas iniciativas anticorrupção.

A Lei de Prevenção à Corrupção de Cingapura (PCA), editada em 1960, é a principal norma sobre o combate e prevenção à corrupção. Prevê as principais condutas tipificadas como corruptas, bem como

---

[117] HIN, 2011, p. 122. Sobre os efeitos das ocupações estrangeiras sobre a corrupção em Cingapura, ver também QUAH, 2001.

[118] QUAH, 2001. Cingapura pratica uma política de "tolerância zero" contra a corrupção. O CPIB tem competência para investigar desde uma oferta de suborno de um cidadão a um oficial de trânsito até condutas corruptas praticadas por servidores e agentes políticos do alto escalão. Conf. HEAN, 2009.

os poderes a serem desempenhados pela agência no exercício de seu mister, entre eles, os de busca e apreensão e quebra de sigilo bancário.

Desde a sua edição, a PCA passou por diversas modificações orientadas para o incremento dos poderes de investigação da CPIB, das punições e do aperfeiçoamento de eventuais falhas encontradas na legislação (HIN, 2011). Baseia-se na lógica de que a corrupção é guiada por incentivo *versus* oportunidade. Assim, a legislação anticorrupção se dedica à redução ou à remoção dos incentivos e das oportunidades que propiciam a adoção de condutas corruptas pelos indivíduos (QUAH, 2001).

Dentro do amplo escopo de atuação da CPIB, destaca-se a atribuição de investigar condutas corruptas realizadas no setor público e também no privado. As competências da agência são exercidas tanto em face de quem oferece vantagem indevida quanto de quem recebe.

A PCA prevê a responsabilização de cidadãos cingapurenses que tenham praticado atos de corrupção no exterior, os quais são processados em Cingapura como se a conduta houvesse sido realizada no país (HIN, 2011).

Importante destacar que a agência de Cingapura possui estrutura bem mais enxuta do que sua congênere de Hong Kong.[119] Além disso, o CPIB está (administrativamente) localizado no Gabinete do Primeiro Ministro e, em razão de seu status jurídico, obtém a cooperação requerida tanto de órgãos públicos quanto de organizações privadas (QUAH, 2001, p. 33).

Para John R. Heilbrunn (2004, p. 10), o sucesso do CPIB, considerando sua estrutura reduzida e suas funções essencialmente investigativas, está ligado ao investimento em estratégias dissuasivas, como o alto valor a que pode chegar a condenação pecuniária (milhares de dólares), bem como o considerável tempo de prisão previsto para determinadas condutas corruptas.

A efetividade da agência está vinculada ainda à notável discricionariedade que lhe é assegurada por lei, desde sua independência da Coroa Britânica (HEILBRUNN, 2004). Considera-se que tal regime, a despeito da centralização de poder, criou as condições necessárias para a atração de investimentos que contribuíram para o crescimento econômico do país, entre as quais se cita a aplicação ampla de medidas anticorrupção (HEILBRUNN, 2004, p. 11).

---

[119] Enquanto o quadro permanente do CPIB possui 88 servidores, a agência de Hong Kong conta com cerca de 1.300 agentes. Nesse sentido, cf. ANTI-CORRUPTION AUTHORITIES, 2016.

A atuação ostensiva da agência, aliada à sistemática melhora dos salários e condições de trabalho de determinadas categorias de servidores públicos, configurou a sinergia necessária para a diminuição da corrupção (QUAH, 2001).

Outro exemplo de sucesso é a Comissão Malaia Anticorrupção (MACC), criada em 1967.

A Lei da Comissão Malaia Anticorrupção de 2009 criminaliza de modo abrangente as condutas corruptas, aplicando-se aos setores público e privado.

Além do extenso rol de ofensas previsto na lei, admite-se que os cidadãos ou residentes permanentes no país sejam responsabilizados pelo cometimento das condutas tipificadas fora do território malaio (RAZALI, 2013). Tal possibilidade, bem como a aplicabilidade da lei aos setores público e privado, aproxima em muito a legislação malaia daquela de Cingapura.

A atual estrutura da agência, instituída em janeiro de 2009, está fundada sobre três pilares: 1) educação e conscientização; 2) prevenção e governança; 3) detecção e gerenciamento de resultados (RAZALI, 2013).

As funções estratégicas da agência foram alinhadas com base nos mencionados pilares, e consistem em detectar e investigar casos de corrupção; identificar riscos de corrupção nas práticas laborais, nos sistemas e procedimentos e notificar a probabilidade da ocorrência de corrupção; educar o público, angariando apoio no combate à corrupção (RAZALI, 2013).

Assim como as demais agências asiáticas pesquisadas, a MACC é provida de extensos poderes para cumprir sua missão, a exemplo dos poderes de realizar busca e apreensão, bloqueio de bens e mesmo confisco.

Ademais, o combate à corrupção é uma das sete Áreas-Chave de Resultados Nacionais (NKRAs),[120] que são campos prioritários, definidos pelo governo malaio, a serem tratados tanto pelo setor público quanto pelo setor privado, com a finalidade viabilizar que o país se torne desenvolvido e de alta renda até o ano de 2020. Várias medidas foram lançadas no âmbito dessa iniciativa com o fim de promover a transparência, o *compliance* e a efetividade das estratégias anticorrupção.[121]

---

[120] As sete áreas-chave são as seguintes: redução do crime, combate à corrupção, melhoria dos resultados estudantis, incremento do padrão de vida de famílias de baixa renda, melhoria do desenvolvimento rural, aprimoramento do transporte público urbano e tratamento do custo de vida. Conf. PERFORMANCE MANAGEMENT AND DELIVERY UNIT – PEMANDU. *NKRAs Overview*. Disponível em: <gtp.pemandu.gov.my>. Acesso em: 13 mar. 2018.

[121] Nessa perspectiva, objetivando, entre outros, a melhora da posição do país em rankings que medem a liberdade econômica (*Index of Economic Freedom Report 2015*) e a competitividade

A inclusão do combate à corrupção entre as NKRAs evidencia o compromisso político do governo malaio com o enfrentamento do fenômeno, dentro da perspectiva do *tone from the top*.[122]

A iniciativa malaia é bem avaliada por observadores internacionais (DOIG, 2014), que veem no escopo e nas ações implementadas pela entidade um genuíno esforço de transformação e de aproximação com a iniciativa privada, considerada parceira do Estado na prevenção e no combate à corrupção.

Porém, nem todos os poderes ou produtos apresentados por tais agências são consonantes com o Estado Democrático de Direito brasileiro, isso em razão de tais órgãos comporem a estrutura administrativa de Estados que não são, de fato, democracias, a exemplo da realização de busca e apreensão, independentemente de ordem judicial.

Nota-se que tais órgãos assumem poderes de polícia e investigativos com verdadeira feição policial, no que tange ao enfrentamento das práticas corruptas, o que só é possível em razão da significativa concentração de poderes proporcionada pela específica conjuntura política e jurídica em que se inserem.

No caso da Malásia, por exemplo, um dos produtos apresentados pela MACC é o Banco de Dados de Condenados por Corrupção.[123] Esse banco contém informações sobre os condenados por práticas corruptas no país – como cargo ocupado, número da identidade, número do processo –, incluindo sua foto, que é publicada no sítio eletrônico da agência. A referida publicação fica disponível por três anos, contados de sua primeira divulgação. De acordo com a MACC, a publicização de tais informações serve ao propósito de evitar potenciais novas infrações, sejam elas cometidas pelos mesmos condenados ou não (MALAYSIA ANTI-CORRUPTION COMISSION, 2016).

Diante desse cenário, é necessário reconhecer, por um lado, que o combate à corrupção pode requerer o questionamento de certos

---

(2014-2015 Global Competitiveness Index). Cf. MALAYSIAN ANTI-CORRUPTION COMISSION *Report Corruption – Malaysia's Experience Sharing Good Practices*. 16ª INTERNATIONAL ANTI-CORRUPTION CONFERENCE, 2015. v. 1.

[122] O lema *tone from the top* pode ser compreendido como a expressão do compromisso do governo malaio com a meta de desenvolver e aumentar a renda do país até o ano de 2020. No que toca especificamente ao combate à corrupção, centram-se as atenções sobre os líderes políticos, econômicos e da sociedade civil como um todo, os quais devem desempenhar papel central na instigação de valores e na promoção de normas éticas entre a população. Sobre o assunto, cf. RAZALI, 2013.

[123] Tradução livre de Corruption Offender's Database.

consensos visando ao alcance dos objetivos traçados por uma agência anticorrupção em um Estado Democrático de Direito.

Outro ponto relativo às agências asiáticas merece ser destacado. Sem negar os avanços que tais órgãos promoveram no combate à corrupção, estudiosos internacionais têm apontado a crescente politização dessas agências, as quais têm apresentado postura dúbia quando se trata da investigação e possível punição de integrantes do alto escalão da política local (STEPHENSON, 2016).

Mas não nos iludamos. Mesmo vivenciando o Estado Democrático de Direito, no Brasil ainda encontramos resquícios de práticas pouco democráticas no que toca à investigação de ilícitos envolvendo autoridades públicas, a exemplo do foro privilegiado e da processualística dos Tribunais de Contas, em que um mesmo órgão investiga (técnicos de controle externo, também chamados de Auditores em leis específicas), acusa (Ministério Público de Contas, inseridos na estrutura orçamentária e financeira dos Tribunais de Contas), "julga" (Conselheiros do Tribunal de Contas) e aprecia originalmente os recursos de suas próprias decisões (Câmara e Tribunal Pleno dos Tribunais de Contas), em flagrante prejuízo ao princípio do contraditório material.

É de se notar que as agências asiáticas se organizam como agências multipropósitos universais ou de aplicação coercitiva da lei, nas quais são centrados os esforços de prevenção e combate à corrupção.

Já na Oceania, encontramos o modelo (no caso, de agência investigativa ligada ao Poder Legislativo) da Comissão Independente contra a Corrupção de Nova Gales do Sul, a ICAC (sigla em inglês), da Austrália, instituída em 1988 pelo Legislativo do citado Estado australiano (HEILBRUNN, 2004).

Conforme Heilbrunn (2004), a ICAC surgiu como resposta ao aumento da corrupção e da influência do tráfico de drogas realizado no sudeste asiático sobre servidores dos mais diversos escalões da Administração Pública.

Inspirada na ICAC de Hong Kong, a agência australiana apresenta como diferença crucial em relação à primeira seu foco na prevenção, assim distribuída em três principais funções: a investigação e a divulgação de condutas corruptas no setor público; o aconselhamento e a assistência; a conscientização do funcionalismo público sobre a corrupção e seus efeitos (INDEPENDENT COMISSION AGAINST CORRUPTION – NEW SOUTH WALES, 2016).

Outra característica dessa agência é sua ligação com o Poder Legislativo, diferentemente das agências asiáticas aqui citadas, que respondem ao Chefe do Poder Executivo. Ademais, essa agência não é responsável por investigar todos os casos de corrupção, mas apenas aqueles ocorridos no setor público (Executivo, Legislativo e Judiciário).

Ainda, há uma agência específica que atua ao lado da ICAC e se responsabiliza apenas por condutas corruptas cometidas por membros das forças policiais, a saber, a Police Integrity Comission

A ICAC é dotada de extensos poderes de investigação, estando apta a conduzir inquéritos públicos. Dentro do escopo de prevenção, a agência realiza pesquisas para identificar áreas propensas à corrupção, bem como promove treinamento e aconselhamento de servidores, auxiliando-os na identificação dos riscos significativos de corrupção (INDEPENDENT COMISSION AGAINST CORRUPTION – NEW SOUTH WALES, 2016).

Pode-se dizer que há mais semelhanças do que diferenças entre as agências até aqui examinadas. Em todas elas, destacam-se a independência e a autonomia em relação aos demais órgãos e entidades públicos, as quais se manifestam em diferentes graus de competência e estruturas organizacionais.

Feitas essas considerações, e diante dos dados fornecidos por essas diferentes realidades, passa-se a analisar a conjuntura brasileira, de modo a verificar se é possível reproduzir no país os caracteres considerados de sucesso das agências anticorrupção pesquisadas.

5.2 Agência anticorrupção no Brasil: riscos e vantagens

No Brasil, na esfera federal, a Controladoria-Geral da União (CGU), criada em 2003 e hoje com as competências transferidas ao Ministério da Transparência, Fiscalização e Controle e Controladoria-Geral da União, nos termos da Lei nº 13.341, de 29 de setembro de 2016, é um dos principais órgãos empenhados no combate à corrupção. Atua como órgão central encarregado das funções de controle interno, correição e ouvidoria, desenvolvendo, ainda, ações de promoção da transparência e de prevenção da corrupção.[124]

No que toca ao enfrentamento da corrupção, a CGU encampa um conjunto diversificado de funções, de natureza investigativa, preventiva,

---

[124] Ressalta-se que a CGU é o órgão responsável pela fiscalização da implementação das Convenções Internacionais Anticorrupção ratificadas pelo Brasil, notadamente, a Convenção das Nações Unidas contra a Corrupção, a Convenção da OCDE sobre o Combate da Corrupção de Funcionários Públicos Estrangeiros em Transações Comerciais Internacionais e a Convenção Interamericana contra a Corrupção.

pedagógica, de monitoramento e de pesquisa, o que a aproxima da categoria das agências multipropósitos.

Junto à CGU, há outros órgãos cujas competências abrangem, de modo mais ou menos intenso, o enfrentamento à corrupção. É o caso do Ministério Público Federal, da Polícia Federal e do Tribunal de Contas da União (SANTOS, 2009).

Vale mencionar, ainda, entre tantos órgãos dedicados ao controle no Brasil, a Controladoria-Geral do Município de São Paulo – CGM, também constituída como uma espécie de agência multipropósitos, porém com as competências limitadas geograficamente pelo território da cidade de São Paulo.

Criada em 2013, por meio da Lei Municipal nº 15.764/2013, a CGM atua em cinco áreas: Ouvidoria, Corregedoria, Coordenadoria de Auditoria Interna, Coordenadoria de Promoção da Integridade e Coordenadoria de Defesa do Usuário do Serviço Público Municipal (CONTROLADORIA-GERAL DO MUNICÍPIO DE SÃO PAULO, 2016).

Em seus poucos anos de funcionamento, a CGM promoveu análise sistemática do patrimônio dos servidores, baseada no Sistema de Registro de Bens dos Agentes Públicos (Sispatri), em obediência à Lei nº 8.429/1992 (Lei de Improbidade Administrativa), de modo a identificar possíveis situações de enriquecimento ilícito de servidores.[125]

O trabalho da CGM propiciou o desnudamento de um esquema de desvio de dinheiro público conhecido como "máfia dos fiscais", que gerou prejuízos da ordem de R$ 289 milhões. Desse montante, R$ 133 milhões já foram recolhidos aos cofres públicos (SPINELLI, 2014). Com a descoberta, houve ainda aumento de 67% na arrecadação do Imposto sobre Serviços (ISS), muito em decorrência da revisão de processos e da correção de fragilidades detectadas no procedimento de fiscalização.

Tais dados, ainda que apresentados de forma breve, demonstram que um modelo de combate à corrupção bem concebido e estruturado promove resultados efetivos, seja por estruturas de controle interno, seja por agências anticorrupção. Muitas vezes, o fator determinante é a vontade política.

Destaca-se que, no Brasil – assim como nos Estados Unidos –, existe a tendência de enfrentamento multiorgânico da corrupção.

---

[125] CONTROLADORIA-GERAL DO MUNICÍPIO DE SÃO PAULO, 2016. Sobre a análise patrimonial dos servidores, que culminou na descoberta do esquema de corrupção atinente ao ISS-Habite-se. Cf. SPINELLI, M. Desmontando a máfia dos fiscais. *Cautelar: Revista do Tribunal de Contas do Estado do Rio Grande do Sul*, Porto Alegre, Ano IV, p. 6-8, nov. 2014. (Entrevista).

De fato, em 2003, foi instituída a Estratégia Nacional de Combate à Corrupção e à Lavagem de Dinheiro (ENCCLA). Trata-se, em síntese, da corporificação da concepção de um sistema nacional de integridade, dentro do qual diversos órgãos, entidades estatais e da sociedade civil atuam em rede, abordando, em perspectiva holística, o desafio da prevenção e do combate à corrupção (ROCHA, 2008).

Na ausência de estrutura específica anticorrupção e considerando a fragmentação da ação, a ENCCLA foi criada para suprir a falta de articulação e de atuação estratégica coordenada do Estado no combate à lavagem de dinheiro e à corrupção. Assim, na elaboração da estratégia, cujas metas são anualmente estabelecidas e sistematicamente monitoradas, os principais agentes dos órgãos envolvidos com o combate à corrupção e a lavagem de dinheiro identificam conjuntamente os problemas existentes e definem os objetivos a serem alcançados (ROCHA, 2008).

Atualmente, a ENCCLA conta com a participação de 54 órgãos e entidades, entre os quais a CGU. No ano de 2016, segundo dados do Ministério da Justiça e Cidadania (2016), esse órgão coordenou ações de promoção de integridade nas contratações públicas, de criação de diretrizes para a implantação de sistemas estaduais e municipais de controle interno e de avaliação da transparência dos Poderes Legislativo e Judiciário, do Ministério Público e dos Tribunais de Contas.

Entre os resultados apresentados pela ENCCLA, cita-se a criação do Cadastro de Entidades Inidôneas e Suspeitas, mantido pela CGU, a criação do Cadastro Nacional de Clientes do Sistema Financeiro e do Sistema de Investigação de Movimentações Bancárias, importantes ferramentas na prevenção e no combate à lavagem de dinheiro.

As críticas ao modelo multiagência recaem sobre o fato de que, nelas, os países sobrepõem uma visão orgânica à visão holística do problema da corrupção, uma vez que, na multiagência, não há estrutura orgânica inteiramente voltada ao combate à corrupção (MONTEIRO, 2013).

Tal qual no Brasil, o modelo multiagência propicia a execução, por vários órgãos, de tarefas semelhantes, por vezes sobrepostas, o que reduz a efetividade. Além disso, o alto custo provocado pela fragmentação de competências repercute nas dificuldades de compartilhamento de informações e de articulação de trabalho, resultando no comprometimento da segurança das informações.

Entendemos que o modelo multiagência não necessariamente compromete a efetividade dos esforços anticorrupção, já que a produção de resultados palpáveis pode depender muito menos da multiplicidade de órgãos de prevenção e combate e muito mais da estrutura legal subjacente a tais órgãos, bem como da organização e concatenação das medidas e estratégias contra a corrupção.

Observa-se, entretanto, que os recentes escândalos de corrupção na empresa estatal Petrobras, envolvendo ainda empresas privadas, suscitaram discussões sobre a necessidade e viabilidade da instituição, no Brasil, de órgão exclusivamente voltado ao combate à corrupção, no qual se concentrem os poderes investigativos, preventivos e pedagógicos.

Nesse sentido, realizamos pesquisa de modo a investigar os principais modelos de agência única – ou que reúnam uma série considerável de poderes –, por meio da identificação das principais iniciativas do tipo. Buscamos verificar se o modelo de agência única, da forma como estruturado nos países em que tais iniciativas são consideradas bem-sucedidas, constitui alternativa viável no contexto juspolítico brasileiro. Chegou-se à conclusão de que se trata de alternativa exequível, com as necessárias adaptações às peculiaridades brasileiras.

Em termos de riscos e vantagens, deve-se levar em consideração que a criação de uma agência anticorrupção não é uma panaceia. Não se trata de estratégia capaz de solucionar, por si só, o problema da corrupção. Essa afirmação é corroborada pela natureza multifacetada do fenômeno da corrupção, que possui fatores causais das mais diversas naturezas (econômicos, políticos, culturais e sociais).

Ademais, colhe-se na literatura internacional o entendimento de que são poucas as agências de sucesso, mesmo diante da considerável quantidade de órgãos dessa natureza surgida nas últimas décadas nos mais diversos países.[126]

Apesar da tendência de uniformização dos modelos tratada por Luís de Sousa (2008, p. 35) em face do "(…) crescente mimetismo e isomorfismo institucional nesse domínio", não há garantias de sucesso com sua adoção.

Os modelos considerados bem-sucedidos devem muito de seu sucesso ao contexto político de criação e desenvolvimento de atividades, bem como às específicas necessidades e prioridades do país que criou a agência. Portanto, a mera incorporação acrítica de experiências exitosas de outros países não garantirá o bom desempenho de uma agência anticorrupção.

---

[126] UNITED NATIONS DEVELOPMENT PROGRAMME. *Institutional Arrangements to Combat Corruption: A Comparative Study*. Bangkok, 2005. Nesse relatório, a Agência de Hong Kong, tida como modelo mundial, é mencionada como uma das poucas agências de sucesso.

Assim, cumpre buscar na literatura especializada,[127] fundada em dados empíricos, os principais requisitos (atinentes à criação e ao desempenho de competências) cuja presença é desejável para o bom funcionamento das agências anticorrupção.

Em primeiro lugar, conforme Sousa (2008), quando da criação da agência, é necessário considerar os seguintes pontos: qual o motivo para a instituição da agência? O órgão está sendo criado para responder ao clamor social ligado a um fato isolado (como, por exemplo, a eclosão de um escândalo de corrupção) ou sua criação se insere em cenário de aprimoramento institucional, dentro de uma estratégia discutida e maturada de enfrentamento do problema? O que especificamente a agência visa a combater e quais serão as estratégias empregadas? Qual será a estrutura da agência, quais funções ela desenvolverá? Por fim, e não menos importante, há alguma outra estratégia mais ou igualmente eficaz do que a própria instalação da agência?

Luís de Sousa (2008, p. 40) adverte que o sucesso da criação desse órgão "(...) deve ser construído com base em pequenas vitórias (...), mas com um impacto estruturante na vida dos cidadãos. Fazer pouco e bem é preferível a tentar fazer de tudo, mas acabar por produzir pouco".

Relacionado ao primeiro requisito, está, portanto, o da necessária independência política e operacional da agência,[128] o que demanda transparência no procedimento de escolha do titular desse órgão, o qual deve ter mandato assegurado contra pressões políticas. É necessária, também, a existência de um Judiciário e de um Ministério Público independentes.

Outro requisito necessário à criação e ao bom funcionamento da agência anticorrupção é o apoio da sociedade civil, extremamente relevante, o qual deve ser fomentado por campanhas educacionais e de conscientização sobre o papel do órgão.

O próprio *framework* legal sobre o qual a agência se sustenta deve ser sólido e abrangente, de modo a dar esteio à atuação autônoma e

---

[127] Nesse sentido, cf. UNITED NATIONS DEVELOPMENT PROGRAMME, 2005, bem como POPE; VOGL, 2000.

[128] A ausência de autonomia política produz maus resultados. Em Hong Kong, sede da agência reputada como principal modelo mundial de órgãos do gênero, há estudiosos que denunciam o processo de "desinstitucionalização", que tem como resultados a politização do corpo de servidores, incluindo os da agência anticorrupção, bem como o aumento da discricionariedade dos agentes responsáveis pela formulação de políticas públicas. Esse processo, fortalecido com a "retomada" de Hong Kong pela China, em 1997, provocou o "retrocesso dos esforços anticorrupção", com consequências como a piora da colocação do país no ranking da Transparência Internacional e o aumento dos casos de corrupção de alto nível. Nesse sentido, cf. WONG; CHU, 2016.

independente do órgão anticorrupção, garantindo-se a sindicabilidade, assim como a responsabilização, em caso de eventual abuso.

Entendemos, ainda, que a agência deve ser dotada de amplos poderes investigativos, incidentes sobre o destino dos recursos públicos, devendo ser instrumentalizada com prerrogativas que propiciem o bom desempenho de suas funções. Como exemplo, pode-se citar a possibilidade de obtenção dos dados fiscais e patrimoniais atinentes à evolução incompatível com a renda de servidores estatais, entre outros.

Por fim, a agência deve ser estruturada com recursos humanos, financeiros e técnicos adequados: o seu pessoal deve ser qualificado, ter suas demandas de natureza técnica atendidas e contar com recursos financeiros em montante suficiente para satisfazer às finalidades estabelecidas.

Por outro lado, deve-se ter cautela com a indesejável, porém possível, desvirtuação da agência anticorrupção para atender a interesses políticos escusos. Conforme alerta Heilbrunn (2004), a agência pode se converter em instrumento de perseguição de desafetos políticos, ou ser criada apenas para atrair a atenção ou para responder a demandas de investidores internacionais, sem qualquer compromisso real com a transparência.

Observe-se, neste ponto, que tais características, em quase tudo, estão presentes nos atuais Tribunais de Contas existentes no Brasil. Tais órgãos dispõem de corpo permanente de Magistrados de Contas especializados em Finanças, Auditoria, Orçamento, Contabilidade, Economia e Direito.

A corrupção sistêmica demanda soluções abrangentes, e não reformas pontuais, posto que "(…) é necessário implantar reformas fundamentais, uma vez que podem estar presos numa armadilha onde a corrupção se autoalimenta, produzindo mais corrupção" (SANTOS, 2009, p. 93).

Nesse sentido é que se ressalta a necessidade de pensar no processo de institucionalização das estratégias e medidas de combate à corrupção, mediante o reconhecimento de um dado problema e a apresentação de soluções para enfrentá-lo (SANTOS, 2009).

Entendemos que, na realidade brasileira, a criação e desenvolvimento de mais de uma estrutura anticorrupção provocaria a repetição de um ciclo vicioso, sintetizado por Romualdo Anselmo dos Santos,[129] conforme se demonstra:

---

[129] Adaptado de DOIG, Alan; WATT, David e WILLIAMS, Robert. Measuring 'Success' in Five African Anti-Corruption Commissions – the Cases of Ghana, Malawi, Tanzania, Uganda & Zambia. U4 Anti-Corruption Research Centre, 2005 *apud* SANTOS, R. A. D. Institucionalização

Figura 1 – Ciclo de uma agência anticorrupção

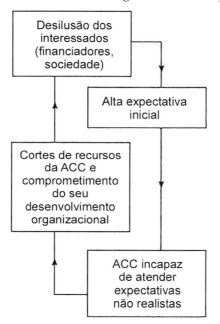

Adaptado de Doig, Watt e Williams (2005).

Institucionalizar as ações anticorrupção é reconhecer a gravidade do problema e torná-lo um elemento constante da agenda governamental, não apenas como um item de programa de governo. Trata-se de instrumento por meio do qual se estabelecem formas de ação permanentes, porém aperfeiçoáveis, visando ao tratamento de um problema (SANTOS, 2009). O combate à corrupção transforma-se, assim, em política pública.

Nessa perspectiva, a entidade anticorrupção deveria atuar dentro de um sistema de integridade, submetendo-se a controle dentro de um sistema de "freios e contrapesos", que evita excessos, bem como estar sujeita a responsabilização em caso de cometimento de abusos.

No Brasil, como já dissemos, vigora o modelo multiagência, que, focando-se na Administração Pública federal, é composto por órgãos como CGU, MPF, PF e, até mesmo, o TCU.

---

dos mecanismos anticorrupção: da retórica ao resultado. *Revista da CGU*, v. 4, n. 6, Brasília, p. 94, setembro 2009.

A CGU, nesse quadro, possui primazia por encampar uma série de missões, além do controle interno, voltadas à prevenção e ao combate à corrupção. Contudo, não pode ser caracterizada propriamente como agência anticorrupção, pois lhe falta a especialização desses órgãos.

Com a absorção em 2016 da CGU pelo recém-criado Ministério da Transparência, Fiscalização e Controle, houve maior afastamento do ideal de agência independente e especializada, preconizado pelos estudiosos do tema da corrupção. Como visto, o ministério criado, abarcando as atribuições da CGU, congrega uma série de funções que englobam o controle interno, a correição e a ouvidoria e está subordinado ao Executivo federal.

Diante dos desafios da atualidade, realçados pelo desnudamento de esquemas de corrupção com a proporção e as repercussões do escândalo da Petrobras, não se afigura desejável que as funções de prevenção e combate à corrupção fiquem diluídas no novo ministério.

Assim, defendemos reforma constitucional que confira a órgão estatal independente a especialização na prevenção e no combate à corrupção, o qual, diante da complexidade e do caráter sistêmico do fenômeno no país, deve voltar-se integralmente ao enfrentamento do problema.

Relatório do United Nations Development Programme (UNDP, 2005, p. 4) sobre os arranjos institucionais para combater a corrupção assevera que

> (...) não há uma solução única para combater a corrupção. Ainda que as 'Melhores Práticas' existam e possam prover diretrizes úteis, elas não são automaticamente aplicáveis ao contexto específico de qualquer país.

A simples importação de ideias e modelos de sucesso de outros países não garante que os esforços anticorrupção atingirão os objetivos delineados. É necessário, antes de tudo, atentar para a forte influência que fatores locais, em seu conjunto, como economia, política, cultura, nível de escolaridade e nível de renda, exercem sobre a manifestação da corrupção em um dado país. Nesse contexto, há requisitos e caracteres, na visão de Fernando Mendes Monteiro (2013), a serem observados na criação e no desempenho das funções anticorrupção no Brasil.

Em síntese, tais entidades devem estar fundadas no tripé independência funcional e autonomia, operações lastreadas em trabalho de inteligência e de tecnologia da informação, e pessoal qualificado e bem treinado.

Nota-se, portanto, que tais caracteres, *mutatis mutandis,* já se encontram contemplados em órgãos constitucionais autônomos brasileiros centenários, os quais, com o decorrer das décadas, ainda carecem de plena efetividade no combate e na prevenção à corrupção, quais sejam: os Tribunais de Contas.

Ainda no cenário de proposição de um arranjo institucional anticorrupção, Romualdo Anselmo dos Santos (2009) aponta que o sistema brasileiro (na órbita federal) de combate ao fenômeno, composto essencialmente pela CGU, pelo MPF, pela PF e pelo TCU, é integrado por instituições que atuam de forma coordenada, mas que estão submetidas a ordenamentos distintos, nos quais o tratamento do problema da corrupção recebe inflexões diferenciadas. Mais do que isso: nenhuma das instituições indicadas se dedica exclusivamente ao combate da corrupção.

Entendemos desejável a especialização dos citados órgãos, sem perder de vista a necessidade de ação coordenada entre eles. As funções de prevenção e combate à corrupção devem ser concentradas em um só órgão. Nesse modelo, o MPF, ao lado da PF, dedicar-se-ia à função de aplicação coercitiva da lei na esfera penal (denominada genericamente de atuação "processual"), enquanto à PF caberia a atribuição de investigar, subsidiariamente à CGU, os casos de corrupção.

Ao Ministério Público e à Polícia Federal caberiam as atribuições de apuração na esfera penal, dentro das suas respectivas competências e sem desnaturá-las, dos achados da CGU.

No que diz respeito ao combate à corrupção, seria possível vislumbrar a criação de unidades especializadas em corrupção dentro do MPF e da PF, as quais se dedicariam às funções processuais penais e, de modo mais amplo, à aplicação coercitiva da lei (SANTOS, 2009).

Tal reorganização incidiria, contudo, na mesma falha verificada no modelo atualmente vigente, qual seja, a fragmentação das atividades de investigação, persecução e punição. Tal arranjo dificulta sobremaneira a aferição do desempenho institucional dos órgãos encarregados do combate à corrupção, redundando em ineficácia, morosidade e descrédito.

Assim, dentro de uma nova proposta de arranjo institucional, defendemos que, excetuando-se a esfera da persecução penal, os Tribunais de Contas assumam o protagonismo das ações anticorrupção, compatível com as funções constitucionais já realizadas por tais Cortes, as quais essencialmente se encarregam da verificação do adequado manejo de recursos públicos, agregando a força de trabalho das atuais Controladorias-Gerais, hoje sob a esfera de influência e ingerência do Poder Executivo.

Afigura-se mais adequado aproveitar a expertise, a estrutura administrativa e o quadro funcional já existentes, reforçando-se as competências anticorrupção do órgão, cuja estrutura é atual e já conhecida há décadas pelos demais atores institucionais. Não se descura, portanto, da macroestrutura de organização administrativa preconizada pelo Constituinte de 1988.

Ademais, ao redefinir e concentrar as competências anticorrupção, diminui-se o risco de baixa efetividade decorrente da sobreposição de atribuições de órgãos com competências correlatas no Brasil (como MPF, CGU, TCU e PF), mas que não atuam exclusivamente no enfrentamento da corrupção.

Veja-se, por exemplo, o caso de Hong Kong, em que uma única entidade estatal investiga, processa e pune (administrativamente) os agentes envolvidos em atos de corrupção, além de se envolver nas tarefas de prevenção e educação cidadã, com resultados efetivos.

Não se propõe a criação de uma "superagência" ou "superórgão", com poderes amplos e extensos para investigar todo e qualquer caso de corrupção, mas sim que, dentro de sua especialidade, o proposto órgão estatal anticorrupção desenvolva ações efetivas de combate à corrupção, atuando sobre casos ou temas selecionados, nas esferas local, regional e federal, e estruturando-se nos seguintes eixos: investigação, prevenção, processamento e punição.

Com efeito, entende-se que a política de "tolerância zero"[130] praticada por algumas das agências pesquisadas, em especial as asiáticas, há de ser adaptada à realidade brasileira.

Os custos de investigar todo e qualquer caso de corrupção podem provocar a progressiva inefetividade da agência, em razão do volume excessivo de trabalho e da ausência de foco, embora se reconheça o efeito preventivo que uma cultura de combate à impunidade, em qualquer ordem de relevância, pode gerar.

Entendemos que a atuação de qualquer órgão de controle deve se pautar pela seleção de casos a serem investigados, segundo critérios de materialidade, relevância e risco. O processo de seleção deve ser

---

[130] A política de "tolerância zero" representa o comprometimento do Estado em investigar, processar e punir todas as manifestações de determinados tipos de transgressão à lei, não importa quão graves eles sejam. Aplica-se a ilícitos que variam desde a criminalidade de rua até o abuso de drogas. Conquanto estudiosos reconheçam a diminuição da criminalidade no contexto de aplicação dessa política, diversas críticas são feitas a ela, a exemplo da ausência de proporcionalidade, da falta de flexibilidade na aplicação da lei, da discriminação na aplicação da lei, do enfraquecimento ou violação ao devido processo legal. Cf. SIMONE; TAXELL, 2013.

transparente e bem delineado, com a exposição dos parâmetros de escolha, de modo a propiciar um adequado processo dialético. O custo-benefício, não apenas econômico, deve levar em conta, também, a relevância do caso e a probabilidade de a investigação "levantar evidências suficientes para sustentar uma alegação" (SIMONE; TAXELL, 2013, p. 2).

A seleção de casos é um meio de assegurar a alocação de recursos limitados, bem como de concentrar esforços. Há, ainda, um efeito sobre a publicidade, pois a centralização de esforços propicia maior conscientização dos demais órgãos e entidades públicos e também da sociedade acerca das atividades (SIMONE; TAXELL, 2013, p. 4).

Destaca-se que órgãos de controle no Brasil já vêm aplicando a denominada *matriz de risco*, instrumento de seleção de áreas a serem investigadas.

Matriz de risco pode ser entendida, de modo amplo, como ferramenta empregada nos procedimentos de controle visando ao gerenciamento de riscos.[131] Nesse âmbito, o gerenciamento de riscos está fundado na análise de diversos componentes, quais sejam: avaliação do ambiente de controle, definição de objetivos, identificação de eventos, avaliação de riscos, observação e tratamento dos riscos, controle, informação e comunicação e, por fim, monitoramento (MOURÃO; FILHO, 2016). A meta é que, uma vez avaliadas e selecionadas as áreas de prioridade, sejam empregados mecanismos que garantam a manutenção do foco e, assim, o alcance dos objetivos traçados.

A Controladoria-Geral do Município de São Paulo desenvolveu matriz de risco com o fim de identificar os órgãos e programas municipais mais sujeitos à corrupção e às irregularidades. Esse mecanismo visou a estabelecer, com base em diversos indicadores, prioridades de atuação, de modo a aumentar a probabilidade de detectar problemas na gestão dos órgãos e entidades municipais.[132]

A própria CGU trabalha atualmente com uma matriz de vulnerabilidade destinada a identificar potenciais fragilidades na aplicação de recursos públicos federais transferidos aos entes federativos (Estados,

---

[131] Sobre a aplicação da matriz de risco ao procedimento de diagnóstico da situação dos processos de contas municipais, vide: MOURÃO; FILHO, 2016.

[132] De acordo com a CGM, alguns dos principais indicadores utilizados na elaboração da matriz de risco são o valor dos contratos e convênios celebrados pelos órgãos auditados, o volume do orçamento destinado a um órgão ou projeto, o número de servidores ocupantes de cargo em comissão e, até mesmo, o volume de recursos obtidos pelos órgãos por meio de emendas parlamentares. Os indicadores devem ser periodicamente revisados. Cf. SÃO PAULO, Controladoria-Geral do Município de São Paulo, 2016.

Municípios e Distrito Federal), feita com base na pontuação obtida pelos entes em indicadores agrupados em quatro setores: desenvolvimento econômico-social, materialidade, transparência e controle. Os indicadores são elaborados com base nas informações públicas obtidas dos diversos bancos de dados do Governo Federal, bem como do histórico de ações de controle realizadas pela CGU (2016).

A proposta é, portanto, ajustar a matriz de vulnerabilidade (ou matriz de risco) de modo a centrar esforços na prevenção e no enfrentamento à corrupção. Afasta-se assim, a favor dos interesses da coletividade, a abordagem ampla e potencialmente indevida da política de "tolerância zero".

Destaca-se a importância da ENCCLA (Estratégia Nacional de Prevenção e Combate à Corrupção e à Lavagem de Dinheiro), na qual diversos órgãos e entidades estatais e da sociedade civil atuam em rede, de modo articulado, em diversas frentes de combate à corrupção.

Por fim, as evidências levantadas em razão da pesquisa empreendida apontam que a opção por um modelo institucional de entidade anticorrupção, com extensos poderes e significativa capacidade de controle, está diretamente ligada à reduzida dimensão da área geográfica em que tal órgão se insere (HEILBRUNN, 2004).

As agências comumente citadas como modelos no combate à corrupção estão localizadas em países ou regiões administrativas de pequena dimensão territorial e/ou com uma população reduzida, características não presentes no Brasil.

Entendemos que o modelo de órgão único dotado de amplos poderes, nas três esferas políticas da federação brasileira, é o mais adequado a um país de dimensões continentais, com uma sociedade marcadamente plural. Para tanto, dotar os Tribunais de Contas dessa competência mostra-se alternativa possível e mais econômica, em face de toda uma estrutura física já existente, com capilaridade em todo o território nacional.

A partir da pesquisa dos principais órgãos considerados modelos internacionais de enfrentamento da corrupção – agências de Hong Kong, Cingapura, Malásia e Nova Gales do Sul –, pudemos identificar alguns de seus caracteres, de modo a verificar se todos ou alguns deles poderiam ser institucionalizados no Brasil.

O exame dessas agências permite concluir que a especialização é a principal e mais importante característica a ser adotada pelo órgão brasileiro encarregado do combate à corrupção. Considera-se que a concentração dos esforços de prevenção e combate da corrupção em um órgão especializado incrementa a efetividade da política pública voltada ao enfrentamento do complexo fenômeno.

Ao mesmo tempo, observa-se que essas agências apresentam características muito próprias da conjuntura política, econômica e social de sua criação, não reproduzíveis, em sua inteireza, em outras nações.

Consideramos que qualquer arranjo institucional deve ser adequado ao contexto político e jurídico brasileiro, de modo a promover com efetividade os esforços nacionais anticorrupção, em prol do fortalecimento da democracia.

Em um momento de crise fiscal, em que a produtividade das estruturas já existentes deve ser um importante princípio a ser considerado, lançamos os olhos aos Tribunais de Contas, os quais, pela estrutura e autonomia orçamentária e financeira que já possuem, bem poderiam exercer as funções anticorrupção preconizadas, uma vez que estão alçados à condição de órgãos constitucionais autônomos, na dicção da Constituição da República de 1988.

5.3   Tribunais de Contas no Brasil

Os Tribunais de Contas brasileiros são órgãos de envergadura constitucional encarregados, entre outras atribuições, da fiscalização contábil, financeira, orçamentária, operacional e patrimonial da Administração Pública direta e indireta.[133]

Os Tribunais de Contas exercem ainda funções jurisdicionais, sancionadoras, corretivas, opinativas e informativas (MOURÃO; FERREIRA; CASTRO, 2011). Trata-se de órgãos constitucionais autônomos, dotados de competências próprias em auxílio ao controle externo da Administração Pública, exercido pelo Congresso Nacional, no caso da União.

Nos termos do art. 70 da Constituição, tal órgão, no exercício de suas competências, avalia aspectos de legalidade, legitimidade, economicidade, além de examinar a aplicação de subvenções e a renúncia de receitas.

Com origem que remonta aos primórdios da república brasileira (BRASIL, Tribunal de Contas da União, 2016), os Tribunais de Contas, na atualidade, têm o plexo de suas atribuições contemplado no art. 71 da Constituição da República e "visam controlar os limites da atuação

---

[133] Conforme dispõe a CR/88, art. 70, *caput*. Cf. BRASIL. *Constituição da República Federativa do Brasil de 1988*. Disponível em: <http://www.planalto.gov.br/ccivil_03/constituicao/constituicaocompilado.htm>. Acesso em: 31 out. 2016.

das autoridades eleitas e dos gestores públicos com base em normas preestabelecidas, seja na Constituição ou em diplomas legais esparsos" (TEIXEIRA, 2010).

Nesse contexto, é possível sustentar que as funções dos Tribunais de Contas estão diretamente relacionadas ao combate à corrupção, tendo em vista sua atribuição essencial de zelar pela correta aplicação dos recursos públicos (bens, dinheiros, títulos e valores).

Tais funções anticorrupção se manifestam nos diferentes tipos de competências que lhes foram conferidas, mormente as de natureza fiscalizadora (contempladas nos incisos III, IV, V e VI do art. 71 e no art. 161, parágrafo único, ambos da CR/88); corretiva (previstas nos incisos IX e X do art. 71 da CR/88); sancionadora (art. 71, inciso VIII) e jurisdicional (art. 71, inciso II, da CR/88) (MOURÃO; FERREIRA; CASTRO, 2011).

Entretanto, certas deficiências observadas na estrutura administrativa, na composição e no modo de funcionamento das Cortes de Contas, da maneira como hoje se apresentam em sua generalidade, impedem que elas alcancem plena efetividade e, assim, contribuam substancialmente para o combate à corrupção.

Não é demais recordar que o cenário do Brasil, distanciado quase trinta anos de 1988, marco da sua redemocratização, ainda atravessa dilemas típicos da consolidação democrática. Há ainda a necessidade de atualização da legislação para o aprimoramento democrático de algumas instituições, com o propósito de superar instâncias de autoritarismo incrustadas em órgãos típicos da democracia.

Revela-se ainda a necessidade de se concretizar maior participação popular nas decisões de interesse público, bem assim de se assentarem, na prática, as bases da ética democrática, em relação aos que detêm parcela de Poder do Estado, sujeitando-os à *accountability* democrática.

Para Serra (2011), a arquitetura constitucional apresenta verdadeiro sistema de controle da Administração Pública, integrado pelo controle interno[134] (realizado no íntimo da administração); pelo controle externo[135] (a cargo do Legislativo e Tribunais de Contas); pelo controle social e pelo Poder Judiciário,[136] fundado na transparência das ações no domínio público e de matérias de interesse público.

---

[134] O controle interno possui previsão no *caput* dos arts. 31, 70 e 74, e nos incisos I a IV e §1º do art. 74 da Constituição da República de 1988.

[135] O controle externo possui previsão no *caput* e §§1º, 2º e 4º do art. 31, *caput* dos arts. 70 e 71 da Constituição da República de 1988.

[136] Consoante disposição do inciso XXXV do art. 5º da Constituição da República de 1988.

Nesse cenário, o Tribunal de Contas da União[137] perscrutou acerca do panorama nacional de governança pública, apontando fragilidades em toda a federação. Foram coletadas informações junto a 12.259 organizações, sendo 380 da área federal, 893 da área estadual/distrital e 6.497 municipais. Quanto ao objetivo de identificar os pontos mais vulneráveis, revelou a pesquisa, de forma geral, baixa capacidade em praticamente todos os controles que impactam a governança pública.

Assim, os Tribunais de Contas, para maximizar a sua eficiência, devem priorizar as auditorias sobre o sistema de controle interno, verificando se a gestão de riscos e a função auditoria interna estão implementadas.

Mas isso é pouco. Para assumir o papel institucional de liderar os esforços anticorrupção, tão necessários, será preciso enfrentar as fragilidades sistêmicas hoje apresentadas.

5.4 Das fragilidades dos Tribunais de Contas no Brasil

Alguns pontos referentes à formação e ao exercício das competências dos Tribunais de Contas necessitam de aprimoramento para melhor expressão do próprio conceito de controle do Estado, bem como para o alcance de maior efetividade de suas ações, dada a sua relevância na arquitetura constitucional.

Comenta Ferreira Júnior (2015) que, em 2007, no bicentenário da Corte de Contas francesa, origem da jurisdição de contas, o então presidente Nicolas Sarkozy destacou a importância daquele Tribunal, caracterizada pela independência e autonomia para desempenho de suas prerrogativas e jurisdição, *in verbis*:

> Eu quero que a Corte de Contas continue a ser uma jurisdição, porque isso é sua força e sua singularidade, e que ao mesmo tempo ela venha a ser o grande organismo de auditoria e de avaliação de políticas públicas de que o nosso Estado precisa (FERREIRA JÚNIOR, 2015, p. 228).

Jorge Ulisses Jacoby Fernandes (1998) reafirma a importância de ser o Tribunal de Contas técnico e independente nas suas ações, preocupação já destacada por Rui Barbosa, ao tempo da implantação

---

[137] Processo autuado sob o nº TC 020.830/2014-9 e apreciado por meio do Acórdão 1.273/2015 – Plenário. Cf. BRASIL. Tribunal de Contas da União. *Relatório de Levantamento TC 020.830/2014-9*. Governança pública em âmbito nacional: análise sistêmica das oportunidades de melhoria constatadas. Atuação conjunta dos Tribunais de Contas do Brasil. Brasília: TCU, 2015.

dos Tribunais de Contas no Brasil, quando delineou a estrutura das Cortes de Contas:

> (...) corpo de magistratura intermediária à administração e à legislatura, que, colocado em posição autônoma, com atribuições de revisão e julgamento, cercado de garantias contra quaisquer ameaças, possa exercer as suas funções vitais no organismo constitucional (...). (BARBOSA, 1891, p. 363)

Dentro do contexto histórico, a ingerência política, capaz de comprometer o desempenho de suas competências e a eficácia de suas ações, sempre foi uma constante, dentre outras fragilidades. Passemos a elas.

5.4.1 Forma de acesso aos cargos de Ministro e Conselheiro

É fato que a migração de um modelo autoritário para a atual democracia, em face da Constituição de 1988, não foi capaz de concretizar a atualização (*aggiornamento*), na inteireza do desenho de todas as instituições integrantes da República.

Nas modernas democracias, a implementação da ética democrática, que aprofunda a igualdade e afasta privilégios, tem por regra a transparência e a *accountability*. No que tange à questão da forma de escolha e acesso aos cargos de Conselheiros e Ministros dos Tribunais de Contas, a transparência não é a regra.

A relação direta dessa questão com a ineficácia da atuação do órgão remonta à sua origem no Brasil, sendo que a exposição de motivos do Decreto nº 966-A, de 7 de novembro de 1890,[138] com a redação de Rui Barbosa, já alertava para a necessidade de valoração do princípio da impessoalidade, recomendando-se ser evitada "a invasão do nepotismo".

Nesse ponto, imediatamente após a instalação dos Tribunais de Contas no Brasil, a ingerência política nessas Cortes, de forma a comprometer a sua atuação, já se manifestava, lamentavelmente.

O recém-implantado Tribunal de Contas da União estava sujeito às forças políticas, econômicas e sociais do país na ocasião da proclamação da República. O então Presidente da República, Marechal Floriano

---

[138] BRASIL. *Decreto nº 966-A*, de 7 de novembro de 1890. Disponível em: <http://www2.camara. leg.br/legin/fed/decret/1824-1899/decreto-966-a-7-novembro-1890-553450-norma-pe.html>. Acesso em: 6 nov. 2016.

Peixoto, determinou que fosse admitido no órgão um seu parente. Em defesa do Tribunal de Contas, Serzedello Corrêa[139] entregou o cargo defendendo a independência e a importância de uma instituição que assegurasse o controle do gasto público.

Saiu Serzedello e admitiu-se o parente do Presidente, mantendo-se a metodologia da indicação política, ao tempo do Império, ou mesmo antes, ao tempo das capitanias hereditárias. Migrou-se de um modelo a outro, no caso Imperial para a República, mas, inobstante a mudança do sistema, as novas forças atuantes optaram por replicar instância de autoritarismo e manutenção de grupos no comando do Poder do Estado, tal como ocorria no Império.

Sobre o acesso aos cargos de Conselheiros e Ministros do TCU, permanecem majoritariamente as indicações políticas, com pouco avanço desde 1890, e mesmo após a Constituição Federal de 1988, que prevê os requisitos de acesso ao cargo, em seu art. 73.

Inúmeros trabalhos acadêmicos e pesquisas científicas informam que as exigências presentes no texto constitucional nem sempre correspondem às escolhas feitas, muitas delas marcadas apenas pelas forças políticas dominantes, sem maiores preocupações com a matriz constitucional.

Lado outro, Rui Barbosa, Alves Branco e Serzedello Corrêa, entre muitos outros brasileiros, esforçaram-se para tornar o Tribunal de Contas menos permeável a querelas políticas, como convém a uma Corte em ambiente democrático e republicano.

Atualmente, tramitam no Senado e na Câmara Federal alguns projetos nesse sentido, em regra paralisados, à espera de relator.[140]

Relatório da Transparência Brasil,[141] de 2014, aponta para a opacidade acerca das informações sobre os Conselheiros nos Tribunais de Contas estaduais. Inobstante a vigência da Lei nº 12.527, de 18 de novembro de 2011, a nominada Lei de Acesso à Informação, que assegura

---

[139] PARÁ. Tribunal de Contas. 150 anos de nascimento de Serzedello Corrêa. *Tribunal de Contas do Estado do Pará – Controle externo em benefício da sociedade*, 2016. Disponível em: <http://www.tce.pa.gov.br/index.php/sala-de-imprensa/noticias-do-tce-pa/165-150-anos-de-nascimento-de-serzedello-corr>. Acesso em: 29 set. 2016.

[140] A proposta encontra-se assim ementada: "Altera o Art. 73 da Constituição Federal para estabelecer que a investidura no cargo de Ministro do Tribunal de Contas da União somente dar-se-á mediante concurso público de provas e títulos". In: BRASIL. Senado Federal. *Atividade Legislativa – Proposta de Emenda à Constituição nº 7*, de 2014. Senado Federal, 2016. Disponível em: <http://www25.senado.leg.br/web/atividade/materias/-/materia/116877>. Acesso em: 28 set. 2016.

[141] PAIVA, N.; SAKAI, J. Quem são os conselheiros dos Tribunais de Contas? *Transparência Brasil*. 2014. Esse relatório teve algumas de suas informações atualizadas no ano de 2016.

a transparência como regra e o sigilo como exceção, "(...) poucos são os que publicam data de nomeação ou foto, e pouquíssimos divulgam quem indicou (Legislativo ou Executivo)" (PAIVA; SAKAI, 2014, p. 1). A pesquisa[142] registra que, de cada dez Conselheiros, dois sofrem processos na Justiça ou nos próprios Tribunais de Contas, e muitos são parentes de algum político local. Órgãos auxiliares do Poder Legislativo, embora dotados de competências constitucionais próprias, os Tribunais de Contas, tal como se acham, carecem de funcionamento adequado.

Estabelece a Constituição da República de 1988 que dois terços dos membros são indicados pelo Legislativo e um terço pelo Executivo. Na prática, essas indicações têm obstaculizado a ação desses Tribunais, os quais claudicam em ações de controle independentes.

A pesquisa da Transparência Brasil é dura e aponta como a principal motivação dessa forma de provimento a garantia de impunidade acerca das ilegalidades e irregularidades praticadas pelo governante que os nomeia, bem assim para o seu grupo político. Esse tem sido o histórico "calcanhar de Aquiles" do Sistema Nacional de Controle Externo (SNC).

A indicação estritamente política vem desconsiderando os aspectos técnicos dos candidatos aos cargos e a flexibilidade, em regra, na comprovação dos atributos de qualificação exigidos pela Constituição, quanto à idoneidade moral e reputação ilibada.[143]

A mobilização da sociedade, contrária a uma indicação política inadequada, surtiu efeito no exemplo recente de indicado ao TCU, alvo de seis inquéritos e responsabilizado em segunda instância no Tribunal de Justiça do Distrito Federal, que a Presidência da República pretendia indicar.

As reações negativas na imprensa e os atos de repúdio organizados por servidores e Procuradores do TCU culminaram em raríssima advertência do Presidente do TCU ao Presidente do Senado Federal, de que não daria posse caso o nome fosse aprovado pela Casa Legislativa, fazendo com que a postulação fosse cancelada. Atualmente, cumpre pena em presídio federal de segurança máxima.

Esse panorama, que marca a trajetória histórica do TCU, desde a renúncia de Serzedello até os dias hodiernos, reclama pela imediata implementação da ética democrática também no Tribunal de Contas.

---

[142] Disponível em: <http://www.atricon.org.br/wpcontent/uploads/2014/04/TransparenciaBrasil_TribunaisdeContas_Abril2014.pdf>. Acesso em: 6 nov. 2016.

[143] Conforme dados de 2014. Disponível em: <http://www.atricon.org.br/wpcontent/uploads/2014/04/TransparenciaBrasil_TribunaisdeContas_Abril2014.pdf>. Acesso em: 6 nov. 2016.

Com poder judicante sobre as matérias de sua competência, sujeitando-se ao controle do Conselho Nacional de Justiça (CNJ) e composto por mais juízes técnicos e imparciais, afastados da ingerência política, poderá de fato o Tribunal de Contas exercer as competências constitucionais típicas do controle externo, com autonomia e independência, carecendo, entretanto, de um redesenho institucional a ser promovido pelo constituinte originário ou, parcialmente, pelo constituinte reformador.

5.4.2 Atuação ineficaz e desconhecimento pela sociedade

Pesquisa realizada pelo Ibope, a pedido da Confederação Nacional da Indústria (CNI) e da Associação dos Membros dos Tribunais de Contas do Brasil (Atricon), mediu o conhecimento e a avaliação da população brasileira sobre os Tribunais de Contas. Foram entrevistadas 2.002 pessoas, entre os dias 24 e 27 de junho de 2016.

Chama a atenção o fato de a instituição, instalada desde 1890, não ser plenamente conhecida, ou seja, somente 17% dos entrevistados "conhece o que são e o que fazem os Tribunais de Contas". Considerando que o restante da pesquisa só teria como ser respondido por quem efetivamente conhecesse os Tribunais de Contas, tem-se que todas as conclusões dela se restringem ao universo de 17% dos entrevistados.

Em análise lógica, pode-se afirmar que os Tribunais de Contas, e o próprio controle externo, é desconhecido por 83% dos entrevistados, o que aponta para a pouca transparência no exercício desse controle. E mais: sendo desconhecido pela maioria (ou quase totalidade), não há como afirmar que ele realizou na prática a conexão com o controle social, como determina a CR/88.

Os números divulgados se referem à opinião da parcela da população que mostrou conhecer, de fato, a instituição, únicos capazes, porquanto os demais atestaram não saber o que é ou o que fazem os Tribunais de Contas.

Esclarecida tal premissa, no universo de 17% dos entrevistados, 72% concordam totalmente e 18% concordam parcialmente com a resposta afirmativa à pergunta: "A sociedade crê na importância dos Tribunais de Contas no combate à corrupção?" (ATRICON, 2016).

Acerca da ineficiência dos gastos públicos, dos 17% da totalidade dos entrevistados, 66% deles concordam que esses órgãos também desempenham papel importante no combate à ineficiência dos gastos públicos (ATRICON, 2016).

No que tange à gestão, é indiscutível que o controle, seja ele interno, seja externo, tem papel fundamental no enfrentamento ao desperdício de recursos públicos, contribuindo com sua atuação preventiva, por meio de auditorias, inspeções e sanções, para melhorar a gestão pública.

Relacionando-se, portanto, esse dado à efetividade do órgão, sua própria razão de existir, dos 17% da totalidade dos entrevistados, 82% concordam que os Tribunais de Contas ajudam a melhorar a gestão pública, sendo que 53% totalmente e 29% em parte (ATRICON, 2016).

Conforme a opinião dos 17% da totalidade daqueles entrevistados, para 51% desse universo, a atuação dos Tribunais de Contas reduz o mau uso do dinheiro público, sendo que 29% concordam em parte.

Sobre a composição dos Tribunais de Contas, revelou-se que "são tidos como órgãos mais técnicos que políticos", como afirmam 32% daqueles que concordam totalmente com tal afirmativa.

Conforme a opinião dos entrevistados sobre a composição dos Tribunais de Contas, segundo a matéria publicada pela Atricon (2016), "(…) o modelo de indicação de seus membros é visto como um obstáculo ao bom funcionamento dessas instituições para 75% dos entrevistados".

A pesquisa ainda apresentou a questão da nomeação política para os Tribunais de Contas. Para 53% dos entrevistados, tal critério atrapalha o funcionamento dos respectivos órgãos.

Do universo de 17% dos pesquisados que mostraram conhecer os Tribunais de Contas, chega a 79% o índice dos que concordam que esses órgãos devem ser mantidos, como demonstrado na pesquisa da Atricon (2016). Portanto, de acordo com a pesquisa empreendida, é possível a atualização do Sistema Nacional de Controle Externo (SNC), visto que, segundo a população, devem ser mantidos.

Apesar de uma parcela importante (33% do universo de 17% que efetivamente conhecem o Tribunal de Contas) avaliar positivamente o desempenho, as opiniões divergentes têm a mesma expressão numérica: 32% veem a atuação como regular, e 30% mostram-se insatisfeitos (ATRICON, 2016).

Em perspectiva diversa, porém ainda relacionada ao desempenho das Cortes de Contas, Relatório da Transparência Brasil revela que os custos dos Tribunais estaduais são altíssimos, alcançando centenas de milhões de reais.[144] Entretanto, nota-se que tais custos não se traduzem necessariamente na efetividade da atuação desses órgãos.

---

[144] SAKAI; PAIVA, 2014. Esse relatório teve algumas de suas informações atualizadas no ano de 2016.

A razão para a relação inversa entre custo e efetividade pode ser buscada, principalmente, na natureza jurídica que os Tribunais de Contas assumem: cuida-se de tribunais administrativos. Não integram o Poder Judiciário, portanto. Faltam-lhes, desse modo, os mecanismos legais aptos a viabilizar a execução de suas decisões e o pronto atendimento de suas deliberações, embora dotados de autonomia administrativa e orçamentária, fruto de seu enquadramento como órgão constitucional autônomo.

A título de ilustração da baixa executoriedade de suas decisões, verifica-se que a relação entre os valores efetivamente recolhidos aos cofres públicos e as multas aplicadas aos jurisdicionados, no caso do Tribunal de Contas da União, é a demonstrada na tabela a seguir:

Tabela 2 – Efetividade da aplicação de sanções
pecuniárias pelo TCU (2005-2013)[145]

PERÍODO	Nº DE MULTAS APLICADAS	VALOR TOTAL DAS MULTAS APLICADAS	MONTANTE EFETIVAMENTE ARRECADADO	RELAÇÃO MULTAS PAGAS/ MULTAS APLICADAS
2005 a 2009	9.195	127.805.170,00	5.387.000,00	4,60%
2010 a 2013	13.853	222.935.710,00	44.087.020,00	19,80%
TOTAL	23.048	350.740.880,00	49.414.020,00	14,10%

No gráfico a seguir, demonstramos a relação entre o total de multas aplicadas e o montante efetivamente recolhido aos cofres públicos nos dois períodos analisados. Logo se vê que, sob essa ótica, é ínfima a efetividade da atuação do órgão de controle no que toca a sua pretensão punitiva, uma vez que as multas, em sua maioria, não são pagas. Vejamos:

---

[145] Sobre o assunto, conferir BRASIL. Tribunal de Contas da União. *Arrecadação de multas administrativas – versão simplificada das contas do governo da República – Exercício 2009*. 2010. Disponível em: <www.tcu.gov.br/contasdegoverno>. Acesso em: 15 set. 2016; e BRASIL. Tribunal de Contas da União. *Relatório e parecer prévio sobre as contas do governo da república – Exercício de 2013*. 2014. Disponível em: <http://portal.tcu.gov.br/contas/contas-do-governo-da-republica/>. Acesso em: 15 nov. 2016.

Gráfico 2 – Aplicação de penalidades pelo TCU (2005-2013)

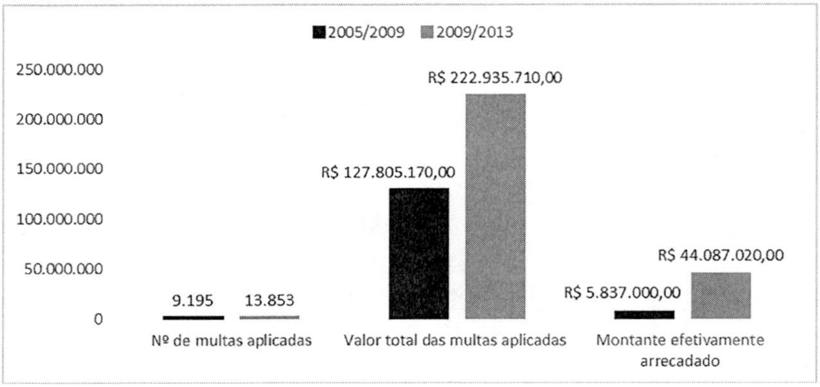

Levando-se em conta apenas o montante recolhido nos dois períodos considerados, observa-se a pequena efetividade da atuação sancionadora, sendo difícil mensurar sua ação inibitória (o que deixou de ser realizado irregularmente em função da atuação do Tribunal).

A relação entre multas pagas e multas aplicadas se manteve abaixo de 15% em todo o período examinado. Apesar de se observar um aumento de cerca de sete vezes na arrecadação do segundo período, em comparação com o primeiro, pode-se inferir que parte significativa do incremento se deve menos ao avanço na efetividade da Corte e mais a um acordo celebrado entre o TCU e o Grupo OK Construções e Incorporações Ltda., relativo ao pagamento de sanção aplicada. Só no ano de 2012, o referido acordo resultou no recolhimento de R$ 22,09 milhões em multas aos cofres públicos (BRASIL, Tribunal de Contas da União, 2014).

Com base nesses dados, afigura-se possível a hipótese de que a eficácia, sob o ângulo da efetividade das sanções aplicadas, nos Tribunais de Contas estaduais, municipais e dos Municípios, como adiante será demonstrado, é ainda menor, visto que esses órgãos, em sua generalidade, são menos aquinhoados com recursos financeiros, humanos, tecnológicos e materiais, em comparação com o TCU.

5.4.3 Julgamento dos ordenadores de despesa

Com o fim de melhor detalhar o cenário em que hoje se inserem os Tribunais de Contas, importante citar as recentes decisões do Supremo

CAPÍTULO 5
TRIBUNAL DE CONTAS DEMOCRÁTICO | 143

Tribunal Federal nos autos dos Recursos Extraordinários nº 848.826[146] e nº 729.744, nos quais foram apreciadas teses de repercussão geral. Tais decisões corroboram a necessidade de conferir maior efetividade à atuação dos Tribunais de Contas, bem como reforçam a imprescindibilidade de reformulação do modelo constitucional desses órgãos.

Em síntese, no RE nº 848.826, cujo relator para o acórdão foi o ministro Ricardo Lewandowski, o STF entendeu que é exclusiva da Câmara de Vereadores a competência para julgar as contas de governo e as contas de gestão dos prefeitos. Ao Tribunal de Contas competiria auxiliar o Poder Legislativo municipal, por meio da emissão de parecer prévio e opinativo, que somente deixaria de prevalecer mediante a decisão de dois terços dos vereadores. Ademais, de acordo com o STF, em caso de omissão da Câmara Municipal, o parecer emitido pelo Tribunal de Contas não geraria a inelegibilidade de que trata a alínea g, do inciso I, do art. 1º da Lei Complementar nº 64/1990,[147] com a redação dada pela Lei Complementar nº 135/2010 (Lei da Ficha Limpa) (BRASIL, Supremo Tribunal Federal, 2016).

Já no RE nº 729.744,[148] de relatoria do Ministro Gilmar Mendes, ficou definida a tese de que o parecer técnico elaborado pelo Tribunal de Contas tem natureza meramente opinativa, cabendo exclusivamente à Câmara de Vereadores o julgamento das contas anuais do Chefe do

---

[146] No RE 848.826, discutiu-se se o parecer do Tribunal de Contas que rejeita as contas do prefeito, quando este atua como ordenador de despesas, é suficiente para torná-lo inelegível ou se seria necessária decisão da Câmara dos Vereadores acerca das contas prestadas. Cf. BRASIL. Supremo Tribunal Federal. *Repercussão geral no Recurso Extraordinário 848.826/DF*. Relator Min. Roberto Barroso, 27 de agosto de 2015. Disponível em: <http://www.stf.jus. br/portal/processo/verProcessoPeca.asp?id=307641149&tipoApp=.pdf>. Acesso em: 23 nov. 2016.

[147] Dispõe o dispositivo da Lei Complementar nº 64/1990, *in verbis*: "Art. 1º. São inelegíveis: I – para qualquer cargo: (…) g) os que tiverem suas contas relativas ao exercício de cargos ou funções públicas rejeitadas por irregularidade insanável que configure ato doloso de improbidade administrativa, e por decisão irrecorrível do órgão competente, salvo se esta houver sido suspensa ou anulada pelo Poder Judiciário, para as eleições que se realizarem nos 8 (oito) anos seguintes, contados a partir da data da decisão, aplicando-se o disposto no inciso II do art. 71 da Constituição Federal, a todos os ordenadores de despesa, sem exclusão de mandatários que houverem agido nessa condição". Cf. BRASIL. *Lei Complementar nº 64*, de 18 de maio de 1990. Disponível em: <http://www.planalto.gov.br/ccivil_03/leis/LCP/ Lcp64.htm>. Acesso em: 31 out. 2016.

[148] No RE 729.744 debateu-se se o decurso de prazo para o Poder Legislativo analisar as contas torna o parecer pela rejeição a "decisão irrecorrível" de que cuida a alínea g do inciso I do art. 1º da Lei Complementar nº 64/1990, com a redação dada pela Lei Complementar nº 135/2010 ("Lei da Ficha Limpa"). Cf. BRASIL. Supremo Tribunal Federal. *Repercussão geral no Recurso Extraordinário 729.744/MG*. Relator Min. Gilmar Mendes, 8 de janeiro de 2013. Disponível em: <http://www.stf.jus.br/portal/processo/verProcessoDetalhe.asp?incidente=4352126>. Acesso em: 23 nov. 2016.

Poder Executivo, não se admitindo o julgamento ficto das contas por decurso de prazo.

De imediato, ambas as decisões geraram controvérsias.[149] Alguns entendem que o posicionamento do STF refreou, em especial, a competência jurisdicional das Cortes de Contas, do modo como até então ela vinha sendo exercida, o que significaria a superação da jurisprudência firme do STF que a reconhece desde há muito (MOURÃO; FERREIRA; CASTRO, 2011).

Entendemos que não procede a pretensa mitigação de competência. A avaliação das contas prestadas pelo Chefe do Poder Executivo local que atua como ordenador de despesas é assunto que envolve aspectos orçamentários, contábeis, econômicos, patrimoniais, financeiros e operacionais que exigem uma análise técnica e uma fiscalização isenta, nos termos do *caput* do art. 70, combinado com o art. 71, inciso II, ambos da CR/88. A decisão do STF refere-se ao aspecto da inelegibilidade que, corretamente, passara a ser avaliado pelo Poder Legislativo respectivo.

5.4.4 Análise insuficiente das políticas pública e tributária de Estado

Considerando-se a limitação de recursos, o planejamento de toda organização complexa deve se orientar para a realização das prioridades, estabelecendo-se metas e indicadores capazes de mensurar a sua efetiva concretização, bem como avaliar os resultados obtidos. O controle desse fluxo é que autoriza a manutenção do plano original ou a sua reformulação, visando a aprimoramentos capazes de possibilitar alcançar o propósito definido.

Para Henry Fayol (1923), são funções essenciais a serem desenvolvidas em toda organização complexa, a fim de assegurar seus bons resultados: (i) prever e planejar; (ii) organizar sob os aspectos material e social; (iii) dirigir e orientar; (iv) unir e harmonizar os atos e esforços coletivos; e (v) verificar se as normas, regras e escolhas estabelecidas estão sendo devidamente realizadas.

Inobstante os ajustes típicos de modelos ideais, ocorridos desde o início do século XX, tais como o agrupamento das funções de comando e coordenação sob o título de direção, é fato que o desempenho das funções citadas precisa ser desenvolvido para que se obtenham bons resultados.

---

[149] Em análise crítica das decisões do STF, vide CONTI, 2016.

No Estado brasileiro, a função de controle da administração, nas suas diferentes formas – interno, externo (Poder Legislativo) e social –, deve contribuir para orientar o planejamento, verificando se as regras estão sendo cumpridas (legalidade), os recursos estão corretamente aplicados, de acordo com a real demanda (efetividade), os gastos estão sendo realizados com a melhor economicidade e qualidade (eficiência) e se os esforços despendidos são suficientes para atender às demandas (eficácia).

É por essa razão que, cada vez mais, são estudadas melhores formas de governança e de acompanhamento das políticas públicas voltadas para o exame das dimensões de legalidade, economicidade, eficácia e efetividade, aspectos essenciais para a avaliação de resultados do campo e possibilidade concreta de interferência positiva no ciclo de planejamento.

O administrador público precisa atender prioritariamente às políticas públicas de Estado. Ao controle externo cabe manifestar-se conclusivamente sobre essas realizações, em todas as dimensões que orientam a ação da Administração Pública, e que se acham inscritas no *caput* do art. 37, quais sejam, legalidade, impessoalidade, moralidade, publicidade e eficiência. Também cabe se manifestar sobre sua eficácia e efetividade, porque as ações do Estado devem se voltar para a realidade, dentro dos limites verdadeiros de possibilidade de ação.

As políticas públicas são o meio de concretização dos direitos da sociedade, os quais são realizados por intervenção do Estado/Governo. O descontrole das políticas públicas é catastrófico. É inadmissível que ocorra, seja porque se trata de dinheiro público (contributo de todos), seja porque não se realizou a ação que resolveria o problema da demanda em relação a saúde, educação, segurança, entre outros direitos acerca dos quais a sua garantia e defesa caibam ao Estado.

A ação de controle externo deve se ocupar também do controle e avaliação das políticas públicas, visando ao aperfeiçoamento da ação de planejamento do Estado, a qual se baseia na realidade econômica e social.

Não se refuta aqui a realização da tradicional auditoria de conformidade em que os meros aspectos de aderência das práticas às normas (estrita legalidade) são verificados. Pouco adianta observar a lei na realização de política pública inadequada ou ineficaz, o que redunda em desperdício de dinheiro público.

No que toca à competência prevista no inciso XI do art. 71, da CR/88, faz-se necessário exercer, efetivamente, o auxílio permanente do Tribunal de Contas da União ao Senado Federal, extensível aos demais

Tribunais de Contas, ao exercício da competência privativa prevista no inciso XV do art. 52, também da CR/88, oferecendo parecer anual ao Senado Federal.

O art. 52, XV, da CR/88, estabelece como competência privativa do Senado Federal: "(...) XV – avaliar periodicamente a funcionalidade do Sistema Tributário Nacional, em sua estrutura e seus componentes, e o desempenho das administrações tributárias da União, dos Estados e do Distrito Federal e dos Municípios".

No Regimento Interno do Senado Federal, a competência em questão é regulamentada nos arts. 393-A a 393-F. Dessa regulamentação, destacamos que o Senado poderá solicitar "informações e documentos à União, aos Estados, ao Distrito Federal e aos Municípios, compreendidos os três Poderes e os órgãos e entidades da administração direta e indireta, além do Conselho Nacional de Política Fazendária (Confaz)",[150] de modo a avaliar a funcionalidade do Sistema Tributário Nacional, considerando-se, entre outros, os seguintes aspectos: I – complexidade e qualidade da legislação; II – custos de conformidade à normatização tributária; III – qualidade dos tributos, especialmente quanto à justiça fiscal, ao atendimento aos princípios constitucionais tributários, ao atendimento às necessidades orçamentárias, ao custo das obrigações acessórias; IV – carga tributária; V – equilíbrio federativo, especialmente quanto à participação da União, dos Estados, do Distrito Federal e dos Municípios no total da receita tributária, antes e depois das transferências constitucionais e legais, à participação das transferências constitucionais e legais na receita tributária dos entes federados; VI – renúncias fiscais; VII – harmonização normativa; VIII – redução das desigualdades regionais; IX – compatibilidade com a legislação de outros países ou blocos econômicos.

Lado outro, o desempenho das administrações tributárias da União, dos Estados, do Distrito Federal e dos Municípios será avaliado considerando-se, entre outros, os seguintes aspectos: I – relação entre o custo da administração e o montante arrecadado; II – exercício efetivo das competências tributárias pelos entes federados; III – desempenho da fiscalização; IV – relação entre pagamento espontâneo e coercitivo dos tributos; V – desempenho da cobrança judicial e extrajudicial da dívida ativa tributária; VI – efetividade dos programas de recuperação fiscal, especialmente quanto a parcelamento, anistia e remissão; VII – grau

---

[150] BRASIL. Senado Federal. *Resolução nº 93*, de 1970. Disponível em: <https://www25.senado.leg.br/web/atividade/regimento-interno>. Acesso em 23 nov. 2016.

de integração das administrações tributárias; VIII – gastos e resultados com educação fiscal; IX – qualidade do atendimento ao contribuinte; X – grau de informalidade da economia.

A competência em questão fica a cargo da Subcomissão Permanente de Avaliação do Sistema Tributário Nacional – CAESTN, criada em agosto de 2015, no âmbito da Comissão de Assuntos Econômicos. A comissão tem atuado de modo pouco efetivo e com atividades esparsas.

A função atribuída pelo inciso XV do art. 52 da CR/88 tem o escopo amplíssimo, abarcando todo o sistema tributário da União, dos Estados, do Distrito Federal e dos Municípios. Por outro lado, não obstante a competência em questão ser privativa do Senado e de modo amplo, deve-se reconhecer que ela não pode excluir ou se sobrepor a outras competências estabelecidas expressamente no texto constitucional. Sob essa perspectiva, a avaliação reservada ao Senado, que consiste, basicamente, no exame da funcionalidade e do desempenho do sistema, não exclui ou mesmo se contrapõe a outras formas de controle sobre o sistema tributário nacional, as quais poderão, inclusive, ser consideradas complementares.

Sobre estas outras formas de controle sobre o sistema tributário nacional, ou pelo menos sobre alguns de seus aspectos, destaca-se o controle externo, exercido pelo Poder Legislativo com o auxílio dos Tribunais de Contas, que são fundamentais na estrutura do sistema republicano brasileiro.

As competências para o exercício de tal mister, para os Tribunais de Contas, estão definidas nos arts. 70 e 71 da Constituição Federal. Entre elas, destacamos as que são relativas à fiscalização contábil, financeira, orçamentária, operacional e patrimonial da União e das entidades da administração direta e indireta, quanto à renúncia de receitas e a realização de inspeções e auditorias de natureza contábil, financeira, orçamentária, operacional e patrimonial, de modo a prestar as informações solicitadas pelo Congresso Nacional, por qualquer de suas Casas, ou por qualquer das respectivas comissões, representando junto ao Poder competente sobre irregularidades ou abusos apurados.

Como se pode perceber das competências em destaque, fiscalizações de natureza contábil, financeira e orçamentária, além da expressa menção ao controle de aplicação das subvenções e renúncia de receitas, faz com que a atividade dos Tribunais de Contas seja indissociável de determinados aspectos tributários da administração pública. Não há que se falar em orçamento, contabilidade pública e finanças em geral sem que se fale em arrecadação, inserta no sistema tributário e, de resto, na fase de realização também das demais receitas públicas.

Dentre os aspectos detalhados no Regimento Interno do Senado como sendo objeto da sua avaliação, podemos considerar alguns deles como concernentes à atividade dos Tribunais de Contas, pelo menos em determinadas situações e aspectos. É o caso daqueles referentes a custos de conformidade à normatização tributária, carga tributária, renúncias fiscais, relação entre o custo da administração e o montante arrecadado, exercício efetivo das competências tributárias pelos entes federados, desempenho da fiscalização, efetividade dos programas de recuperação fiscal, gastos e resultados com educação fiscal, sempre compreendidos nos modos e objetos de atuação desses Tribunais, o que, lamentavelmente, à exceção do Tribunal de Contas da União, não é prática corrente nos Tribunais de Contas dos demais entes federativos.

Outros aspectos da competência do Senado, explicitados no art. 52, XV, da CR/88, poderiam ser mais bem desempenhados com o auxílio dos Tribunais de Contas, em sua função consultiva.

Grande parte do escopo detalhado nos arts. 393-D e 393-E do Regimento Interno do Senado não se adequa perfeitamente às competências exercidas pelas Cortes de Contas.

Avaliações de aspectos tais como complexidade e qualidade da legislação, qualidade dos tributos, equilíbrio federativo, harmonização normativa, redução das desigualdades regionais, compatibilidade com a legislação de outros países ou blocos econômicos, grau de integração das administrações tributárias, qualidade do atendimento ao contribuinte, grau de informalidade da economia, entre outras detalhadas, não dizem exatamente respeito à atividade fiscalizatória e jurisdicional de controle externo. Nem mesmo em uma atividade consultiva ou opinativa seria possível enquadrar algumas dessas nuances avaliadas exclusivamente pelo Senado.

Considerando as atuais competências constitucionais dos Tribunais de Contas, não obstante a competência privativa do Senado para avaliação do sistema tributário, concluímos que esse mesmo sistema está, considerados certos aspectos, sob o âmbito de atuação do controle externo.

As competências não se sobrepõem, é importante dizer. Enquanto está claro que a competência do Senado é avaliativa, possuindo por certo algum caráter sugestivo, as competências dos Tribunais de Contas, conforme colocadas, são fiscalizatórias, consultivas e, a depender do fato específico, jurisdicionais e sancionadoras.

É importante afirmar que a competência para fiscalização é autônoma, tendo em vista a própria natureza dos Tribunais de Contas, competindo-lhe realizar inspeções sobre o assunto, ainda que a competência de avaliação sobre funcionalidade e desempenho seja do Senado da República.

Ademais, apesar de não se sobreporem, certamente as competências do Senado e dos Tribunais de Contas, no que tange ao controle do sistema tributário, são complementares. Essa complementaridade dos trabalhos pode ser identificada nas normas que regulamentam tanto a atividade do Senado quanto a dos Tribunais. No caso daquele primeiro, o Regimento Interno da Casa estabelece, em seu art. 393-B, conforme já transcrito acima, que poderão ser requisitadas informações de quaisquer órgãos da administração e mesmo de instituições privadas.

Já no caso dos Tribunais de Contas, o art. 71 da CR/88 estabeleceu que estes devem prestar as informações solicitadas pelo Congresso Nacional e podem, inclusive, representar perante o poder competente para que adote as medidas cabíveis a respeito das irregularidades verificadas em inspeção.

Consideradas essas competências do Senado e dos Tribunais de Contas, verifica-se que há uma complementaridade de fiscalização e avaliação sobre o sistema tributário. Enquanto aquele possui competência avaliativa e deverá ser informado de questões importantes e munido dos dados arrecadados em inspeções dos Tribunais de Contas, estes, responsáveis pela fiscalização financeira, orçamentária e contábil, deverão ser comunicados pelo Senado quando este, em sua avaliação, verificar fato passível de julgamento e punição na esfera de competência do controle externo.

Sobre essa competência dos Tribunais de Contas, no que toca ao sistema tributário, vale observar a jurisprudência do TCU, que revela que não há competência dos Tribunais para a avaliação de fatos individuais relativos ao lançamento de tributo, decadência e prescrição tributárias e inscrição de crédito tributário em dívida ativa da União.[151]

Por outro lado, o TCU já desempenha, embora não periodicamente, a atuação sobre questões de lançamento, decadência, prescrição e inclusão em dívida ativa, não estando excluída a competência fiscalizatória como um todo sobre o sistema tributário, podendo o TCU ter "ingerência fiscalizatória sobre a previsão, o lançamento, a arrecadação e o recolhimento de tributos federais, podendo realizar seu mister por

---

[151] BRASIL. Tribunal de Contas da União. *Acordão nº 2105/2009*. Plenário. Relator Min. André Luís de Carvalho. Disponível em: <www.tcu.gov.br/.../judoc%5CAcord%5C20090430%5C009-326-2008-0-AUD-ALC.rtf>. Acesso em: 21 nov. 2016.

meio de levantamentos, auditorias, inspeções, acompanhamentos e monitoramentos".[152]

No bojo dessas fiscalizações, caso encontre irregularidade ou avaliação que não seja de sua competência, deverá o Tribunal de Contas informar o ocorrido para a autoridade tributária competente, posto que "(...) não compete ao TCU proceder à fiscalização do recolhimento de receitas de natureza tributária e previdenciária (...)".[153]

5.4.5 Insuficiente conexão com o controle interno

A determinação expressa na CR/88 de que a fiscalização contábil, financeira, orçamentária, operacional e patrimonial da União e das entidades da administração direta e indireta será exercida pelo Congresso Nacional, mediante controle externo, e pelo sistema de controle interno de cada Poder, é indicativo de que entre as formas de controle deve haver conexão, porquanto ambas integram um mesmo sistema de controle, e o elo entre as formas potencializa a ação do sistema.

Tal preceito, consignado no *caput* do art. 70 da CR/88, é reafirmado no §1º do art. 74, CR/88, ao assentar que os responsáveis pelo controle interno, ao tomarem conhecimento de qualquer irregularidade ou ilegalidade, dela darão ciência ao Tribunal de Contas da União, sob pena de responsabilidade solidária.

A ausência de dados nacionais acerca dos efetivos comunicados do controle interno ao externo poderia prejudicar a análise, não fora o grande volume de recomendações encontradas em decisões do TCU e dos Tribunais de Contas estaduais e dos Municípios aos seus jurisdicionados para a implementação de medidas de fortalecimento dos seus controles internos, embora de baixa efetividade, no geral.

Pesquisa realizada pelo Tribunal de Contas da União, em 2014, consoante Relatório de Levantamento TC 020.830/2014-9, destaca que

> (...) os Tribunais de Contas poderão maximizar a sua eficiência ao priorizar as auditorias sobre o sistema de controle interno, verificando

---

[152] BRASIL. Tribunal de Contas da União. *Acórdão nº 272/2014*. Plenário. Relator Min. Benjamin Zymler. Disponível em: <http://www.lexml.gov.br/urn/urn:lex:br:tribunal.contas.uniao;plenario:acordao:2014-02-12;272>. Acesso em: 24 nov. 2016.

[153] BRASIL. Tribunal de Contas da União. *Acórdão nº 798/2008*. Primeira Câmara. Relator Min. Marcos Bemquerer. Disponível em: <http://www.lexml.gov.br/urn/urn:lex:br:tribunal.contas.uniao;plenario:acordao:2008-04-30;798>. Acesso em: 24 nov. 2016.

se a gestão de riscos está implementada, se a função auditoria interna está implementada.[154]

Lamentavelmente, ainda hoje, claudicam muitos Tribunais de Contas quanto à exigência do cumprimento do comando constitucional proeminente insculpido no *caput* do art. 74 da CR/88.

Os controles internos atuais possuem duas falhas graves: (i) falta de autonomia e independência institucional para desempenho de suas funções; e (ii) baixo nível de interação com o controle externo, em descompasso com o comando constitucional.

Uma conexão efetiva do controle externo com o controle interno favorece a ação de controle dos Tribunais de Contas, em especial quando o campo de atuação é grande, caso do TCU, em relação aos estados da federação, e destes em relação aos municípios, quando aqueles possuem muitos municípios, a exemplo de Minas Gerais e São Paulo. Lado outro, o reforço dessa conexão agiria em fortalecimento à atuação local dos controles internos, favorecendo o interesse público.

A fragilidade da conexão entre controle externo e interno atua em desfavor do sistema constitucional de controle da Administração, dando margem à proliferação da corrupção no poder local pela insuficiência de controle, restando prejudicada a sociedade.

É induvidosa a necessidade de se concretizar, conforme preconiza a Constituição da República, a implementação e o funcionamento do Sistema de Controle Interno (SCI) nos Poderes Executivo e Legislativo municipais, especialmente.

O aprimoramento do controle externo, cuja competência é do Poder Legislativo, com o auxílio dos Tribunais de Contas, necessita tornar efetivo o que a Lei Complementar nº 131/2009 (Lei da Transparência) acrescentou a dispositivos da Lei Complementar nº 101/2000, a fim de fomentar a disponibilização, em tempo real, de informações detalhadas sobre a execução orçamentária e financeira da União, dos Estados, do Distrito Federal e dos Municípios. Tal operacionalização depende, entre outros, da existência de um Sistema de Controle Interno, notadamente, nos Poderes Executivo e Legislativo municipais, cuja implementação deve ser objeto de normatização e fiscalização pelos Tribunais de Contas, os quais, em regra, vêm se omitindo nessa atuação.

---

[154] BRASIL. Tribunal de Contas da União. *Relatório de levantamento TC020.830/2014-9*. Governança pública em âmbito nacional: análise sistêmica das oportunidades de melhoria constatadas. Atuação conjunta dos Tribunais de Contas do Brasil. Brasília: TCU, 2015.

Insta registrar que o marco inicial do controle interno na Administração Pública no Brasil remonta à Lei Federal nº 4.320/64, em seus artigos 75 a 80, ao introduzir as expressões *controle interno* e *externo* e definir as competências para o exercício dessas atividades, ainda carente, em muitos entes federativos, de efetiva operacionalização.

5.4.6 Insuficiente conexão com o controle social

Conforme assevera Rita Chió Serra (2011), pesquisas demonstram que não é uniforme a recepção do controle social pelos Tribunais de Contas, sendo que ela ocorre de forma mais fácil e ampla no Tribunal de Contas da União e, com algumas deficiências, em alguns Tribunais de Contas estaduais, tendo em vista o desenho institucional dos filtros de recepção de denúncias.

Assim, inobstante a CR/88 prever que qualquer cidadão, partido político, associação ou sindicato é parte legítima para, na forma da lei, denunciar irregularidades ou ilegalidades perante o Tribunal de Contas da União (art. 74, §2º, da CR/88), na prática, a concretização da conexão da sociedade com os Tribunais de Contas depende da forma como esses Tribunais se abrem a essa participação cidadã, a qual não pode ser meramente formal ou leniente.

Caso o desenho institucional de recepção de denúncias e representações opte por um filtro de critério político e não técnico, regulando a matéria com excessivas exigências para que o cidadão formule sua manifestação, na prática, está agindo no sentido de não fomentar e concretizar o controle social.

Exemplo disso são normas que apenas admitem a denúncia *in loco*, na sede, ou estabelecem um vasto rol de exigências para o denunciante, dificultando, ou quase impedindo, a participação popular.

Feito o diagnóstico acima, no próximo tópico apresentamos o resultado da pesquisa realizada em comparação com a série histórica de quinze anos, referente ao sistema Tribunal de Contas, de modo a aferir, efetivamente, a sua evolução, ou não, ao longo do tempo.

5.5 Sistema atual de Tribunais de Contas brasileiros[155]

De modo a propor a otimização do sistema de controle externo brasileiro, empreendemos ampla pesquisa que abrangeu intervalo

---

[155] Tópico desenvolvido com as contribuições de David Salim Hosni, mestre e doutorando em Direito Privado pela Universidade Federal de Minas Gerais.

significativo de quinze anos (2001-2016), na busca por dados mais amplos, que propiciassem base adequada à avaliação da evolução da eficácia e eficiência dos Tribunais de Contas no Brasil ao longo dos anos.

Identificamos que, em 2001, foi realizado levantamento similar pela FIA/USP, publicado em 2002, demandado pelo Ministério do Planejamento, Orçamento e Gestão, cujo objetivo foi "o entendimento e diagnóstico dos Tribunais de Contas de Estados e Municípios brasileiros para, a seguir, propor um conjunto de ações integradas visando ao seu desenvolvimento organizacional" (MAZZON; NOGUEIRA, 2002, p. 3).

A hipótese de evolução institucional ao longo dos anos nos levou a elaborar as seguintes situações-problema: houve evolução em quinze anos? Quais os fatores que contribuem para a manutenção de fragilidades institucionais? Quais as medidas que devem ser tomadas para melhorar o desempenho institucional? O que é prioritário?

De acordo com o levantamento realizado em 2001, a eficiência e eficácia foram refletidas na relação entre "(...) a despesa total incorrida pelos TCs no ano de 2001", que representou 0,35% do montante auditado. O levantamento abrangeu cinco dimensões: "integração externa, planejamento e controle, procedimentos-chave de trabalho, tecnologia de informação e recursos humanos" (MAZZON; NOGUEIRA, 2002, p. 1).

A partir de 2002, essas conclusões foram discutidas e geraram um diagnóstico macro, que passou a ser referência para a atuação dos TCs nos anos seguintes, especialmente em função de linha de financiamento disponibilizada pelo Banco Mundial para a modernização dos TCs por meio do Promoex, ofertado àqueles TCs que manifestaram interesse.

Em 2007, novamente, o Instituto Rui Barbosa (IRB) elaborou pesquisa com relação à percepção do corpo deliberativo dos TCs, cujo intuito era verificar quais as alterações ocorridas nos aspectos identificados pela pesquisa da FIA/USP, cerca de seis anos depois.

As conclusões foram apresentadas para cada um dos pontos de destaque da pesquisa de 2001: integração externa, planejamento e controle, procedimentos-chave de trabalho, tecnologia de informação e recursos humanos (INSTITUTO RUI BARBOSA, 2007).

Aproximadamente quinze anos após a pesquisa da FIA/USP e cerca de dez anos após a pesquisa do IRB, entendemos que se fazia necessária uma nova avaliação dos TCs, relativamente a alguns dos aspectos abordados nas pesquisas realizadas anteriormente.

Em 2016, não nos limitamos apenas à percepção do corpo deliberativo dos TCs, nem buscamos toda a abrangência da pesquisa da FIA/USP. Procedemos então à coleta de dados que possibilitassem a comparação com as conclusões macro da pesquisa de 2001 sobre a eficácia e eficiência dos TCs, aquilatando-os com os resultados da pesquisa de percepção do corpo deliberativo, acerca da evolução ou não da eficácia, eficiência e, notadamente, da efetividade dos Tribunais de Contas no combate à corrupção.

Com adequada base temporal de comparação, buscamos validar a hipótese de que, decorrido interregno relevante, com a promulgação de diversas leis cujo desiderato seria ampliar e reforçar o controle da Administração Pública, os Tribunais de Contas teriam evoluído em termos de desempenho, lastreando tal conclusão em dados públicos aferíveis, ao longo de uma década e meia.

Adotamos o desenho de uma *survey* descritiva interseccional, em que os dados são colhidos, num certo momento, de uma amostra selecionada para descrever alguma população maior na mesma ocasião. Apesar do desenho intersecional, a análise efetuada, comparada aos dados das pesquisas anteriores, permitiu uma análise longitudinal satisfatória.

A presente pesquisa foi elaborada segundo duas macroamostras: (i) pesquisa qualitativa de percepção do corpo deliberativo dos TCs acerca dos atuais problemas relacionados às dimensões de integração externa, planejamento e controle, procedimentos-chave de trabalho, tecnologia de informação e recursos humanos; e (ii) pesquisa quantitativa acerca dos dados (econômicos, financeiros e de resultados institucionais) sobre a eficiência e eficácia dos TCs, de modo a avaliar o desempenho, ao longo de quinze anos.

A pesquisa qualitativa foi precedida da elaboração de questionário objetivo que registrasse a percepção do corpo deliberativo dos TCs conforme os tópicos de imagem institucional, integração externa, atuação planejada, procedimentos de trabalho, eficiência do trabalho, eficácia do trabalho e gestão de recursos humanos.

As respostas foram dadas em uma escala de relevante, pouco relevante ou irrelevante para cada item apontado como um problema para o tópico referente, considerando-se a realidade vivenciada pelo indivíduo pesquisado no Tribunal de Contas a que pertence.

Os formulários contendo o questionário de percepção do corpo deliberativo foram enviados para os Conselheiros, Conselheiros substitutos, Ministros e Ministros substitutos de todos os TCs do Brasil, num total de 350 questionários, sendo que, dos componentes do corpo deliberativo dos TCs, 123 são Conselheiros e Ministros substitutos concursados, e 227 são Conselheiros e Ministros indicados.

Da amostra, verifica-se ainda um total de 302 homens e 48 mulheres. A idade não foi levada em consideração, uma vez que a CR/88 estabeleceu a idade mínima de 35 anos para a posse nos referidos cargos.

De modo a proceder à análise quantitativa, selecionamos 18 critérios objetivos acerca da atuação dos TCs que possibilitassem a verificação de sua eficiência e eficácia, em comparação com os resultados coletados pela pesquisa de 2001.

Embora seu caráter objetivo permitisse que os dados fossem coletados apenas do corpo dirigente, inclusive, por meio das ouvidorias, entendemos por bem solicitar os dados a todo o corpo deliberativo dos TCs, de modo a testar a disponibilidade e a acessibilidade deles.

Tal decisão partiu do intuito, inicialmente, de maximizar as possibilidades de obtenção dos dados e, por outro lado, da possibilidade, por meio do recebimento de dados diversos, de averiguar sua confiabilidade, sua exatidão e a facilidade de seu entendimento. O recebimento de dados diferentes de um mesmo Tribunal possibilitou inferir a existência de divergências informativas e de algum tipo de problema em relação ao acesso à informação ou à sua adequada disponibilização.

Foram enviados os formulários da pesquisa, via e-mail,[156] contendo os dois questionários para todos os 350 destinatários. O procedimento foi repetido em cinco oportunidades, de modo a potencializar o registro das respostas, em face dos eventos olímpicos que atraíram as atenções naquele período, em todo o território brasileiro. O prazo final para consideração das respostas foi estipulado, não sendo considerado qualquer registro após a data-limite.

Além dos e-mails com o envio dos dois formulários para todo o corpo deliberativo, o questionário acerca dos dados quantitativos públicos foi enviado via ofício, em três oportunidades, para todos os Presidentes, Corregedores, Diretores-Gerais e Secretários-Gerais dos TCs. Tais cargos, por sua natureza, possuem a obrigação legal de responder pelo respectivo Tribunal de Contas, no caso de solicitação de dados de natureza pública, como é o caso, em obediência à Lei de Acesso à Informação, Lei nº 12.527/2011.

Os ofícios contendo o formulário da pesquisa quantitativa foram ratificados por meio de envio do formulário via e-mail, com base na mesma estratégia de repetição da solicitação anteriormente enviada.

Do total de 350 formulários de dados qualitativos enviados, obtivemos 81 respostas, o que representa 23,14% da amostra.[157] Além

---

[156] Vide Apêndice A, que contém o formulário eletrônico da pesquisa empreendida no Sistema Tribunais de Contas do Brasil – 2016.

[157] Dados qualitativos coletados das respostas referentes à percepção do corpo deliberativo dos TCs.

disso, os dados quantitativos de 24 Tribunais de Contas foram computados, o que representa 70% do total de 34 existentes no Brasil.[158]

A análise desses dados foi feita, primeiramente, a partir dos dados qualitativos e, posteriormente, com a verificação dos dados quantitativos, de modo a validar a percepção do corpo deliberativo.

Apresentamos a seguir os resultados obtidos.

5.5.1 Dados quantitativos e atendimento à Lei de Acesso à Informação

A presente pesquisa, para além das análises e conclusões sobre os TCs, também nos permitiu realizar inferências acerca da transparência dos Tribunais de Contas.

Essa análise pôde ser feita, principalmente, por meio da avaliação dos dados objetivos fornecidos pelas Cortes de Contas.

A coleta de dados oriundos da opinião de Conselheiros e Ministros e sua participação nesse tipo de pesquisa que visa à melhora do sistema Tribunais de Contas, por mais importante que seja, não se enquadra no tipo de informação cuja publicidade é obrigatória, conforme a Lei nº 12.527/11, Lei de Acesso à Informação.

Segundo a referida lei, são informações compreendidas no direito de acesso, conforme o art. 7º, aquelas referentes, entre outras, às atividades exercidas pelos órgãos e entidades, inclusive as relativas à sua política, organização e serviços.

Também, o resultado de inspeções, auditorias, prestações e tomadas de contas realizadas pelos órgãos de controle interno e externo, incluindo prestações de contas relativas a exercícios anteriores, incluem-se nas informações que devem ser disponibilizadas a qualquer cidadão.

Como se pode perceber, todas as informações solicitadas nos 18 itens do questionário de dados quantitativos estão contempladas na lei, sendo elas referentes às despesas do órgão, aos resultados de sua atividade e aquelas concernentes aos dados processuais. Todas essas informações, de alguma forma, se enquadram em uma ou mais categorias das acima destacadas no art. 7º da Lei de Acesso à Informação.

Além disso, é certo que parte delas, como aquelas relativas às despesas e as referentes aos dados gerais para o acompanhamento de programas, ações, projetos e obras de órgãos e entidades, devem estar em

---

[158] Dados quantitativos coletados das respostas referentes as informações públicas disponibilizadas.

transparência ativa, conforme artigo 8º da Lei nº 12.527/11, disponíveis *on-line*, de forma objetiva, transparente, clara e em linguagem de fácil compreensão.

Diante da previsão legal de publicidade dessas informações, portanto, foram elas requeridas por meio de ofícios e de formulário *on-line*, tendo sido solicitadas conforme metodologia dos *surveys* (formulários eletrônicos) abaixo exposta.

Não obstante a necessidade de publicidade estabelecida em lei e a solicitação formal, reiterada por meio de ofícios e e-mails, nem todos os Tribunais de Contas atenderam à solicitação de acesso às informações. Dos 34 Tribunais existentes, 24 responderam às solicitações. Cerca de 29% dos TCs não responderam aos pedidos de transparência realizados.

Dos TCs que responderam, ainda é importante destacar o fato de que foram poucos aqueles que conseguiram disponibilizar a totalidade das informações requeridas.

Das 24 respostas recebidas, apenas 6 trouxeram a totalidade das informações solicitadas. Das demais, 18 respostas foram satisfatórias, sendo que, para cada quesito solicitado, pelo menos 75% dos TCs enviaram os dados, verificando-se uma boa média a respeito da disponibilidade, inclusive interna, das informações solicitadas.

O único dado para o qual não houve um número adequado de respostas foi aquele referente ao montante total auditado no ano, para o qual apenas nove Tribunais de Contas souberam informar o número. Esse dado é de extrema importância, e seu conhecimento precisa estar acessível e claro para o controle social da atividade dos TCs. Das 24 respostas recebidas, uma delas, em face de sua incompletude, foi descartada.

Em se tratando de órgãos fiscalizadores, era de se esperar um número de respostas maior e mais consistente em relação à quantidade de questionários enviados.

Os Tribunais de Contas, órgãos importantes do sistema de controle externo, zelam pela transparência das informações públicas, sua acessibilidade e sua adequada disponibilidade aos cidadãos que preconizam e exigem de seus jurisdicionados, legitimando-se também pelo exemplo.

Considerando esse papel fundamental de controle, o alto índice de não disponibilização das informações, de quase 30%, dos Tribunais de Contas, é preocupante, por não se ter acesso a dados do próprio órgão de controle, o qual deveria se colocar em posição de paradigma para a Administração Pública.

5.5.2 Evolução quantitativa dos indicadores processuais

Na pesquisa realizada em 2001, fez-se o levantamento de uma série de indicadores objetivos da atuação dos TCs, incluindo as variáveis a seguir indicadas. Desses indicadores, as principais conclusões extraídas foram referentes ao relativo baixo custo desses órgãos, cerca de 0,35% do montante auditado à época (MAZZON; NOGUEIRA, 2002, p. 1) e, por outro lado, de sua baixa eficácia, analisada por essa vertente, com efetivo recolhimento de menos de 5% dos débitos e multas imputados (MAZZON; NOGUEIRA, 2002, p. 7).

Além dos indicadores principais, a pesquisa anterior fez levantamento extenso de dados quantitativos, abrangendo mais de 120 indicadores, propiciada pela metodologia de coleta de dados no local, bem como pelo interesse dos Tribunais, à época, em participar do diagnóstico, condição para acesso à linha de financiamento disponibilizada pelo BID por meio do Promoex.

Na pesquisa que empreendemos em 2016, constatamos que os dados nem sempre são imediatamente acessíveis, mesmo sendo exigíveis nos termos da Lei de Acesso à Informação, Lei nº 12.527/2011, razão pela qual limitamos o campo de abrangência, de modo a levantar os números referentes a 18 principais indicadores de eficiência e eficácia dos TCs, quais sejam: 1) despesa total do Tribunal; 2) despesa total com pessoal do Tribunal; 3) montante total auditado no ano; 4) valor total de débitos e multas imputados; 5) valor total do recolhimento de débitos e multas; 6) número de processos atualmente em tramitação; 7) número de processos autuados no ano; 8) total de auditorias e inspeções realizadas no ano; 9) consultas formuladas ao Tribunal no ano; 10) consultas respondidas pelo Tribunal no ano; 11) processos julgados no ano; 12) recursos recebidos no ano; 13) recursos julgados no ano; 14) denúncias/representações recebidas no ano; 15) denúncias/representações julgadas no ano; 16) pareceres prévios emitidos para o Estado no ano; 17) pareceres prévios emitidos para os Municípios no ano; e 18) contas anuais julgadas de ordenadores e/ou responsáveis no ano.

Esses dados nos possibilitaram realizar um diagnóstico comparativo em relação ao cenário de 2001 e, ao mesmo tempo, confrontar os números obtidos com a percepção do corpo deliberativo, registrada em 2001, 2007 e 2016.

A primeira conclusão a que chegamos, a partir dos números levantados em 2016, é que a evolução no custo-benefício é significativa para a sociedade. Enquanto a relação entre o custo e o montante auditado era de 0,35% em 2001, atualmente registrou-se uma relação de 0,73% em 2015, o que demonstra que o custo do sistema de TCs, embora ínfimo, comparado ao total de recursos auditados pelo sistema, aumentou, em quinze anos, em mais de 100%. Em números totais, o custo dos TCs cresceu exponencialmente, como se demonstra pelas Tabelas a seguir:

Tabela 3 – Relação montante auditado *vs.* despesa total em 2001[159]

Especificação	R$ Milhões (n = 21)[47]
A) Montante auditado em 2001	284,51
B) Despesa total dos TCs em 2001	0,99
Despesa total/montante auditado (B/A)	0,35%

Em termos evolutivos, verifica-se a seguinte variação:

Tabela 4 – Relação montante auditado *vs.* despesa total em 2013, 2014 e 2015

Especificação	2013 (n = 08)	2014 (n = 09)	2015 (n = 09)
Montante auditado	187.609.149.778,07	213.558.269.985,48	233.409.467.007,26
Despesa total dos TCs	1.325.413.667,80	1.576.876.338,46	1.698.279.029,51
Despesa total/ montante auditado	0,71%	0,74%	0,73%

Os números que refletem a eficácia dos TCs, aqui compreendida como o retorno material de sua atividade, revelam a relação entre as variáveis atinentes ao custo total dos TCs, aos montantes auditados, à quantidade de multas e débitos imputados aos responsáveis e ao quantitativo recolhido aos cofres da Administração, entre outros fatores objetivamente mensuráveis.

Reconhecemos que a eficácia poderia ser também aferida de acordo com o aumento da economicidade das contratações públicas, com a redução dos sobrepreços e aumento das vantagens por motivos diversos, redução de desvios e conservação do patrimônio público, conforme a atuação dos TCs. Entretanto, essas variáveis, em razão de seu relativo grau de subjetivismo e complexidade de parametrização metodológica, são de difícil mensuração e demonstração, dependendo de dados não acessíveis em sua integralidade, confiabilidade e abrangência necessárias a uma interpretação segura.

---

[159] MAZZON; NOGUEIRA, 2002, p. 1-2.

[160] Onde *n* representa o número de Tribunais de Contas que responderam ao quesito do formulário de pesquisa.

Nossa compreensão de eficácia está calcada na comparação dos dados atuais com aqueles anteriormente levantados pelas pesquisas realizadas em 2001 e, no que tange aos dados qualitativos, também de 2007. Nesse sentido, verificamos que a eficácia dos TCs, em termos proporcionais, teve retrocesso significativo em relação àquela verificada em 2001, de acordo com a amostra obtida. À época, tínhamos um percentual já abaixo do esperado, de 4,81% de multas e débitos recolhidos em relação aos valores imputados. Atualmente esse percentual é de 1,04%, em 2015.

Historicamente, a razão entre o recolhimento e a imputação era a demonstrada abaixo:

Tabela 5 – Débitos e multas imputados,
recolhidos e despesa total em 2001[161]

Especificação	R$ Milhões (n = 21)
A) Imputação de débitos e multas em 2001	587,0
B) Despesa total dos TCs em 2001	939,6
C) Recolhimento de débitos e multas em 2001	28,2
Imputação/Despesa total (A/B)	62,5%
Recolhimento/Despesa total (C/B)	3,0%
Recolhimento/Imputação (C/A)	4,81%

Ao seu turno, no interregno de 2013 a 2015, a evolução é a demonstrada a seguir:

Tabela 6 – Débitos e multas imputados, recolhidos
e despesa total em 2013, 2014 e 2015

Especificação	2013 (n = 17)	2014 (n = 18)	2015 (n = 18)
Imputação de débitos e multas	1.663.996.758,76	2.668.079.923,54	7.244.150.217,27
Despesa total dos TCs	3.920.933.740,97	5.007.730.124,11	5.436.950.483,95
Recolhimento de débitos e multas	24.676.016,55	33.387.784,79	74.988.442,18
Imputação/Despesa total	42,44%	53,28%	133,24%
Recolhimento/Despesa total	0,63%	0,67%	1,38%
Recolhimento/Imputação	1,48%	1,25%	1,04%

Por sua vez, a razão entre despesa total e despesa com pessoal apresenta um decréscimo de 88,4% em 2001, para 81,19% em 2015, como se demonstra:

---

[161] MAZZON; NOGUEIRA, 2002, p. 19.

Tabela 7 – Relação despesa total *vs.* despesa com pessoal em 2001[162]

Especificação	2001 (R$=milhões) (n = 31)
Despesa total (DT)	1.520.161
Despesa total com pessoal (DTP)	1.344.039
Despesa corrente, exclusive pessoal	148.172
DTP/DT	88,4%
DC-P/DT	9,7%

Esse decréscimo, apesar de significativo, ainda indica uma capacidade de investimento dos TCs abaixo do adequado, em que mais de 80% dos recursos disponíveis são consumidos pelas despesas com pessoal. Esse alto valor de pessoal dos TCs preocupa ainda mais quando percebemos, como será demonstrado adiante, que ainda há inúmeros problemas de motivação e qualificação de pessoal, na visão do corpo deliberativo dos Tribunais de Contas, como se demonstra:

Tabela 8 – Relação despesa total *vs.* despesa
com pessoal em 2013, 2014 e 2015

Especificação	2013 (R$) (n = 22)	2014 (R$) (n = 22)	2015 (R$) (n = 23)
Despesa total (DT)	4.923.221.790,91	5.401.744.339,96	6.208.925.640,39
Despesa total com pessoal (DTP)	4.051.962.293,50	4.567.870.913,65	5.040.887.621,62
Despesa corrente, exclusive pessoal (DC-P)	871.259.497,41	833.873.426,31	1.168.038.018,77
Despesa com pessoal/ Despesa Total (DTP/DT)	82,30%	84,56%	81,19%
DC-P/DT	17,69%	15,43%	18,81%

A respeito dos indicadores processuais, os números mostram evoluções positivas em alguns quesitos.

A média de auditorias realizadas praticamente dobrou, evoluindo de 553 por Tribunal em 2001 para 1.003 em 2015. Os recursos contra decisões proferidas subiram de uma média de 278 anuais para 501, também tendo expressivo aumento na eficiência de seu julgamento de 76,81% para 86,62%. Aumentos semelhantes se verificam em relação aos processos de denúncias, representações e consultas, como se observa a seguir:

---

[162] MAZZON; NOGUEIRA, 2002, p. 14.

Tabela 9 – Indicadores processuais em 2001[163]

Especificação	n	2001		
		Total	Média	Relação de eficiência (total)
Auditorias e inspeções realizadas	29	16.064	554	
Consultas formuladas	29	10.436	360	
Consultas respondidas	29	7.691	266	73,69%
Processos em tramitação (estoque)	27	395.700	14.655	
Processos autuados	29	637.086	21.968	
Processos julgados	29	214.363	7.392	33,64%
Recursos recebidos	27	7.525	279	
Recursos julgados	27	5.780	214	76,81%
Denúncias/representações recebidas	29	3.792	131	
Denúncias/representações respondidas	28	2.375	85	62,63%
Pareceres prévios emitidos para Estado	27	65	2	
Pareceres prévios emitidos para Municípios	28	23.277	831	
Contas anuais julgadas de ordenadores	30	13.410	447	

Por outro lado, a média de processos julgados variou muito pouco, apenas 7% de 2001 até 2015, variando de 7.391 por TC para a marca de 7.895 processos. Observe-se que o número de processos autuados, em média, no ano de 2001, foi de 21.968. Já em 2015, tal média alcançou 15.083 processos.

A relação da quantidade de processos autuados no ano e a quantidade de processos julgados também permanece preocupante. A evolução foi de 33,64%, em 2001, para 52,35%, em 2015, significando dizer que, em média, a cada ano, metade dos processos vai se acumulando nos estoques.

Os dados coligidos permitem observar uma melhora nos indicadores de eficiência relativos às consultas respondidas, processos julgados, recursos julgados e denúncias ou representações julgadas.

A seguir, apresentamos as tabelas com todos os indicadores levantados nos anos de 2013, 2014 e 2015, de modo a visualizar os dados que permitiram a análise representativa:

---

[163] MAZZON; NOGUEIRA, 2002, p. 14.

Tabela 10 – Indicadores processuais em 2013, 2014 e 2015

Especificação	n	2013			2014			2015		
		Total	Média	Relação de eficiência (saída/entrada)	Total	Média	Relação de eficiência (saída/entrada)	Total	Média	Relação de eficiência (saída/entrada)
Auditorias e inspeções realizadas	19	20.965	1.103		21.626	1.138		19.075	1.004	
Consultas formuladas	21	1.817	86		1.380	66		1.294	62	
Consultas respondidas	21	1.235	59	67,97%	1.010	48	73,19%	1.022	49	78,98%
Processos em tramitação (estoque)	19	234.520	12.343		249.960	13.156		263.216	13.853	
Processos autuados	20	333.843	16.692		318.651	15.932		301.661	15.083	
Processos julgados	20	148.448	7.422	44,47%	163.097	8.155	51,18%	157.913	7.896	52,35%
Recursos recebidos	19	8.233	433		8.929	470		9.523	501	
Recursos julgados	19	8.413	443	102,19%	8.610	453	96,43%	8.249	434	86,62%
Denúncias/representações recebidas	20	9.147	457		7.541	377		7.083	354	
Denúncias/representações julgadas	20	6.515	326	71,23%	6.775	339	89,84%	7.162	358	101,12%
Pareceres prévios emitidos para Estado	18	19	1		18	1		14	0,78	
Pareceres prévios emitidos para Municípios	17	4.214	248		4.404	259		4.321	254	
Contas anuais julgadas de ordenadores	19	10.719	564		14.177	746		16.041	844	

A ausência de fundamentação (com mérito ou sem julgamento de mérito) do julgamento impacta substancialmente a análise da eficácia, posto que a redução dos estoques de processos pode ocorrer em face de mutirões, grupos de trabalho, reduções de escopo ou iniciativas semelhantes nas quais exames mais aprofundados não são realizados.

5.5.3 Dados qualitativos e percepção dos membros

A análise dos dados qualitativos, na percepção do corpo deliberativo, implicou a coleta de dados abordados em oito grandes grupos, assim compreendidos: imagem institucional, integração externa, planejamento, procedimentos de trabalho, eficiência, eficácia, recursos humanos e melhorias (prioridades para ações e investimentos).

Esses grandes grupos foram definidos a partir dos resultados das pesquisas anteriores, a fim de proporcionar dados com condições de comparação em relação aos resultados históricos. Sua elaboração, assim, levou em conta os problemas anteriormente citados, a fim de verificar em que medida se mantêm e como se alterou a percepção do corpo deliberativo ao longo do tempo.

De modo a possibilitar a captação de novas tendências entre a opinião do público-alvo, incluímos na pesquisa a possibilidade de apontamento de problemas, não reportados anteriormente, em campo aberto, a fim de verificar se há novos desafios surgidos para os Tribunais de Contas nesses quinze anos e que não foram ainda devidamente captados.

Para facilitar a compreensão dos dados, a análise foi efetuada por meio da atenção individual a cada um dos grandes grupos elencados, permitindo o exame das opiniões individualizadas, tomadas coletivamente, as quais demonstramos a seguir.

5.5.4 Imagem institucional

A imagem institucional, entendida como a imagem dos Tribunais de Contas conforme captada pela sociedade e a relação entre esses atores sociais, foi apontada como um dos principais problemas verificados pela FIA/USP em 2001, em face da "baixa integração externa, notadamente entre os diversos tribunais, poderes e a sociedade (...)" (MAZZON; NOGUEIRA, 2002, p. 2). A conclusão foi então de que "a comunicação institucional é uma necessidade que poucos tribunais conseguiram priorizar" (MAZZON; NOGUEIRA, 2002, p. 7).

Sete anos depois, o IRB (2007, p. 12) verificou que o corpo deliberativo ainda considerava que "a sociedade interpreta as decisões do

Tribunal de Contas como predominantemente políticas (57%)", dado esse que demonstrava que havia uma percepção clara de que a sociedade os compreendia de forma inadequada. Tal percepção foi reforçada quando os pesquisados responderam acerca do relacionamento do TC com os cidadãos, visto que "(...) esta interação com a sociedade também foi citada como uma das atividades que o TC deveria realizar e não o faz (questão 6)" (INSTITUTO RUI BARBOSA, 2007, p. 12).

Frente ao histórico registrado de insuficiente comunicação dos Tribunais de Contas com a sociedade, solicitamos aos destinatários da pesquisa que classificassem, com base em seu entendimento atual, os problemas relacionados, como relevantes, pouco relevantes ou sem relevância, quais sejam: desconhecimento pela sociedade, percepção incorreta pela sociedade do objetivo e/ou do tipo de trabalho dos TCs, inexistência de plano estratégico de comunicação, falta de integração entre os TCs no que tange à comunicação com a sociedade, insuficiência ou ineficácia dos canais de comunicação e insuficiência ou inexistência da estrutura de ouvidoria.

Como se pode verificar, o corpo deliberativo dos Tribunais de Contas, em 2016, quinze anos depois da pesquisa da FIA/USP, aponta que a comunicação com a sociedade é falha. Esse problema ainda é tão grave que 72 das respostas, 88,89% do total, consideram relevante a questão do desconhecimento dos TCs pela sociedade.

Alcançaram números relevantes também os itens referentes à "percepção incorreta pela sociedade do objetivo e/ou do tipo de trabalho dos TCs", com 87,65%, e "insuficiência ou ineficácia dos canais de comunicação" e "insuficiência ou inexistência da estrutura de ouvidoria", com 83,95% cada, como se demonstra:

Gráfico 3 – Imagem institucional dos TCs na percepção do corpo deliberativo

Além desses resultados, foram apontados ainda problemas adicionais nos campos abertos, dos quais destacamos os seguintes:

- Descrédito da maioria das instituições públicas, especialmente dos tribunais de contas, que são, na prática, uma extensão dos poderes legislativos, cuja avaliação popular é comumente a pior;
- A sociedade cria uma imagem distorcida da instituição, tendo-a como custo desnecessário, porquanto, dentre outros, a instituição TC é lembrada como um "cabide de empregos"; e imagem associada a uma redundância de controle, dado que a sociedade não entende a necessidade de instituições de controle interno e externo;
- As decisões incoerentes ou injustas tomadas pelo colegiado do Tribunal e o trabalho técnico de baixa qualidade que contribuem para uma decisão incorreta do Tribunal. Esses e outros problemas que, mesmo que haja canais suficientes e eficientes e um ótimo plano de comunicação, irão desagradar a sociedade e contribuir para uma imagem institucional ruim.[164]

Os itens em questão demonstram uma tendência de desvalorização da imagem do TC pela sociedade, em um contexto mais amplo de desvalorização da imagem das instituições públicas como um todo e do desconhecimento geral do funcionamento da Administração Pública.

Um possível descrédito dos TCs não decorre apenas de falhas institucionais de comunicação. Como consta de um dos destaques acima, mesmo em situações em que o Tribunal de Contas possua canais eficientes com a sociedade, a imagem pode ser prejudicada pelo contexto de desgaste atual.

O que podemos concluir, portanto, é que não houve significativo avanço na comunicação institucional dos Tribunais de Contas junto à sociedade, ainda havendo, em 2016, um desconhecimento generalizado, o que possivelmente prejudica os TCs na busca de seus objetivos.

5.5.5 Integração externa

Este item diz respeito à relação dos TCs entre si e com as demais instituições públicas que exercem, direta ou indiretamente, as atividades de controle.

Em 2001, foi constatado que esses dois aspectos estavam entre os principais problemas na percepção do corpo deliberativo da época, o

---

[164] Vide Apêndice B com as respostas abertas coletadas na pesquisa qualitativa empreendida (*survey*) em 2016.

qual considerava haver "(...) a necessidade de maior integração, troca de informação e até mesmo uma certa padronização entre os TCs, seja na maneira de funcionar internamente, seja nos pareceres, julgamentos (jurisprudência)" (MAZZON; NOGUEIRA, 2002, p. 19).

Sem maior destaque na pesquisa do IRB, o tema da integração entre os TCs, entretanto, se mostrou ainda presente como problema, na medida em que "o corpo deliberativo dos tribunais de contas elegem, nesta questão, o benefício da unificação de casos similares" (INSTITUTO RUI BARBOSA, 2007, p. 11).

Analisando conjuntamente esse problema referente à integração entre os TCs e entre estes e as demais instituições públicas, na pesquisa empreendida foram escolhidos os seguintes aspectos, de modo que o corpo deliberativo opinasse sobre sua importância: baixa integração técnica, ausência de canais informatizados de compartilhamento de informações, dificuldade de atuação integrada com outros órgãos e poderes, integração insuficiente com a sociedade civil organizada e baixa prioridade conferida aos assuntos de integração.

Dados esses aspectos sobre o tema, foram eles indicados como relevantes na seguinte proporção, conforme se demonstra:

Gráfico 4 – Integração externa dos TCs na percepção do corpo deliberativo

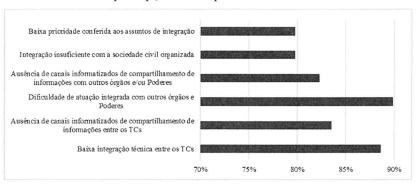

Como podemos perceber, apesar da pequena diferença, os itens referentes à baixa integração técnica entre os TCs, com 87,65% das respostas, e à dificuldade de atuação integrada com outros órgãos e poderes, com 88,89%, foram as dificuldades mais vezes apontadas como relevantes para a integração externa dos TCs, fatores esses ainda persistentes, em 2016, mesmo após decorridos quinze anos do primeiro levantamento. Esses números abrem margem para a interpretação de que os problemas verificados em 2001 e 2007 se mantêm de forma considerável.

Especialmente quanto à questão da não uniformidade da jurisprudência dos TCs, houve comentário específico acerca do tema nas respostas de campo aberto, em que foi indicada como problema a inexistência ou a insuficiência de jurisprudência organizada e informatizada.

Ainda, foram apontadas como problemas de integração externa dos TCs a multiplicidade de órgãos de controle e a falta de consciência, no âmbito do controle externo, de que essas instituições devam se inovar conjuntamente.[165]

Esses comentários, aliados à série histórica de dados de percepção, deixam claro que a padronização da jurisprudência e a integração externa, especialmente entre os TCs, é algo de grande relevância para o atual corpo deliberativo das Cortes de Contas. Tal enfrentamento precisa ser feito por meio de um órgão uniformizador da jurisprudência, a exemplo do STJ e STF.

5.5.6 Planejamento

A pesquisa de 2001 apontava que o corpo deliberativo estava, à época, preocupado com o incipiente planejamento estratégico dos TCs, posto que "os projetos de investimentos repousam em visão de curto prazo, necessidades imediatas" (MAZZON; NOGUEIRA, 2002, p. 15).

Ademais, críticas foram formuladas acerca da ausência de planejamento dos tribunais de contas, tendo sido diagnosticado, quanto ao planejamento, "(...) o baixo envolvimento e comprometimento do corpo técnico em processos de planejamento, assim como a pouca quantificação de objetivos, metas e pontos de controle" (MAZZON; NOGUEIRA, 2002, p. 8).

Em 2007, apenas 58% dos entrevistados afirmaram que o TC ao qual pertenciam possuía planejamento estratégico (INSTITUTO RUI BARBOSA, 2007, p. 14).

Com base na importância do tema e nas variáveis anteriormente pesquisadas, elencamos os seguintes pontos problemáticos, no que tange ao planejamento da atuação dos TCs: ausência de planejamento estratégico, processos incipientes de planejamento, baixa capacidade de investimento em planejamento, pouca quantificação de objetivos,

---

[165] Vide Apêndice B com as respostas abertas coletadas na pesquisa qualitativa empreendida (*survey*) em 2016.

metas e pontos de controle e baixo envolvimento e comprometimento do corpo técnico em processos de planejamento.

Nesse ponto, constatamos que o item menos citado como relevante, com 65,43% das respostas, foi o referente à baixa capacidade de investimento do TC, o que indica que, atualmente, não há mais tanta relevância nesse problema.

Por outro lado, o grande relevo dado ao problema do baixo envolvimento e comprometimento do corpo técnico em processos de planejamento, indicado como relevante em 81,48% das respostas, nos sugere que, mesmo que exista o planejamento, ainda não há cultura corporativa para o cumprimento do planejado, tendo como possível consequência um planejamento observado apenas em suas formalidades.

Na percepção do corpo deliberativo, em 2016, a pesquisa realizada indicou a persistência dos itens relacionados como nevrálgicos, em termos de planejamento, na seguinte proporção, como se depreende do gráfico a seguir:

Gráfico 5 – Planejamento estratégico dos TCs
na percepção do corpo deliberativo

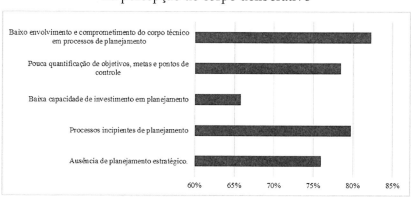

Tal inferência é corroborada pelos comentários feitos pelos pesquisados no campo aberto do item sobre planejamento estratégico, onde registramos o seguinte:

- Baixo ou nulo envolvimento e comprometimento do órgão de cúpula com os processos de planejamento;
- Embora seja feito planejamento estratégico, as gestões sucessivas parecem esquecê-lo; não há continuidade;

- Alta resiliência à necessidade de planejamento, decorrente da composição de quadro técnico notadamente sem concurso; e ausência do conhecimento e motivação técnica necessária à implementação da cultura de planejamento;
- Baixo envolvimento e comprometimento do colegiado de conselheiros e de conselheiros substitutos (membros) com o planejamento estratégico, pois se a liderança maior não tomar a frente desse processo, os seus liderados também terão dificuldade de envolvimento e de implantação das ações planejadas;
- Baixo comprometimento do corpo especial com o processo de planejamento.[166]

É importante destacar, nesses comentários, que a falta de envolvimento, comprometimento e adesão ao planejamento estratégico não parte apenas do corpo técnico ou de servidores não especializados, mas é fruto também da falta de cultura de planejamento, em regra. Isso nos sugere que um perfil mais profissional da gestão precisa ser incorporado ao sistema, envolvendo todo o pessoal dos TCs, especializado ou não.

Além disso, nos comentários livres relativos ao problema do planejamento estratégico, foram indicadas duas outras questões relevantes: a necessidade de se adotar modelo técnico de planejamento, tendo sido citado o Modelo de Gestão da Estratégia (ciclo PDCA),[167] bem como a necessidade de se orientar o plano e as ações não apenas ao controle, mas também ao combate à corrupção.

Essas duas sugestões nos permitem inferir que o corpo deliberativo está preocupado não somente com a ausência de planejamento estratégico e/ou a adesão do pessoal à sua consecução, mas também com seu aperfeiçoamento através da implementação de melhores técnicas e da adaptação de seu conteúdo às necessidades da sociedade atual, o que é salutar e auspicioso.

5.5.7 Procedimentos de trabalho

Os procedimentos de trabalho foram preocupação presente de maneira acentuada, tanto na pesquisa de 2001 quanto na de 2007, o que ainda se verificou de modo veemente em 2016.

---

[166] Vide Apêndice B com as respostas abertas coletadas na pesquisa qualitativa empreendida (*survey*) em 2016.

[167] Do inglês, *Plan, Do, Check and Act* (Planejar, Fazer, Checar e Agir para corrigir erros ou falhas), o ciclo PDCA consiste num método de gestão aplicado ao controle e à melhoria de produtos e processos.

Há quinze anos, havia uma grande preocupação com a não utilização de tecnologia da informação pelos TCs, especialmente em relação aos procedimentos de trabalho:

> (...) como consequência, observa-se o trabalho, excessivamente manual e artesanal, pautando-se essencialmente pela análise e produção de documentos em papel, produzindo estoques de processos, morosidade e ineficácia. (MAZZON; NOGUEIRA, 2002, p. 2)

Apesar da preocupação com a informatização, outras deficiências dos procedimentos de trabalho, não diretamente relacionadas com a temática, foram ressaltadas já em 2001: "(...) temos procedimentos tipicamente manuais, com trâmite burocrático, consumidor de recursos em atividades meio, lento, ineficaz, custoso e arriscado" (MAZZON; NOGUEIRA, 2002, p. 9).

A respeito da percepção do corpo deliberativo na época sobre esses problemas, foi ressaltado, entre outros, quanto à auditoria de sistemas, que se trata de "(...) conceito pouco conhecido e há barreiras culturais e legais à implantação" (MAZZON; NOGUEIRA, 2002, p. 16).

As respostas dos entrevistados, agora em 2016, indicaram, nas seguintes proporções, os itens avaliados como relevantes, como se demonstra a seguir:

Gráfico 6 – Procedimentos de trabalho dos TCs na percepção do corpo deliberativo

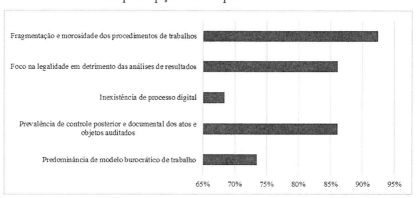

Considerando os problemas anteriormente verificados, elaboramos nosso questionário em 2016 com destaque para a verificação da persistência dos seguintes problemas: predominância de modelo

burocrático de trabalho, prevalência de controle posterior e documental dos atos e objetos auditados, inexistência de processo digital, foco na legalidade em detrimento das análises de resultados, fragmentação e morosidade dos procedimentos de trabalhos.

Chama a atenção como, na percepção do corpo deliberativo, a questão da não digitalização do processo e do modelo burocrático é menos importante que as demais questões levantadas.

A fragmentação e morosidade dos procedimentos, indicada como relevante por 91,36% das respostas, o foco na legalidade dos atos, por 85,19%, e a prevalência de um controle posterior à sua prática, por 85,19%, são atualmente os grandes problemas na visão do corpo deliberativo, composto por Ministros, Ministros substitutos, Conselheiros e Conselheiros substitutos.

Esse resultado é altamente coerente, como veremos em item posterior, com os problemas mais relevantes verificados em relação à eficácia dos Tribunais de Contas, demonstrando que há uma visão clara de que os procedimentos de trabalho são fundamentais para o controle eficaz.

Por outro lado, os comentários em campo aberto à questão dos procedimentos de trabalho destacaram, agora em 2016, a importância da integração interna dos TCs, uma vez que foi ressaltada a persistência de abordagens e procedimentos díspares pelos relatores, e mesmo pelas unidades de instrução, como se demonstra:

> Falta de padronização ou de aplicação de padrões de procedimentos estabelecidos nas atividades de fiscalização, inclusive no tocante aos critérios de escolha das entidades e objetos fiscalizados, assim como em relação aos critérios utilizados para o julgamento dos processos derivados. Existência, na estrutura organizacional, de unidades com função fiscalizadora controladas por conselheiros.[168]

5.5.8 Eficiência

Como eficiência, entende-se a capacidade de realizar, a tempo e modo, os objetivos organizacionais com o menor custo operacional possível. Nesse sentido, compreendemos nesse conceito os seguintes possíveis problemas: quantidade insuficiente de pessoal, pessoal com baixa qualificação, excesso de processos por relator, estrutura física

---

[168] Nesse sentido, vide Apêndice B com as respostas abertas coletadas na pesquisa qualitativa empreendida (*survey*) em 2016.

de trabalho (equipamentos de informática, papéis de trabalho etc.) insuficiente, falta de integração entre o colegiado, e entre os Conselheiros e o corpo técnico, acerca de entendimentos, prioridades e visão sobre a atividade de controle.

Esses itens, como se pode perceber, influenciam diretamente na eficiência do trabalho, tendo sido abordados em 2001, o que levou à conclusão de que "o parque de informática vem sendo implantado sem um plano diretor. Profissionais preparados para desenvolver e alimentar sistemas são exceções e não a regra, dentro dos TCs" (MAZZON; NOGUEIRA, 2002, p. 18).

As críticas à época também envolveram a descontinuidade administrativa, com a consequente elevação dos custos (MAZZON; NOGUEIRA, 2002, p. 20).

No que tange à percepção do corpo deliberativo a respeito da eficiência, em 2007, o IRB ressaltou que a baixa eficiência dos TCs poderia estar ligada, na percepção do corpo deliberativo, à questão da baixa qualificação ou falta de pessoal (INSTITUTO RUI BARBOSA, 2007, p. 26).

Já os dados ora coletados indicam os problemas apontados como relevantes, destacando-se a falta de integração interna, como se demonstra:

Gráfico 7 – Eficiência dos TCs na percepção do corpo deliberativo

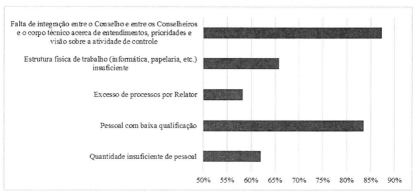

A baixa qualificação de pessoal e a falta de integração entre o conselho e entre os Conselheiros e o corpo técnico foram, mais uma vez, em 2016, os problemas ressaltados relativos à eficiência dos TCs, em consonância com outros aspectos da pesquisa.

A falta de integração interna reflete a fragmentação dos procedimentos de trabalho, enquanto a baixa qualificação, como veremos adiante, reflete a insuficiência dos critérios de avaliação e a baixa inovação nas rotinas de trabalho, mesmo com o passar dos anos.

Nos comentários em campo aberto foram destacados o excesso de cargos comissionados e ocupados por pessoas despreparadas, bem como foi, mais uma vez, lembrada a persistência de abordagens e procedimentos díspares pelos relatores e mesmo pelas unidades de instrução e Ministério Público de Contas.

5.5.9 Eficácia

A eficácia dos TCs é aqui compreendida como a capacidade de atingir, desconsiderando os custos, os objetivos institucionais. Isola-se a variável custo por estar mais diretamente vinculada aos aspectos de eficiência e economicidade.

As variáveis atinentes ao custo total dos TCs, aos montantes auditados, à quantidade de multas e débitos imputados aos responsáveis e ao quantitativo recolhido aos cofres da Administração, entre outros fatores objetivamente mensuráveis, foram escolhidas por representar, de maneira objetiva, a capacidade de contribuir para o controle da Administração Pública.

A compreensão de eficácia pode ser feita por diversos matizes. Para os objetivos ora propostos e para a comparação dos dados atuais com aqueles anteriormente levantados pelas pesquisas realizadas em 2001 e 2007, limitamo-nos às variáveis anteriormente perscrutadas.

A importância de aferir quais problemas interferem na eficácia dos Tribunais de Contas decorre de conclusão, trazida em 2001, segundo a qual "a falta de personalidade jurídica dos TCs dificulta sobremaneira a eficácia prática das decisões proferidas (menos de 5% dos débitos e multas imputados são recolhidos aos cofres públicos)" (MAZZON; NOGUEIRA, 2002, p. 7).

A baixa eficácia dos TCs, na percepção do corpo deliberativo em 2001, foi atribuída aos seguintes fatores: eficácia das decisões depende de outras instituições, queixas quanto à ausência de personalidade jurídica dos TCs (MAZZON; NOGUEIRA, 2002, p. 14; 19), influências políticas, valor das multas, legislação eleitoral, desinteresse da Procuradoria-Geral do Estado, falta de sinergia entre Ministério Público e Procuradoria, falta de personalidade jurídica dos TCs, falta de Procuradoria exclusiva (FUNDAÇÃO INSTITUTO DE ADMINISTRAÇÃO, 2016).

Para refletir a dificuldade dos TCs de atingir esses resultados materiais, independentemente da capacidade do órgão em processar formalmente aquilo que é de sua competência, identificamos os mesmos possíveis problemas anteriores a impactar a eficácia do sistema, além de prioridade da análise de legalidade em detrimento da análise de economicidade, de resultados e de lentidão do Poder Judiciário. A relevância dos possíveis problemas referentes à eficácia foi indicada pelos inquiridos conforme demonstramos no gráfico a seguir:

Gráfico 8 – Eficácia dos TCs na percepção do corpo deliberativo

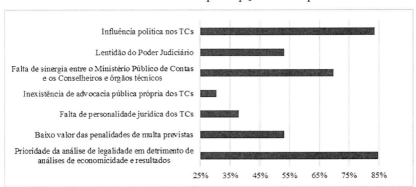

Diferentemente da percepção em 2001, a falta de personalidade jurídica dos TCs e a inexistência de advocacia pública própria desses órgãos não foram, agora em 2016, fatores considerados relevantes para a melhor atuação das Cortes de Contas.

Em comentário no campo de resposta livre, inclusive, foi indicado que não seria necessária a criação de novos órgãos nos TCs, sendo que o adequado funcionamento do Ministério Público de Contas e das Procuradorias de Justiça seria suficiente para que os resultados dos julgados gerassem seus efeitos práticos.

A lentidão do Poder Judiciário e o baixo valor das multas aplicadas não alcançaram 60% de indicações de relevância, demonstrando que esses aspectos também já não preocupam tanto os responsáveis pelas deliberações dos TCs, atualmente.

Por outro lado, dois problemas, quinze anos após a primeira pesquisa, ainda saltam aos olhos quanto à sua relevância como obstáculos à eficácia dos TCs: a prioridade da análise de legalidade em detrimento de análises de economicidade e resultados (não apontada anteriormente), indicada em 83,95% das respostas catalogadas, e a influência política nos TCs, com 82,72% de indicações.

A influência política, inclusive, foi ressaltada nos comentários em campo aberto,[169] ao ser indicada a necessidade de se compor o corpo julgador por Conselheiros independentes e concursados. Também foi destacado o fato de disputas políticas impedirem o pleno exercício da atividade pelo Conselheiro, sendo necessário dotar o corpo julgador de Conselheiros independentes.

Deu-se destaque ainda ao fato de que disputas políticas internas impedem o exercício pleno das funções de judicatura por parte dos Ministros e dos Conselheiros substitutos, nos termos da Constituição da República de 1988.

Também, foi expressiva a indicação de relevância do item referente à sinergia entre Ministério Público de Contas, Conselheiros e órgãos técnicos, sugerindo que uma atuação isolada e formal desses órgãos não contribui para a eficácia do Sistema Nacional de Controle Externo (SNC).

5.5.10 Recursos humanos

Os recursos humanos foram objeto de extensa discussão na pesquisa de 2001. Segundo os dados levantados pelos pesquisadores da FIA/USP, o diagnóstico de pessoal apontava

> (...) carências no tocante ao planejamento e acompanhamento dos recursos humanos, objetivamente observados na defasagem dos planos de cargos, salários e carreiras, dos desníveis entre cargos técnicos e de direção e da ineficácia de instrumentos de avaliação, premiação e sanção. (MAZZON; NOGUEIRA, 2002, p. 2)

A percepção do corpo deliberativo à época, por sua vez, foi sintetizada no sentido de que há contínua perda de mão de obra qualificada, não há plano estratégico de capacitação, os indicadores não eram suficientes para apurar eficiência e produtividade (MAZZON; NOGUEIRA, 2002, p. 17), bem como se afirmou que a visão dos servidores era limitada por práticas cristalizadas (FUNDAÇÃO INSTITUTO DE ADMINISTRAÇÃO, 2016).

Já em 2007, o IRB concluiu que os principais problemas e soluções que permeavam a gestão dos recursos humanos dos TCs eram a

---

[169] Nesse sentido, vide Apêndice B com as respostas abertas coletadas na pesquisa qualitativa empreendida (*survey*) em 2016.

capacitação e o plano de cargos e salários (INSTITUTO RUI BARBOSA, 2007, p. 27).

Para captar a evolução da percepção do corpo deliberativo acerca das questões referentes aos recursos humanos dos TCs, identificamos em 2016 os seguintes possíveis problemas: baixa motivação e interesse dos servidores e funcionários, raio de visão limitado por práticas arraigadas, pouco investimento em capacitação, critérios de avaliação e desempenho insatisfatórios, avaliações de servidores pouco confiáveis por conterem critérios subjetivos, dificuldade em manter pessoal qualificado, insatisfação com plano de cargos e salários, progressão não associada ao mérito, insatisfação com salários e baixa eficácia de mecanismos de incentivo e punição.

De um modo geral, ainda são relevantes os problemas verificados na gestão de recursos humanos, destacando-se a baixa motivação e interesse, em regra. Entretanto, veja-se que a insatisfação com salários e com os planos de carreira já não representam problemas considera- velmente relevantes para os membros dos TCs. Isso nos sugere que, de um modo geral, as carreiras, consideradas em seu aspecto formal, e a valorização salarial foram corrigidas ao longo desses quinze anos.

Por outro lado, a efetiva qualificação dos servidores e os mecanismos de motivação, que vão além da questão salarial, ainda preocupam. Foram indicados como relevantes por mais de 80% dos respondentes os seguintes problemas: baixa motivação e interesse dos servidores, 87,65%; critérios de avaliação de desempenho insatisfatórios, 85,19%; progressão não associada ao mérito, 82,72%; raio de visão limitado em função de práticas cristalizadas, 82,72%; e baixa eficácia dos mecanismos de incentivo e punição, 83,95%.

Chama a atenção o fato de que o corpo deliberativo dos Tribunais de Contas destaca a capacitação técnica de seus servidores como um dos grandes patrimônios intelectuais. A seu turno, o destaque dado ao fato negativo da progressão não associada ao mérito impende inferir a grande interferência política na gestão administrativa dos TCs.

A proporção em que foram apontados como relevantes foi a seguinte, conforme se demonstra:

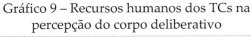

Gráfico 9 – Recursos humanos dos TCs na percepção do corpo deliberativo

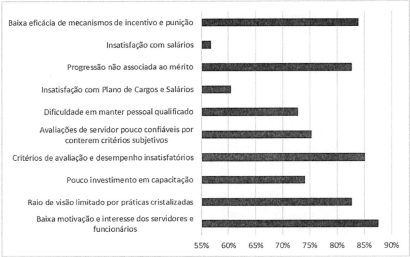

Como vemos no gráfico acima, apenas a valorização financeira e a capacitação formal não são suficientes para gerar motivação e melhorar as práticas do serviço público. As causas da continuidade desse problema são múltiplas e complexas.

De modo a perscrutar novas práticas que possam corrigir tais problemas, convém lançar a visão sobre o modelo institucional dos Tribunais de Contas, que foi desenhado pelo Constituinte da década de 80 do século passado, o qual não acompanha as demandas sociais atuais de controle da Administração voltado para o combate à corrupção.

Tal tendência se repete nos comentários lançados nos campos para respostas livres pelos próprios membros dos Tribunais de Contas pesquisados, entre elas: a desigualdade de condições de trabalho entre diferentes unidades, em termos de quantidade e qualidade de pessoal; unidades sob controle de conselheiros com excedente de pessoal qualificado, mas presumivelmente ocioso, e intocável; a falta de valorização do profissional (sentir-se como pessoa importante para a instituição); baixa receptividade e credibilidade por parte do corpo gerencial em relação à inserção de práticas contemporâneas de gestão do desempenho; e considerável resiliência frente a iniciativas de desenvolvimento gerencial.[170]

---

[170] Conforme comentários lançados nos campos para respostas livres da pesquisa empreendida. Vide Apêndice B.

Como se pode perceber, para além da consolidação de uma carreira atraente, bons salários e capacitação formal, é preciso que sejam estabelecidos novos parâmetros de valorização e incentivo dos servidores, propiciando que eles trabalhem em prol da Administração, empenhando-se na preservação do interesse público e envolvidos com a efetividade do controle externo.

5.5.11 Prioridade para ações e investimentos

Como destacado anteriormente, a pesquisa realizada no ano de 2001 foi contratada a fim de subsidiar as definições de prioridade de investimento propiciado pelo Programa de Modernização do Controle Externo de Estados, Distrito Federal e Municípios Brasileiros – Promoex.

Naquele contexto, a pesquisa realizada, publicada em 2001, trouxe, no cenário de incipiente modernização dos TCs, as seguintes prioridades de investimento para o programa que se iniciava: capacitação, consultoria, equipamentos (informática), equipamentos (apoio e comunicação) e infraestrutura (obras e instalações) (FUNDAÇÃO INSTITUTO DE ADMINISTRAÇÃO, 2016).

Como se podem perceber, à época, as prioridades de investimento estavam em elementos básicos do funcionamento dos TCs, como infraestrutura, *hardware* de tecnologia da informação, consultoria e capacitação, já que elementos mínimos não estavam presentes.

A evolução das necessidades de investimento foi analisada, em 2007, pelo IRB, uma vez que os membros dos TCs foram questionados apenas naquilo que era concernente ao diagnóstico de 2001, demonstrando que, dos cinco pontos-chave de investimento apontados em 2001, permaneciam como uma necessidade em 2007 os investimentos em informatização e capacitação (INSTITUTO RUI BARBOSA, 2007, p. 17).

Para se verificar, em 2016, a evolução da tendência de investimento na percepção do corpo deliberativo dos TCs, portanto, decidimos questionar a relevância de investimento dentre os sete grandes grupos verificados nesta pesquisa: imagem institucional, integração externa, planejamento, procedimentos de trabalho, eficiência, eficácia e recursos humanos.

O pressuposto é que a indicação genérica desses grandes grupos já incluiria, na sua compreensão, aqueles itens apontados como relevantes pelos inquiridos, sendo esses itens os que deveriam ser objeto de investimento, no olhar do corpo deliberativo dos TCs.

Dos pontos abordados, os mais expressivamente citados foram a prioridade de investimentos em eficiência, indicada por 81,48% dos respondentes, e em eficácia, com 82,72% de citações.

Em relação à eficiência, lembramos que os dois pontos indicados como mais relevantes foram a baixa qualificação do pessoal e a falta de integração entre os atores internos dos TCs. Isso nos faz concluir que, mesmo com todo o investimento dos últimos quinze anos, a tendência de investimentos em capacitação se mantém desde 2001.

Sob esses critérios, a necessidade de investimento foi indicada como relevante na seguinte proporção, conforme se demonstra no gráfico abaixo:

Gráfico 10 – Prioridade para ações e investimentos na percepção do corpo deliberativo

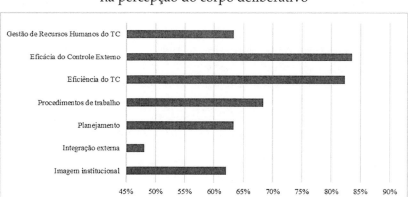

Essa constância da necessidade de investimento na qualificação do pessoal pode resultar tanto da necessidade de atualização de novos servidores, como pode também refletir o problema indicado em relação a práticas de trabalho limitadas.

Por outro lado, a expressiva indicação da prioridade de investimento em eficácia indica que as Cortes de Contas já solucionaram parte expressiva de seus problemas de base verificados em 2001. Isso porque, dos itens considerados como relevantes para os membros do corpo deliberativo, aqueles mais expressivos, na pesquisa empreendida em 2016, foram a influência política nas Cortes e a prioridade de análise de legalidade em detrimento da análise de economicidade.

Ora, se não há prioridade de investimento nas áreas básicas, enquanto se pretende investir em áreas que representam uma evolução na atuação das Cortes de Contas, é possível inferir que os problemas mais básicos, como infraestrutura e equipamentos, já não representam grande preocupação, na visão do corpo deliberativo.

Assim, vemos, pelas prioridades de investimento apontadas, que os membros dos TCs, atualmente, pensam já na evolução e no aprimoramento da atividade do controle, existindo grande preocupação com qualificação dos servidores, com a melhoria das práticas de controle para incluir os benefícios decorrentes das análises de economicidade, bem como para que se exclua a influência política dos TCs, propiciando uma atividade técnica mais eficaz.

Esse último ponto, inclusive, foi objeto de comentário no campo livre do item referente à prioridade de investimento, por meio da citação abaixo, reproduzida *ipsis litteris*:

> (…) saneamento da composição (eliminação de membros condenados judicialmente ou sem requisitos) e da escolha de membros com observância dos requisitos, mudando-se o critério de escolha de conselheiros instituindo o concurso público.[171]

Por fim, ressaltamos que a pesquisa quantitativa e qualitativa ora empreendida foi realizada segundo os critérios paramétricos estatísticos preconizados pela norma ABNT (2003).

De tudo que se verificou na pesquisa empreendida, constata-se a necessidade de profunda mudança institucional, de modo a que os Tribunais de Contas, finalmente, sejam engajados na luta anticorrupção. Tal desiderato é urgente. A crise fiscal e institucional se alastra no país, e muito da crise tem origem na atuação sujeita a interferências de toda ordem, conforme apontado pelos próprios membros da instituição.

5.6 Tribunais de Contas com função anticorrupção (TJCs)

Inobstante as fragilidades apontadas, é imperioso reconhecer avanços advindos desde a edição da atual Constituição da República de 1988 no modelo de composição dos TCs, com a indicação de 1/3 do colegiado por origem técnica (membros concursados, Conselheiros ou Ministros substitutos e Procuradores); nos resultados do Programa de Modernização e Aprimoramento dos Tribunais de Contas (Promoex); bem como no Programa Qualidade e Agilidade dos Tribunais de Contas (QATC).

---

[171] Conforme comentário lançado no campo para respostas livres da pesquisa empreendida em 2016. Vide Apêndice B.

Porém, tais avanços são insuficientes para assegurar aos Tribunais de Contas condições suficientes para que eles exerçam em plenitude as competências típicas do controle externo, em especial, para enfrentamento da corrupção que repercutem na opacidade do Poder, na efetiva possibilidade de instauração de instância de autoritarismo, consoante Schedler (1999).

Em relação ao controle externo, três funções destacam-se: a de auditoria governamental; a de julgamento das contas dos ordenadores de despesa e emissão de parecer prévio nas contas do Chefe do Poder Executivo; e a de defesa da sociedade e do Estado, nos termos do art. 71 da Constituição da República de 1988.

A obediência às normas da International Organization of Supreme Audit Institutions (INTOSAI) é o cerne do argumento lógico para que os avanços necessários ocorram, reconhecendo-se não apenas a natureza do trabalho de auditoria, como também a natureza técnica da ação de controle externo (nos termos do art. 71, da CR/88).

É preciso que essa função típica de Estado seja desempenhada com autonomia funcional e independência pessoal pela atuação voltada à realização do verdadeiro mister do controle.

Assim, o quadro instalado de corrupção generalizada na Administração Pública e de crise fiscal profunda reclama reforma do modelo constitucional dos Tribunais de Contas, de modo a que tal órgão se engaje nos esforços preventivos e repressivos do fenômeno.

Do ponto de vista da governança pública, é fundamental que os Tribunais de Contas atuem de forma a possibilitar o alinhamento de seus objetivos institucionais aos interesses do povo, que é o titular do poder público.

Devem, pois, propiciar ainda a otimização na produção de resultados e a melhoria na eficiência da aplicação dos recursos públicos, assim possibilitando a maior e melhor oferta de serviços públicos à sociedade (BRASIL, TCU, 2015, p. 5), punindo aqueles que se afastem desse desiderato.

A atualização do sistema Tribunais de Contas pela inclusão de funções específicas anticorrupção revela-se como possível sob o ponto de vista de planejamento estratégico e logístico, no campo do controle do setor público.

A opção pelo TC como órgão centralizador anticorrupção se justifica na arquitetura constitucional do Estado brasileiro por razões de ordem institucional e legal, capazes de assegurar os benefícios do modelo proposto.

Após os esforços para aprimoramento dos Tribunais de Contas brasileiros, especialmente após a implantação do projeto Promoex, pode-se de fato perceber o conjunto de cortes de contas locais, estaduais e da União como efetivo sistema de controle externo, com matriz constitucional acerca: (i) de suas funções (art. 70, *caput*, CR/88); (ii) do exercício da *accountability* democrática[172] (parágrafo único do art. 70, CR/88); (iii) de suas competências típicas de controle externo (art. 71, CR/88); (iv) de sua composição (art. 73, CR/88); (v) do estabelecimento de conexões com o controle interno da Administração Pública de todos os poderes (art. 74, CR/88); e (vi) de abertura para o exercício da participação e controle social, nos termos do §2º do art. 74 da CR/88.

A plausibilidade da sua modernização, a fim de que se tornem o melhor para o Estado e para a sociedade brasileira, dentro da realidade hodierna, é fato.

A atuação como órgão anticorrupção, ao lado do Ministério Público de Contas, demandará reforma constitucional, de modo a propiciar o empoderamento e maior protagonismo do MPC em seu papel de parte e de *custos legis*.

A assunção das funções anticorrupção pelos Tribunais de Contas requer o reforço de propósitos e ações específicas para o desempenho do mister anticorrupção no atual cenário, com menores custos, com potenciais melhores resultados, tendo em conta os recursos tecnológicos e de inteligência já disponíveis e aptos ao exercício do controle.

Entendemos que o caminho para a mudança está na transformação dos Tribunais de Contas em órgãos judiciais anticorrupção, o que promoverá, entre outros avanços, a efetividade das decisões das Cortes de Contas.

Tal ideia não é necessariamente nova, não tendo vicejado pelo fato de que "ofertar às cortes de contas autonomia para promover a responsabilidade implica redução do poder político" (MARTINS, 1992, p. 39).

Ives Gandra da Silva Martins e Celso Ribeiro Bastos (2000) já defendiam, por ocasião da Assembleia Nacional Constituinte de 1988, que os Tribunais de Contas assumissem a função de órgãos judiciais "cujos cargos haveriam de ter provimento inicial nos moldes de carreira judiciária" (MARTINS; BASTOS, 2000, p. 14).

A ideia não vingou e, atualmente, os problemas que afligiam os Tribunais de Contas, como vaticinara Ives Gandra, parecem ter vicejado.

Uma das principais razões é a atuação das Cortes de Contas muito mais como "um poder vicário e menor do Congresso Nacional

---

[172] *Accountability* democrática é valor democrático oriundo da delegação de poder, da soberania popular a todo agente público (agente político e agente administrativo), com vínculo direto ou indireto, permanente ou não permanente, o qual deve prestar contas de seus atos à sociedade, mediante os controles constitucionais republicanos (eleição, plebiscito, referendo) ou pelos controles instituídos pelo Estado, inseridos no sistema de controle da administração, quais sejam, controle externo, controle interno e controle social. Cf. SERRA, 2012.

(...). É, portanto, um singelo poder acólito do Poder Político enquistado no Congresso Nacional" (MARTINS; BASTOS, 2000, p. 42).

Passados quase trinta anos de vigência da CR/88, a ideia de uma terceira vertente do Poder Judiciário, qual seja, a responsabilizadora da Administração Pública, ao lado da administração da justiça e da preservação (MARTINS; BASTOS, 2000, p. 17) da Constituição, revela-se mais que atual.

Isso porque, conforme a pesquisa empreendida abordada em tópico anterior, as causas para a inefetividade das Cortes de Contas ainda estão presentes, não se mostrando suficientes as prescrições da CR/88 para o exercício independente do controle da execução do orçamento público.

Como já postulado por Ives Gandra e Celso Bastos (2000, p. 15), "não se indicariam amigos do detentor do poder para compô-lo, mas escolher-se-iam magistrados vocacionados para a carreira e selecionados em concurso".

A importância do controle independente das finanças públicas por parte de um Tribunal Judicial de Contas é crucial para a manutenção do equilíbrio orçamentário do Estado, evitando-se a arrogância dos poderosos e a gestão temerária dos recursos públicos, como advertia Louis Trotabas (1972).

Procedendo-se à reforma constitucional há muito necessária, ganhará a sociedade em face do controle independente dos gastos públicos, não vinculados aos humores dos detentores temporários do poder, de modo a que não se venha a ocultar "aspectos da fiscalização que possam atingir os amigos dos controladores do Poder Legislativo", como afirmaram Gandra e Bastos, para quem, "quando o Tribunal de Contas for um Tribunal e não um órgão consultivo, sua fiscalização será maior" (MARTINS; BASTOS, 2000, p. 18).

De fato, na perspectiva do combate à corrupção, observa-se que o Brasil passou por reformas administrativas que, de um lado, reforçaram o controle burocrático e, de outro, aprimoraram os instrumentos de transparência e os processos. No entanto, tais reformas não foram seguidas pelo aperfeiçoamento do controle pelo Judiciário, uma vez que

> (...) estas mudanças não foram acompanhadas de mudanças no controle judicial, tendo em vista códigos de processo ultrapassados, baixa efetividade das sanções administrativas e baixa efetividade das sanções penais. (FILGUEIRAS; ARANHA, 2011)

A defesa do aperfeiçoamento do controle judicial por meio da transformação dos TCs em Cortes Judiciais não implica ignorar a feição política da corrupção,[173] mas sim reconhecer que o Judiciário e, nesse caso, com especial destaque, também o Ministério Público, devem necessariamente compor frente firme e especializada de controle da corrupção no Brasil, desenvolvendo suas tarefas com eficiência e efetividade, em respeito ao devido processo legal.

O reconhecimento da relevância do Poder Judiciário no combate à corrupção se revela, por exemplo, no estabelecimento de meta pelo Conselho Nacional de Justiça (CNJ) atinente às ações de improbidade administrativa e aos crimes contra a Administração Pública, visando à maior celeridade e tempestividade no processamento e julgamento dessas causas.

De acordo com o CNJ, a previsão da denominada "Meta 4" está voltada à celeridade na tramitação das ações de improbidade administrativa e das ações penais relacionadas a crimes contra a Administração Pública (BRASIL, CNJ, 2014).

No contexto de permitir ao Judiciário posição de destaque no combate à corrupção, há quem defenda a criação de varas especializadas na Justiça com a atribuição de processar e julgar ações que tenham a corrupção (nesse caso, a corrupção praticada em desfavor da Administração Pública) como objeto (HERDY, 2016).

Para além da proposta de criação de varas especializadas na Justiça, e diante do contexto de crise do modelo vigente, é possível conceber uma nova organização judiciária no Brasil que passe a contar com estrutura orgânica especificamente voltada ao controle da corrupção.

Nessa nova organização, defendemos que os Tribunais de Contas, órgãos de controle da correta aplicação dos recursos públicos, passem a integrar o Poder Judiciário como órgãos especializados no combate à corrupção. A um só tempo, passariam a exercer funções correlatas às das agências anticorrupção, no que toca à repreensão, e ganhariam em efetividade, no que tange às suas decisões.

Cabe ressaltar que a ideia de Tribunais ou Cortes anticorrupção já foi adotada em outros países, não sendo exatamente uma novidade, havendo experiências heterogêneas com esse escopo,[174] principalmente em países do Leste Europeu, da Ásia e da África (SCHÜTTE, 2016).

---

[173] Para os autores, o foco demasiado no controle criminal da corrupção ocorre dentro de uma "(...) lógica de criminalização gradativa da ação política, por meio da qual o problema das instituições democráticas é configurado pela lógica do direito penal. Isso derroga a capacidade das instituições políticas de resolver seus próprios problemas, transferindo ao direito o controle das delinquências do homem público". In: AVRITZER; FILGUEIRAS, 2010.

[174] Conferir, nesse sentido: Martini, 2014; Institute for Democracy and Electoral Assistance (IDEA), 2014, p. 103; e Furtado, 2015.

Com base na literatura especializada, observa-se que a criação de Cortes anticorrupção visa a enfrentar dois problemas em especial: a lentidão e a ineficiência no processamento e julgamento de casos de corrupção nas cortes não especializadas e/ou a corrupção no próprio Poder Judiciário, naqueles países em que existe.

O Brasil apresenta a necessidade de conferir maior eficiência e efetividade ao Judiciário como um todo e, especificamente, aos órgãos imbuídos do processamento e julgamento de causas que versem sobre corrupção pública.

Um Judiciário independente e efetivo é um componente essencial de qualquer política anticorrupção, ao lado de um Ministério Público também gozando de independência, capacidade e integridade suficiente para levar adiante acusações contra pessoas em posição de poder na máquina pública. Nesse sentido, os modelos de Corte e *parquet* variam no que tange ao combate à corrupção, sendo encontradas três variantes básicas (INSTITUTE FOR DEMOCRACY AND ELECTORAL ASSISTANCE, 2014).

Em primeiro lugar, há o modelo de processamento multipropósitos,[175] o mais usual, em que os casos de corrupção são processados no sistema judicial comum, sem que existam procedimentos ou instituições específicas para lidar com as causas envolvendo corrupção. Esse é o modelo atualmente verificado no Brasil.

Também se identifica o tipo de arranjo no qual há uma corte especializada, ou um ramo específico do Poder Judiciário, destinado a lidar exclusivamente com casos de corrupção. Essas são as cortes anticorrupção propriamente ditas. Nesse modelo, a atuação do órgão especializado é provocada por um Ministério Público multipropósitos (ou seja, não especializado) ou por promotores especializados.

Por fim, há o modelo em que o promotor especializado (que pode integrar ou não uma unidade especializada dentro do Ministério Público) atua exclusivamente no processamento de ofensas atinentes à corrupção. Esse arranjo pode ser combinado com a existência de corte anticorrupção. Nesse ordenamento, o promotor especializado geralmente integra agência anticorrupção do tipo *law enforcement*.

A distinção primordial entre a promotoria especializada e as agências anticorrupção está no fato de que a primeira necessariamente exerce poderes investigativos e de processamento, o que nem sempre

---

[175] Tradução livre de "all-purpose prosecutorial model". Cf. Institute for Democracy and Electoral Assistance (IDEA), 2014, p. 102.

acontece com as agências, que podem se concentrar essencialmente no desempenho de atribuições preventivas e pedagógicas (INSTITUTE FOR DEMOCRACY AND ELECTORAL ASSISTANCE, 2014).

No caso do Brasil, é primordial que as Cortes Judiciais de Contas com funções anticorrupção adotem processualística própria, a ser veiculada em diploma legal específico (uma lei federal de conteúdo nacional, cujas disposições poderão ser regulamentadas por Estados e Municípios, em atenção aos interesses regionais e locais, respectivamente).

As normas do Novo Código de Processo Civil (Lei nº 13.105/2015) poderão ser aplicadas subsidiariamente. O objetivo é que o processamento das causas seja célere, respeitados os preceitos do devido processo legal. Também deve ser adaptada a atuação do já existente Ministério Público de Contas, apto a atuar perante tais cortes especializadas.

Vale mencionar que essa transformação está em consonância e vai além do consignado em algumas Propostas de Emenda à Constituição (PECs) que ainda estão em fase de estudos e elaboração e que têm a finalidade de tornar mais objetivos os requisitos para nomeação de Conselheiros nos Tribunais de Contas[176] e de estabelecer norma nacional de processo de contas.

É nesse contexto que a transposição das atuais estruturas dos Tribunais de Contas para o Poder Judiciário exigirá alterações no modelo constitucional desses órgãos, ao mesmo tempo em que demandará adaptações estruturais nos órgãos cujas competências lhe são conexas, como é o caso do Ministério Público de Contas.

A inspiração para a nova estrutura judiciária vem de experiências internacionais e também dos ramos da justiça especializada existentes no Brasil: Justiça Eleitoral, Justiça do Trabalho e, em especial, a Justiça Militar.

Quanto aos modelos internacionais, devido à relativa similitude dos regimes jurídicos em que se inserem e a realidade brasileira, citam-se os Tribunais da Bélgica e da França, que se organizam como tribunais administrativos.

Além desses, há vários modelos que servem de inspiração para uma maior efetividade do sistema de controle, os quais passaremos a analisar, não sem antes demonstrar abaixo a organização judiciária brasileira atual:

---

[176] Vide BRASIL. Senado Federal. *Proposta de Emenda à Constituição nº 40,* de 2016. Disponível em: <http://www25.senado.leg.br/web/atividade/materias/-/materia/126520>. Acesso em: 7 nov. 2016; e BRASIL. Senado Federal. *Proposta de Emenda à Constituição nº 27,* de 2007. Disponível em: <http://www25.senado.leg.br/web/atividade/materias/-/materia/80442>. Acesso em: 7 nov. 2016.

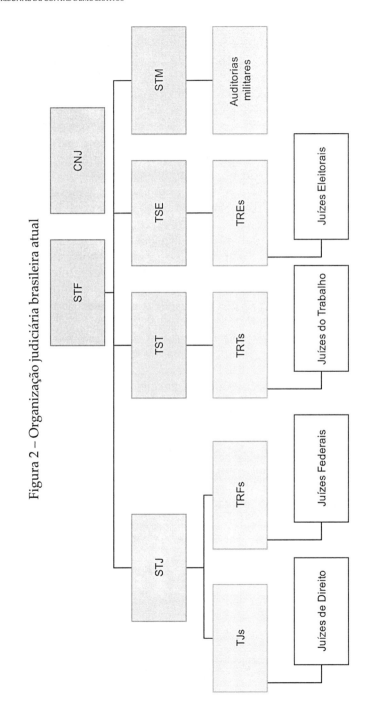

Figura 2 – Organização judiciária brasileira atual

5.6.1 Estruturas anticorrupção existentes

O modelo de Tribunal de Contas de Portugal[177] merece ser conhecido, uma vez que, pertencendo ao Poder Judiciário, serve de inspiração para os órgãos judiciais de contas cuja criação se propõe no Brasil.

O Tribunal de Contas de Portugal é a instituição suprema de fiscalização e controle de dinheiros e valores públicos do país, nos termos da Constituição da República Portuguesa de 1976, com a redação da VII revisão constitucional, de 2005.

O art. 214 atribuiu-lhe a natureza de Tribunal Superior, incluindo-o no elenco de órgãos de soberania e, juntamente com o Tribunal de Contas Europeu, faz parte da rede europeia de instituições superiores de controle financeiro.

Em Portugal, o Tribunal de Contas é a entidade máxima responsável pelo controle externo e auditoria sobre a utilização e gestão de dinheiros e valores públicos, independentemente de quem os utiliza ou deles se beneficie.

Tal configuração institucional possibilita ao Tribunal de Contas prolatar decisões sobre a legalidade, a economicidade, a eficiência e a eficácia da gestão, bem como sobre a confiança dos sistemas de controle interno.

Resta claro que não se trata de fazer apreciações de natureza política sobre as opções tomadas pelos governos, mas sim de proceder à avaliação técnica e econômica sobre o modo como os dinheiros públicos, provenientes das receitas cobradas aos contribuintes, é utilizado e aplicado.

Além da função de controle financeiro, o Tribunal de Contas português possui em exclusividade a competência jurisdicional para julgar infrações financeiras que envolvam dinheiros ou valores públicos, sendo composto, na sede, pelo Conselheiro Presidente e por 16 Juízes Conselheiros.

O Presidente do Tribunal de Contas é nomeado pelo Presidente da República, sob proposta do governo, para um mandato de quatro anos. Os Juízes Conselheiros são nomeados por concurso curricular.

O Tribunal de Contas português conta ainda com a presença do Ministério Público, sendo representado na sede pelo Procurador-Geral da República (que pode delegar suas funções a um ou mais

---

[177] Saiba mais sobre o Tribunal de Contas de Portugal no site <https://www.tcontas.pt/>. Acesso em: 17 mar. 2018.

Procuradores-Gerais Adjuntos) e, nas seções regionais, pelo Magistrado designado para o feito pelo Procurador-Geral da República.

Em consequência do princípio da separação de Poderes, o Tribunal de Contas português é totalmente independente, com autonomia administrativa, financeira e patrimonial. Seus Juízes Conselheiros são inamovíveis.

Esse Tribunal se encontra estruturado em três seções ou câmaras especializadas, cada uma com competências próprias e distintas. Nas regiões autônomas, as seções ou câmaras únicas são de competência genérica.

A Lei nº 48, de 26 de agosto de 2006,[178] que alterou a Lei de Organização e Processo do Tribunal de Contas, permitiu a extensão da responsabilidade financeira a todos os gestores e utilizadores de dinheiros públicos, independentemente da sua natureza (pública ou privada).

Assim, o Tribunal de Contas pode acompanhar os dinheiros e valores públicos onde quer que se encontrem. Operou-se, assim, um alargamento da jurisdição, sujeitando ao seu controle todas as entidades que administram dinheiros públicos, incluindo empresas públicas, associações e fundações, bem como as entidades de direito privado que gerem dinheiros públicos.

Procedeu-se ao reforço da fiscalização concomitante a um aperfeiçoamento do regime de responsabilidade financeira, por meio da concretização dos conceitos geradores de responsabilidades financeiras reintegratórias, ou seja, devolução ao erário em caso de desvio.

Os poderes do Ministério Público junto ao Tribunal de Contas português saíram reforçados na medida em que agora dispõem de competência para proceder às diligências necessárias para a apuração dos fatos relevantes em processos de responsabilidade financeira.

As alterações à lei orgânica permitiram uma melhor coordenação com os órgãos de controle interno, nomeadamente no que se refere aos relatórios de auditoria e de controle.

Da experiência portuguesa, ressalte-se, há que se destacar o alargamento da jurisdição do Tribunal de Contas, ocorrida em 2006, sujeitando-se ao seu controle todas as entidades que administram dinheiros públicos, incluindo empresas públicas, associações e fundações, bem como as entidades de direito privado que gerenciem recursos repassados.

---

[178] PORTUGAL. Procuradoria-Geral Distrital de Lisboa. *Lei nº 48*, de 29 de agosto de 2006. Disponível em: <http://www.pgdlisboa.pt/leis/lei_mostra_articulado.php?nid=877&tabela=leis>. Acesso em: 7 nov. 2016.

No tocante às justiças especializadas do Brasil, que fornecem subsídios para a concepção do desenho institucional dos Tribunais Judiciais de Contas, cita-se, em especial, a Justiça Militar da União, cujos julgamentos da primeira instância competem a um órgão colegiado,[179] denominado Conselho de Justiça, o qual se divide em Conselho Especial de Justiça e Conselho Permanente de Justiça.[180]

O Conselho Especial de Justiça Militar, por exemplo, é composto por Juízes-Auditores, aprovados em concurso público de provas e títulos e integrantes da Magistratura Militar, e por Juízes Militares, que não são Magistrados de carreira, além de outros servidores.

Tal organização pode constituir modelo em que os órgãos julgadores poderão ser formados por Juízes de Contas togados (Conselheiros concursados e Procuradores, na organização atual), e por Juízes livremente nomeados, observando-se, em ambos os casos, os requisitos constitucionais pertinentes. A proposta é que tais Juízes formem, em seu conjunto, já na primeira instância, órgão colegiado destinado a processar e julgar ações relativas às contas, bem como às demais matérias de competência dos Tribunais Judiciais de Contas.

Outro paralelo pode ser traçado: assim como a Justiça Militar da União julga militares, bem como, excepcionalmente, civis que cometam crimes contra o patrimônio e a administração militar e contra militares no exercício de suas funções, os Tribunais Judiciais de Contas julgariam administradores públicos e quaisquer outras pessoas que manejem dinheiros, bens e valores públicos, nos moldes do que já está previsto no parágrafo único do art. 70 da CR/88.

Desta feita, demonstra-se a seguir a proposição de organização judiciária brasileira contemplando o novo arranjo institucional dos Tribunais Judiciais de Contas (TJCs):

---

[179] O julgamento por órgão colegiado já na primeira instância não é uma tradição no Poder Judiciário brasileiro, onde decisões no primeiro grau de jurisdição são proferidas por órgãos singulares, regra geral.

[180] Nesse sentido, conferir a Lei nº 8.457, de 4 de setembro de 1992. Disponível em: <http://www.planalto.gov.br/ccivil_03/leis/L8457.htm>. Acesso em: 7 nov. 2016.

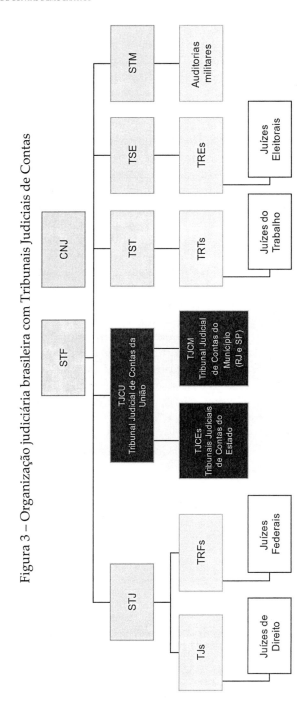

Figura 3 – Organização judiciária brasileira com Tribunais Judiciais de Contas

5.6.2 Organização e processo nos Tribunais Judiciais de Contas

Como a proposta em causa demandará profunda reestruturação do modelo vigente de Tribunal de Contas, é necessário repensar quais atribuições poderão continuar sendo exercidas pelos Tribunais, cujas competências jurisdicionais, sancionadoras e corretivas ganharão destaque, e quais não poderão.

A Constituição, em seu art. 2º, consagra a separação de funções do Estado e, em razão dela, a indispensável independência e harmonia entre os Poderes Legislativo, Executivo e Judiciário.

Nesse sentido, não se afigura possível que os Tribunais de Contas, uma vez inseridos em um dos poderes da República, qual seja, o Poder Judiciário, continuem a desempenhar competências que impliquem a extrapolação de suas funções jurisdicionais e a ingerência nas atribuições do Poder Legislativo e do Poder Executivo.

Tendo em vista as atuais atribuições das Cortes de Contas arroladas no art. 71 da CR/88, é possível defender que os futuros Tribunais Judiciais de Contas permaneçam com as funções nas quais prepondere a análise com viés técnico, notadamente as de:

(a) julgar as contas dos administradores públicos e das demais pessoas que manejem recursos públicos (ar. 71, II);

(b) apreciar, para fins de registro, a legalidade dos atos de admissão de pessoal e das concessões de aposentadorias, reformas e pensões, nos moldes atuais (art. 71, III);

(c) aplicar as sanções previstas em lei aos responsáveis, em casos de ilegalidade de despesa e irregularidade de contas (art. 71, VIII);

(d) determinar prazo aos responsáveis para que adotem as providências necessárias ao exato cumprimento da lei, quando verificada ilegalidade (art. 71, IX);

(e) sustar a execução de atos impugnados (art. 71, X).

As funções de fiscalização (MOURÃO; FERREIRA; CASTRO, 2011), ou investigativa, abarcando as atuais auditorias e inspeções, seriam executadas pelo Ministério Público de Contas (MPC), a exemplo das investigações executadas pelo Ministério Público Estadual e o Ministério Público da União.

Ao MPC caberia também a função de propor ações judiciais atinentes às competências dos Tribunais Judiciais de Contas. Esse órgão, que hoje integra a estrutura administrativa das Cortes de Contas, deve se tornar, de fato e de direito, uma instituição autônoma em relação aos Tribunais Judiciais de Contas, tanto do ponto de vista orgânico-administrativo quanto do financeiro. Desse modo, vai-se além da garantia de independência e autonomia de caráter estritamente subjetivo e pessoal, contemplada no art. 130 da Constituição da República de 1988.[181]

Assim, o MPC passará a ostentar efetivamente o caráter de instituição permanente, essencial à função jurisdicional do Estado, com a atribuição de zelar pela ordem jurídica, pelo regime democrático e pelos direitos e interesses indisponíveis da coletividade, no que toca à fiscalização de gestores públicos, em atenção ao disposto no art. 127 da CR/88.

Nesse ponto, cumpre ressaltar que as promotorias anticorrupção, assim como as cortes anticorrupção, diferentemente do que possa se imaginar, não são uma inovação. Para citar um exemplo, na Espanha, a Promotoria Anticorrupção (FERDERC),[182] criada em 1995, em ambiente de clamor social e de reação a sucessivos escândalos políticos, atua essencialmente na esfera criminal. Trata-se de órgão com acentuadas funções investigativas, voltado precipuamente ao combate da delinquência econômica relacionada à corrupção (MACHADO, 2007).

Como característica diferencial, a promotoria anticorrupção espanhola apresenta uma equipe multidisciplinar, integrada por promotores, peritos e investigadores (MACHADO, 2007), a exemplo do que ora se propõe para o novo Ministério Público de Contas. Há, até mesmo, unidades da polícia (judiciária) que compõem a estrutura da FERDERC, subordinando-se diretamente às determinações do promotor-chefe e atuando em coordenação com promotores e técnicos (MACHADO, 2007).

Conquanto estudiosos reconheçam a percepção de redução da impunidade como um bom fruto do funcionamento da FERDERC,[183] há quem destaque o entendimento de que o controle penal da corrupção não deve ser o único viés adotado pelo Estado. Ao lado da abordagem criminal da corrupção, defende-se a garantia de meios preventivos de

---

[181] Prevê o art. 130 da CR/88, *in verbis*: "Art. 130. Aos membros do Ministério Público junto aos Tribunais de Contas aplicam-se as disposições desta seção pertinentes a direitos, vedações e forma de investidura". O STF já se manifestou sobre a dimensão dessas garantias e vedações, cf. ADI 2378, Relator(a): Min. MAURÍCIO CORRÊA, Relator(a) p/ Acórdão: Min. CELSO DE MELLO, Tribunal Pleno, julgado em 19.05.2004, DJe-096 DIVULG 05-09-2007 PUBLIC 06-09-2007 DJ 06-09-2007 PP-00036 EMENT VOL-02288-01 PP-00138 LEXSTF, v. 29, nº 346, 2007, p. 71-104.

[182] No original em espanhol: Fiscalía Especial contra la Corrupción y la Criminalidad Organizada.

[183] Não se ignoram as críticas ao aparelhamento político da FERDERC, conforme expõe Bruno Amaral Machado (2007). Ocorreram numerosos escândalos de corrupção pública na Espanha após a criação da promotoria. Sobre o tema, ver RODRIGO, 2016.

controle sobre, por exemplo, o financiamento partidário, as contratações públicas e o exercício da função pública.

O paradigma espanhol serve de exemplo ao modelo proposto do novo Ministério Público de Contas, no tocante à destacada função investigativa que exerceria e também no que tange à formação multidisciplinar de sua equipe, algo necessário quando se considera a natureza complexa e multifacetada da corrupção.

Por outro lado, entende-se que não caberá ao MPC exercer competências na esfera criminal, como faz a FERDERC, uma vez que, no Brasil, tais atribuições já são executadas pelo Ministério Público comum, no âmbito federal e também nas esferas estadual e municipal. Passará o novo MPC a exercer funções investigativas e fiscalizadoras, e os Tribunais Judiciais de Contas concentrar-se-ão na função jurisdicional, exercendo também, em razão dessa função, atribuições corretivas e sancionadoras, outros órgãos estatais encarregar-se-iam das funções preventiva e pedagógica.

Atualmente, o Ministério Público de Contas, da maneira como concebido pelo Constituinte de 1988, ressente-se de autonomia e efetividade. Isso porque faltam-lhe orçamento próprio e poder de gerência de seu próprio pessoal, uma vez que em tudo dependem, em matéria administrativa, dos "humores" dos atuais mandatários das Cortes de Contas.

A efetividade, pois, do Ministério Público de Contas, da maneira então desenhada pelo Constituinte de 1988, encontra-se atualmente mitigada pelo fato *sui generis* de ser o único ramo do Ministério Público não dotado de autonomia orçamentária e financeira, o que impacta severamente suas atividades administrativas. Exemplo disso é que até mesmo seu pessoal atualmente é cedido pelo Tribunal de Contas, o que gera uma infinidade de ingerências em sua atuação.

Propõe-se, pois, nova sistemática de atuação processual, como sintetizamos no fluxograma a seguir.

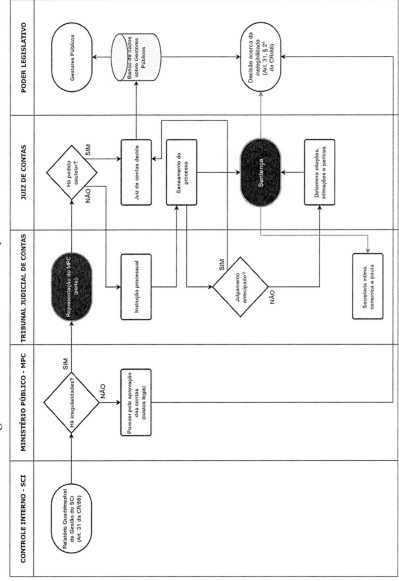

Figura 4 – Processo nos Tribunais Judiciais de Contas

Retomando a divisão das funções anticorrupção (atribuições preventivas, de educação e investigativas) e tendo em vista que as atribuições investigativas ficariam a cargo do MPC, cuja atuação provocaria o pronunciamento do Tribunal Judicial de Contas, entendemos que as competências preventiva e pedagógica, na órbita federal, caberão ao órgão que atualmente já as exerce, qual seja: a CGU e aos seus congêneres nos Estados e Municípios.

Tal repartição de funções se mostra adequada na medida em que aproveita ao máximo a estrutura orgânico-administrativa atualmente existente e se vale da experiência acumulada e da expertise formada pelos órgãos referidos, quais sejam: Tribunais de Contas, Ministério Público de Contas e Controladorias.

O tripé de órgãos já existentes, revigorados pelo novo plexo de competências e recolocação institucional, estará apto a combater a corrupção com efetividade, de acordo com as respectivas atribuições, sem negligenciar os demais órgãos que, na ordem jurídico-constitucional vigente, já exercem funções relativas ao enfrentamento da corrupção na esfera penal (*v.g.* Ministério Público Federal e Polícia Federal), e que tem atuação significativa no combate à corrupção.

A organização proposta deve considerar ainda o modelo de organização judiciária contemplado na Constituição da República. Logo, propõe-se a criação de um Tribunal Judicial de Contas da União, o qual se valerá da estrutura orgânico-administrativa do TCU, e de Tribunais Judiciais de Contas estaduais e de municípios com mais de 10 milhões de habitantes, que se utilizarão da estrutura orgânico-administrativa dos atuais Tribunais de Contas estaduais, dos municípios e municipais.

Ao Tribunal Judicial de Contas da União competirá o exercício de competências originárias atinentes aos recursos públicos federais e também competências recursais. No âmbito recursal, propõe-se que essa Corte exerça papel uniformizador da jurisprudência nos moldes do que desempenha o Superior Tribunal de Justiça, nos termos do inciso III do art. 105 da CR/88,[184] notadamente no que toca às leis nacionais de finanças públicas, acesso à informação, licitações e contratos públicos e contabilidade pública, matérias da expertise dos Tribunais de Contas.

Nas esferas estadual e municipal, propõe-se também o aproveitamento das estruturas orgânico-administrativas no novo modelo de

---

[184] Diz o inciso III do art. 105 da CR/88, *in verbis*: "Art. 105. Compete ao Superior Tribunal de Justiça: (...) III – julgar, em recurso especial, as causas decididas, em única ou última instância, pelos Tribunais Regionais Federais ou pelos Tribunais dos Estados, do Distrito Federal e Territórios, quando a decisão recorrida (...)".

Tribunais Judiciais de Contas. Às Cortes estaduais e municipais de contas caberia processar e julgar as causas que versem sobre recursos públicos a cargo dos respectivos orçamentos. A primeira instância organizar-se-ia como órgão colegiado. Os recursos interpostos seriam dirigidos a esses mesmos Tribunais, à exceção dos casos em que caiba interposição de recurso com efeito uniformizador nos termos tratados acima, hipótese em que a competência seria do Tribunal Judicial de Contas da União.

No âmbito estadual, considera-se necessário realizar duas adaptações relevantes: em primeiro lugar, sugere-se fundir em um só órgão os Tribunais de Contas estaduais e os Tribunais de Contas dos Municípios com menos de 10 milhões de habitantes, onde esses existem, por razões de racionalidade e economicidade.[185] Tal fusão obedece à lógica de aproveitamento e otimização da estrutura orgânica já existente.

Em segundo lugar, os Tribunais de Contas municipais, que hoje são dois (do município de São Paulo e do Rio de Janeiro), seriam mantidos, sem qualquer subordinação à Corte de Contas estadual. Tal alteração seria exceção à atual organização judiciária brasileira, que não prevê órgãos judiciários custeados pelo erário municipal, nos termos do *caput* do art. 92 da CR/88.[186]

Nessa organização, haveria um Ministério Público de Contas no Tribunal Judicial de Contas da União, no de cada Estado da Federação e no Tribunal de Contas do Município de São Paulo e do Rio de Janeiro, como de resto já existe no atual modelo.

Com inspiração no modelo federal, os Tribunais Judiciais de Contas dos Estados exerceriam funções judicantes, corretivas e sancionadoras (MOURÃO; FERREIRA; CASTRO, 2011). O Ministério Público de Contas estadual atuaria nas frentes investigativa, fiscalizadora e na propositura de ações. O controle interno, personificado nas controladorias estaduais e municipais, encarregar-se-ia das funções preventiva e pedagógica.

As estruturas e procedimentos expostos nas figuras 2, 3 e 4, em linhas gerais, exibem como o Poder Judiciário se organiza no Brasil na atualidade e como se organizaria, tendo em vista a reforma proposta.

---

[185] Quatro Estados brasileiros possuem Tribunais de Contas estaduais especificamente encarregados da análise das contas de seus Municípios. São eles: Bahia, Ceará, Goiás e Pará.

[186] Assim estabelece a CR/88: "Art. 92. São órgãos do Poder Judiciário: I – o Supremo Tribunal Federal; I-A – o Conselho Nacional de Justiça; II – o Superior Tribunal de Justiça; II-A – o Tribunal Superior do Trabalho; III – os Tribunais Regionais Federais e Juízes Federais; IV – os Tribunais e Juízes do Trabalho; V – os Tribunais e Juízes Eleitorais; VI – os Tribunais e Juízes Militares; VII – os Tribunais e Juízes dos Estados e do Distrito Federal e Território".

Admite-se que o modelo proposto exigirá alteração no quadro orgânico-institucional brasileiro, afetando não apenas o Poder Judiciário, como também todos os entes que com ele se relacionam na consecução da função judicante.

Conclui-se, diante do atual panorama jurídico, político, econômico e social, o qual demanda o repensar das próprias instituições, que é chegada a hora de os Tribunais de Contas assumirem o protagonismo na missão de enfrentamento da corrupção, organizando-se como Tribunais Judiciais de Contas e sendo dotados de meios que garantam, efetivamente, a observância e o cumprimento de suas deliberações e decisões.

Assim, a reforma proposta deverá ser veiculada por meio de Proposta de Emenda à Constituição (PEC), ou até mesmo pelo constituinte originário, em nova Assembleia Nacional Constituinte, uma vez que implica a modificação do quadro normativo-constitucional pertinente aos Tribunais de Contas, ao Ministério Público de Contas e ao Poder Judiciário.

5.6.3 Composição e independência funcional dos Tribunais Judiciais de Contas

Na conformação dos Tribunais Judiciais de Contas, a manutenção de vagas vinculadas aos Poderes Executivo e Legislativo, aliada à inovação reclamada pela sociedade em relação à independência e tecnicismo, exige melhor calibragem. A sociedade tem se manifestado no sentido de que é necessário afastar dessas Cortes a influência político-partidária.

A ideia mais difundida entre os que preconizam modificações nos Tribunais de Contas é a da adoção do concurso público direto para os cargos de Ministro e Conselheiro. Tal ideia, contudo, enfrenta sempre o argumento dos que lhe são contrários, de que é inviável preencher vagas de Tribunal por meio de concurso público. Assim o dizem apontando para os TJs, TRFs, STJ, STF etc., entre outros que ora nos servem de inspiração.

Sendo os Tribunais de Contas instituições voltadas para a proteção da República, dos cidadãos e da sociedade, é mister compreender as funções exercidas por seus principais agentes, já que são eles que permitem a realização dos objetivos institucionais.

Os atuais membros dos Tribunais de Contas são os Ministros e os Ministros substitutos (Auditores), no caso do Tribunal de Contas da

União, e os Conselheiros e os Conselheiros substitutos (Auditores) nos demais Tribunais de Contas brasileiros.

Embora a CR/88 não haja determinado a extensão dos mesmos direitos dos Magistrados aos membros dos Tribunais de Contas, na dicção literal do artigo 73, §§3º e 4º, tanto os Ministros quanto os Conselheiros e seus substitutos são considerados pelo Supremo Tribunal Federal, intérprete maior da nossa Constituição, como "membros de Tribunal", em tudo, pois regidos pela Lei Orgânica da Magistratura Nacional (Lei Complementar nº 35, de 14 de março de 1979). Com efeito, devem eles possuir os mesmos direitos, garantias, prerrogativas, impedimentos, vencimentos e vantagens de membros do Poder Judiciário, de modo a assegurar o livre, independente e altivo exercício de suas funções, em prol do interesse público e em defesa do erário, livres de quaisquer influências e pressões de ordem política, econômica ou funcional.

Essa compreensão e interpretação tem encontrado ampla guarida pelos próprios membros do Poder Judiciário, em lapidares e esclarecedoras decisões, tanto da Suprema Corte[187] quanto do Superior Tribunal de Justiça, quanto ainda de Tribunais de Justiça Estaduais,[188] entre eles o Tribunal de Justiça do Ceará.[189]

Aperfeiçoar os Tribunais de Contas por meio do aprimoramento da forma de sua composição, a exemplo do que ocorre no Poder Judiciário, é uma maneira inclusive de modernizá-los, em face das mudanças sociais, econômicas e políticas vivenciadas desde a opção, pelo constituinte, na década de 80 do século passado, de um modelo que

---

[187] Assim decidiu o Supremo Tribunal Federal, em paradigmática decisão, *in verbis*: "(…) entre as inconstitucionalidades das normas impugnadas está a usurpação de iniciativa de lei privativa dos tribunais de contas, pela remissão que a Constituição faz ao art. 96, prevendo que aos tribunais cabem poderes, *mutatis mutandis*, que são próprios dos tribunais judiciários". In: BRASIL. Supremo Tribunal Federal. Ação direta de inconstitucionalidade nº 1.994/ES – Espírito Santo. Relator: Ministro Eros Grau. *Pesquisa de Jurisprudência*, Acórdãos, 8 set. 2006. Disponível em: <http://redir.stf.jus.br/paginadorpub/paginador.jsp?docTP=AC&docID=375300>. Acesso em: 16 nov. 2016.

[188] BRASIL. Tribunal de Justiça do Estado de Sergipe. *Medida Liminar no Mandado de Segurança nº 2012107425*. "(…) Diante do exposto, (…) deve se providenciar a imediata distribuição de processos de contas aos Auditores, com toda equidade, mediante critérios impessoais de sorteio aplicáveis a todos os magistrados da Corte de Contas, para que possam presidir a sua instrução dos processos, relatando-os perante os integrantes do Plenário ou da Câmara para a qual estiver designado (…)". Disponível em: <http://www.omci.org.br/m/jurisprudencias/arquivos/2016/tjse_201600110899_03052016.pdf>. Acesso em: 16 nov. 2016.

[189] BRASIL. Tribunal de Justiça do Estado do Ceará. *Agravo Regimental no Mandado de Segurança Cível nº 5918-31.2009.8.06.0000/1*. Relator Desembargador Francisco Lincoln Araújo e Silva. Voto proferido em 8/11/2012, *in verbis*: (…) *"A Constituição Federal e a Constituição Estadual atribuem função de judicatura aos auditores quando não estejam a substituir o Conselheiro da Corte de Contas (…)"*. (Grifos nossos)

privilegiava a escolha política, em detrimento do grau de capacitação técnica que se observa, comparativamente, no Poder Judiciário.

A nova composição recairia também sobre membros concursados, que passariam a ser escolhidos conforme os tradicionais critérios de antiguidade e merecimento aplicáveis à Magistratura, alterando-se a formação da totalidade dos membros (tanto no TCU quanto nos Tribunais de Contas daqueles entes com mais de 10 milhões de habitantes) para 11 cidadãos, assim escolhidos:

a) dois pelo Chefe do Executivo, com aprovação do Poder Legislativo respectivo, dentre membros concursados do Ministério Público de Contas, indicados em lista tríplice pelo Tribunal, alternadamente segundo os critérios de antiguidade e merecimento, de modo a contemplar o tradicional quinto constitucional previsto no art. 94 da CR/88;

b) cinco dentre Ministros substitutos ou Conselheiros substitutos, respectivamente, alternadamente segundo os critérios de antiguidade e merecimento, aprovados anteriormente em concurso público de provas e títulos;

c) quatro pelo Poder Legislativo respectivo, dentre cidadãos que preencham os requisitos constitucionais para provimento.

Visando à sua modernização e adequação às demandas econômicas e sociais contemporâneas, aprimora-se a composição dos Tribunais de Contas, contemplando o modelo em que o ingresso na carreira se dá por concurso público para o cargo de Juiz substituto e, por promoção na carreira, chega-se ao Tribunal, a exemplo do Poder Judiciário.

No caso, o ingresso na carreira da magistratura de contas ocorreria no cargo de Ministro ou Conselheiro substituto (Auditor, conforme nomenclatura existente na Constituição da República de 1988). A proporção da composição naqueles Tribunais de Contas dos entes com menos de 10 milhões de habitantes seria a seguinte, mantendo-se o número atual de sete cidadãos assim escolhidos:

a) um pelo Chefe do Executivo, dentre membros concursados do Ministério Público de Contas, nos termos propostos anteriormente;

b) quatro dentre Conselheiros substitutos concursados, segundo os critérios de antiguidade e merecimento;

c) dois pelo Poder Legislativo, dentre cidadãos que preencham os requisitos.

Urge a mudança na imagem dos Tribunais de Contas brasileiros perante a sociedade.

O aprimoramento na forma de escolha de seus membros poderá resgatar a confiança e a sua credibilidade, restaurando os ideais que justificaram sua louvável e imprescindível criação no atual Estado Democrático brasileiro, sob a inspiração de Rui Barbosa.

Quanto ao número de membros, ainda, há que se considerar que o número de componentes dos Tribunais de Contas manteve-se igual, em quantidade, a despeito do sensível acréscimo de responsabilidades promovido pela Carta Federal de 1988 e das pronunciadas diferenças existentes entre os diversos entes federados brasileiros.

Os gráficos a seguir ilustram a intensa mutação havida nos principais entes, nos quais os respectivos Tribunais de Contas mantêm sete Conselheiros, desde a década de 1980, por quaisquer dos critérios que se queira comparar: populacional, número de municípios, despesa autorizada na Lei Orçamentária Anual (LOA) e evolução do Produto Interno Bruto (PIB), todos em entes federativos com mais de 10 milhões de habitantes. A população brasileira, nesses últimos vinte e cinco anos, evoluiu de 143 para cerca de 208 milhões de habitantes. Atualmente, os entes com mais de 10 milhões de habitantes são os que demonstramos abaixo:

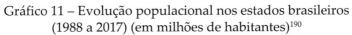

Gráfico 11 – Evolução populacional nos estados brasileiros (1988 a 2017) (em milhões de habitantes)[190]

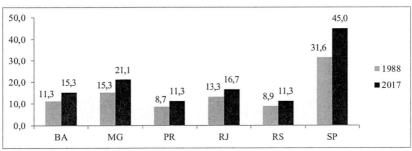

Da mesma forma, o número de municípios brasileiros passou de 3.974, em 1988, para 5.570, em 2017. O número de municípios nos entes com mais de 10 milhões de habitantes é o que demonstramos a seguir:

---

[190] IBGE. *Estimativas de população*. Disponível em: <https://www.ibge.gov.br/estatisticas-novoportal/sociais/populacao/9103-estimativas-de-populacao.html?edicao=9113&t=downloads>. Acesso em: 9 mar. 2018.

Gráfico 12 – Número de municípios nos
estados brasileiros (1988 a 2017)[191]

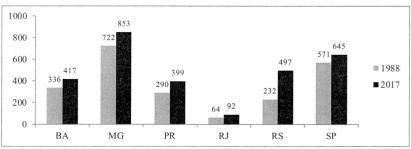

No que toca ao universo de valores possíveis de verificação anualmente, o orçamento da União em 1988 era de R$ 473 bilhões. Já em 2017, passou para R$ 3,5 trilhões. Nos entes subnacionais, a variação é a que se observa abaixo:

Gráfico 13 – Total da despesa autorizada na Lei
Orçamentária Anual (em bilhões de reais)

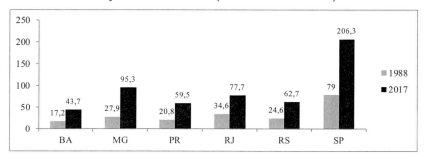

Evolutivamente, ao considerarmos os orçamentos da União e do município de São Paulo, observamos um notável crescimento no montante dos orçamentos públicos a serem fiscalizados, como se demonstra:

---

[191] IBGE. *Cidades*. Disponível em: <https://cidades.ibge.gov.br>. Acesso em: 9 mar. 2018.

Tabela 11 – Atualização dos orçamentos dos entes
com mais de 10 milhões de habitantes

Ente Federativo	1988 (em Cruzado)[192]	1988 (Atualizado pelo INPC)[193] em R$	2017 (em R$)
SP	768,3 bilhões	79,0 bilhões	231,5 bilhões
RJ	336,3 bilhões	34,6 bilhões	97,0 bilhões
MG	271,4 bilhões	27,9 bilhões	90,9 bilhões
BA	166,9 bilhões	17,2 bilhões	46,8 bilhões
PR	202,7 bilhões	20,8 bilhões	47,1 bilhões
RS	239,4 bilhões	24,6 bilhões	60,3 bilhões
Município de SP	177,8 bilhões	18,3 bilhões	56,0 bilhões
União	4,6 trilhões	473,0 bilhões	2,9 trilhões

Sob o aspecto econômico, a evolução do PIB brasileiro, em trinta anos, saltou de R$ 2,5 trilhões para 6,5 trilhões. Nos entes subnacionais, a evolução foi a que se observa abaixo:

Gráfico 14 – Evolução do PIB nos entes com mais de
10 milhões de habitantes (em bilhões de reais)[194]

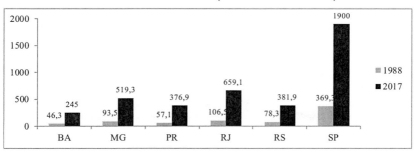

Iniciativa parlamentar no sentido do aperfeiçoamento do modelo, além de propiciar maior celeridade no julgamento de contas, exigência do art. 5º, inciso LXXVII, da Constituição da República de 1988, permitirá aos Tribunais Judiciais de Contas serem compostos, em parte, por

---

[192] Dados verificados nos sites das Assembleias Legislativas de cada Estado. Acesso em: 9 mar. 2018.

[193] Valores atualizados conforme o Índice Nacional de Preços ao Consumidor. Disponível em: <http://www.trt4.jus.br/portal/portal/trt4/servicos/atualizacaoMonteraria/AtualizacaoValoresINPC/atualizacao-valores-porlet->. Acesso em: 31 jun. 2016.

[194] IBGE. *Produto Interno Bruto dos municípios*. Disponível em: <https://www.ibge.gov.br/estatisticas>. Acesso em: 9 mar. 2018.

Magistrados especializados, já que preconiza o mesmo mecanismo adotado de ingresso para metade de seus futuros membros por concurso público para o Poder Judiciário, evoluindo-se na carreira conforme os critérios de antiguidade e merecimento previstos para a Magistratura no art. 93 da Constituição da República de 1988.

Por sua vez, na União, os gráficos abaixo, da mesma forma, ilustram a mudança no cenário econômico e social havida na federação brasileira, a justificar o incremento no número dos membros no Tribunal Judicial de Contas da União, como se demonstra:

Gráfico 15 – Evolução da população na federação brasileira[195]

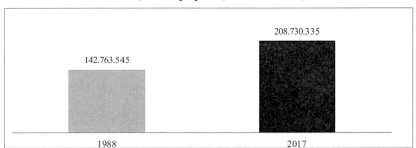

No que toca também ao número de Municípios, onde se observa grande capilaridade nas transferências da União, vê-se notável evolução.

Gráfico 16 – Evolução do número de municípios na federação brasileira[196]

---

[195] IBGE. *Projeções e estimativas da população do Brasil e das unidades da federação.* Disponível em: <https://www.ibge.gov.br>. Acesso em: 9 mar. 2018.

[196] IBGE. *Brasil em síntese.* Disponível em: <https://brasilemsintese.ibge.gov.br/territorio/dados-geograficos.html>. Acesso em: 9 mar. 2018.

A distribuição de processos a um maior número de relatores contribui para a celeridade e efetividade do desempenho da função constitucional dos Tribunais Judiciais de Contas, haja vista a ampliação de seu corpo deliberativo que, frise-se, passaria, na União e nos entes federativos com mais de 10 milhões de habitantes, para 11 Ministros e Conselheiros, respectivamente. Veja-se a evolução do PIB e do orçamento da União:

Gráfico 17 – Evolução do PIB e da despesa no orçamento da União[197]

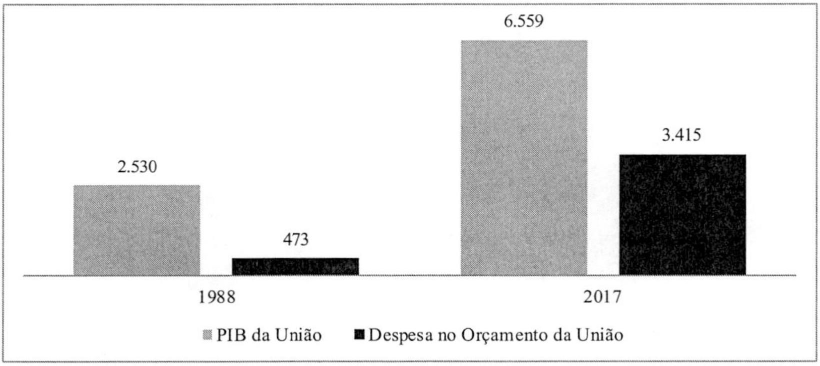

O efeito esperado, portanto, da distribuição a mais relatores de processos envolvendo os assuntos submetidos aos Tribunais Judiciais de Contas de todo o país é a redução na média dos processos distribuídos atualmente a cada relator, o que é absolutamente compatível com as alterações demográficas, sociais e econômicas verificadas no Brasil nos últimos trinta anos.

Inegavelmente, uma análise mais célere dos processos que envolvem inclusive medidas cautelares por parte dos Tribunais de Contas possibilita aos relatores melhores condições para o aprofundamento do estudo de cada caso em concreto, tendo em vista uma análise mais detida e a diminuição do volume de trabalho.

Tal alteração, quando efetivada, além de não ensejar qualquer impacto orçamentário e financeiro imediato, posto que será resultante do aproveitamento das estruturas dos relatores já existentes, justifica-se pela importância do controle tempestivo dos gastos e dos procedimentos

---

[197] IBGE. *Agência IBGE Notícias*. Disponível em: <https://agenciadenoticias.ibge.gov.br>. Acesso em: 9 mar. 2018.

realizados pelos gestores públicos relacionados à realização de obras e serviços.

O exercício do controle mais racional e célere possibilitará um melhor desempenho dos Tribunais Judiciais Contas e a gestão racional dos recursos públicos, conforme preconizado pelo princípio da celeridade processual, consubstanciado no art. 5º, inciso LXXVII, da Constituição da República de 1988. Tal alteração contribui para que, conforme Joaquim Gomes Canotilho (2008), o Tribunal de Contas seja uma "instância dinamizadora do princípio republicano", norteado por diversos princípios, conforme se transcreve, *ipsis litteris*:

> (i) o princípio da(s) responsabilidade(s) financeira; (ii) o princípio da transparência na utilização e gestão dos valores públicos; (iii) o princípio do controlo da boa administração no âmbito do erário público; (iiii) o princípio da justiça intergeracional na partilha dos recursos públicos; (iiiii) o princípio da unidade da República garantidora de autonomia financeira aos entes territoriais autónomos com respeito da coesão económica e territorial, da solidariedade interterritorial e dos vínculos comunitários. (CANOTILHO, 2008)

Claro que a reforma constitucional pretendida não é uma panaceia que ensejaria, por si só, a superação da corrupção no Brasil. É necessária uma abordagem sistêmica também com foco na prevenção à corrupção, por meio da detecção tempestiva daqueles que não possuem perfil adequado ao desempenho de funções públicas que impliquem o ordenamento de despesas, o que abordaremos em uma outra obra. Perseveremos.

CONSIDERAÇÕES FINAIS

O Tribunal de Contas Democrático pressupõe seu redesenho institucional dotando-o de estrutura efetiva e eficaz no enfrentamento da corrupção, de modo a que os esforços macroeconômicos, investimentos e inversões financeiras realizados pelo Estado de fato contribuam para a superação da desigualdade social e minoração dos efeitos deletérios da deterioração da tessitura social que ora se observa no país, com o recrudescimento da violência, fome, miséria e escândalos de toda ordem.

As experiências internacionais mais exitosas havidas no mundo estabeleceram Cortes Judiciais especializadas, que trabalham de modo integrado com agentes do *law enforcement*, potencializando um modelo que se mostra eficaz e bem-sucedido na realidade mundial de enfrentamento à corrupção.

O abuso do poder e a corrupção são entraves à efetividade das políticas públicas, uma vez que o atual instrumento técnico hábil para a consecução dos objetivos nelas traçados, qual seja, o orçamento público, encontra-se tolhido e mitigado, como forma de realizar a despesa pública em prol da promoção da vida, uma vez que a prática de avaliação e medição de desempenho e da qualidade do gasto público revela-se, na prática brasileira, em regra, simples quimera.

A concretização satisfatória dos gastos públicos somente poderá ser alcançada pela factual aplicabilidade da transparência de forma insuspeita, revelando os reais motivos que levam à inefetividade das políticas públicas que garantiriam a vida da população por meio, entre outros, dos gastos com saúde, educação, assistência social e segurança pública.

Com base na experiência internacional, mecanismos de controle e prevenção da corrupção podem ser efetivos e consubstanciam-se em marco garantidor da realização concreta e qualitativa dos gastos públicos por meio de medidas legislativas e novas práticas orçamentárias.

Atualmente, preocupam-se bem mais os gestores públicos e os órgãos de controle brasileiros tão somente com a aferição do mero cumprimento dos dispositivos constitucionais e legais que estabelecem gastos mínimos com determinada despesa. A qualidade do gasto público e o impacto econômico e financeiro das vultosas inversões públicas na melhoria da qualidade de vida do contribuinte são deixados de lado, em regra. Pouco adianta, em termos de desenvolvimento social: gasta-se muito e mal em face da inefetividade do controle.

O combate à corrupção nos negócios públicos é fundamental para que as políticas públicas sejam efetivas e ajudem a equacionar os ainda gravíssimos problemas que afetam a vida do cidadão comum brasileiro.

Na presente obra, buscamos atingir o objetivo geral de propor abordagens que proporcionem o combate à corrupção e a maior concretude das políticas públicas. Do mesmo modo, buscamos alcançar os objetivos específicos de identificação das fragilidades do controle externo brasileiro e das experiências exitosas para maior eficácia do gasto, prevenção e controle da corrupção.

Não é de hoje que a sociedade clama por significativas alterações estruturais nos Tribunais de Contas, as quais abrangem desde os requisitos de acesso aos cargos de Ministro e Conselheiro, passando pela forma de composição dos colegiados, até culminar no tipo de competência que tais órgãos exercem. Na atualidade, baseando-nos nas mais exitosas iniciativas internacionais, defendemos que os Tribunais de Contas brasileiros assumam competências afetas às agências anticorrupção, encampando a missão de prevenir e coibir atos de corrupção consubstanciados no desvio de recursos públicos, haja vista sua posição privilegiada entre os demais entes e Poderes da República, considerando-se sua atual competência constitucional e seu empoderamento, a ser promovido pelo constituinte originário ou reformador, em futuro próximo.

Expusemos a hipótese de uma abordagem múltipla (institucional, funcional e socioeconômica) capaz de combater e prevenir a corrupção, visando à efetividade das políticas públicas, por meio da instituição dos Tribunais Judiciais de Contas, verdadeiramente democráticos e com funções anticorrupção.

Experiências de países que criaram suas agências anticorrupção dependeram de fatores políticos, econômicos e sociais muito específicos de seus locais de origem para terem sucesso. Não se quer dizer com isso que tais experiências não possam ser reproduzidas no Brasil, mas apenas que alguns de seus caracteres terão de ser adaptados aos fatores intrínsecos da realidade e modelagem jurídica, de modo que a chance de efetividade das medidas planejadas e executadas seja alta.

Nesse contexto de mudanças é que se insere a proposta de transformação dos Tribunais de Contas do Brasil em órgãos do Poder Judiciário: uma justiça especializada no controle das contas públicas e no combate à corrupção, nas esferas de responsabilização cível e administrativa. Os Tribunais Judiciais de Contas (TJCs), na nova configuração, encamparão funções análogas às das agências anticorrupção mais exitosas do mundo.

A proposta formulada visa a contribuir para o estabelecimento de um patamar de governança no qual as políticas públicas possam vir a ser de fato realizadas por meio da minoração dos efeitos deletérios do abuso de poder e da corrupção.

Reconhece-se que tal alteração demandará muito mais que a mera modificação do texto da Constituição e da legislação infraconstitucional, pois requer forte apoio político. No entanto, as experiências internacionais abordadas ao longo dessa obra demonstram que é, sim, possível e desejável que um país concentre, em um ou poucos órgãos, a missão de combate à corrupção, em prol da efetividade e, acima de tudo, com vistas ao atendimento às demandas da sociedade, em busca de um país verdadeiramente livre, justo e solidário.

Assim, alcançaremos um país verdadeiramente democrático, de modo a superar as contradições entre nosso estado liberal e o quadro social em desagregação acelerada que ora vivenciamos, entre eles pelo recrudescimento da violência e da fome nos grandes conglomerados urbanos.

Há modelos mais efetivos de combate à corrupção sistêmica em sociedades em desenvolvimento que almejam alcançar patamares de coesão social e econômica. Não se justifica a postergação da superação do atual modelo. A insolvência generalizada dos entes públicos, em função do descontrole das finanças públicas, em muitos casos proporcionado pelo controle leniente e formal, pôs no topo da agenda a adoção de inúmeros decretos de "estado de calamidade financeira".

A crise exige uma mudança urgente.

REFERÊNCIAS

ANTI-CORRUPTION AUTHORITIES. Country Profiles. *Anti-Corruption Authorities*, 2016. Disponível em: <http://www.acauthorities.org/>. Acesso em: 4 ago. 2016.

ANTI-CORRUPTION AUTHORITIES. *Profiles: Hong Kong SAR, China & Singapore*, 2016. Disponível em: <http://www.acauthorities.org/>. Acesso em: 27 jul. 2016.

ASSOCIAÇÃO BRASILEIRA DE NORMAS TÉCNICAS. *NBR 14724*: Informação e documentação; norma de apresentação tabular. Rio de Janeiro: ABNT, 2003.

ATRICON – ASSOCIAÇÃO DOS MEMBROS DOS TRIBUNAIS DE CONTAS DO BRASIL. *Para brasileiros, Tribunais de Contas são essenciais no combate à corrupção e à ineficiência, revela pesquisa Ibope/CNI.* 2016. Disponível em: <www.atricon.org.br>. Acesso em: 29 set. 2016.

AVRITZER, L. *et al.* (Org.). *Corrupção*: ensaios e críticas. Belo Horizonte: UFMG, 2008.

AVRITZER, Leonardo; FILGUEIRAS, Fernando. *Estado, instituições e democracia.* Brasília: IPEA, 2010. p. 500, v. 1. Série Eixos Estratégicos do Desenvolvimento Brasileiro; Fortalecimento do Estado, das Instituições e da Democracia, Livro 9.

BANCO CENTRAL DO BRASIL. *Calculadora do cidadão.* Disponível em: <https://www3. bcb.gov.br/CALCIDADAO/publico/corrigirPorIndice.do?method=corrigirPorIndice>. Acesso em: 9 ago. 2016.

BANDEIRA, L. Algum país já conseguiu acabar com (ou diminuir muito) a corrupção? *Folha de São Paulo*, 2016. Disponível em: <http://www1.folha.uol.com.br/poder/2016/07/1790304-algum-pais-ja-conseguiu-acabar-com-ou-diminuir-muito-a-corrupcao.shtml>. Acesso em: 19 jul. 2016.

BARBOSA, Rui. *Trabalhos jurídicos.* Rio de Janeiro: Fundação Casa de Rui Barbosa, 1991. Obras Completas de Rui Barbosa, v. 18, t. 3, 1891.

BOBBIO, Norberto. *O futuro da democracia (Uma defesa das regras do jogo).* Trad. Marco Aurélio Nogueira. Rio de Janeiro: Paz e Terra, 1986. 171 p.

BOFF, Leonardo. *Corrupção.* Disponível em: <http://www.tce.pe.gov.br/internet/index. php/noticias-tce/245-2013/dezembro/1925-e-preciso-criar-a-cultura-da-retidao-contra--a-cultura-da-corrupcao-diz-leonardo-boff>. Acesso em: 10 dez. 2013.

BRANDT, Ricardo. Renan fez emenda para empresa fria de ex-assessor. *O Estado de São Paulo*, 13 out. 2007. Disponível em: <http://politica.estadao.com.br/noticias/geral,renan-fez-emenda-para-empresa-fria-de-ex-assessor,64646>. Acesso em: 14 abr. 2016.

BRASIL. CGU – Ministério da Transparência, Fiscalização e Controle. *Matriz de vulnerabilidade*, 2016. Disponível em: <http://www.cgu.gov.br/assuntos/auditoria-e-fiscalizacao/programa-de-fiscalizacao-em-entes-federativos/matriz-de-vulnerabilidade>. Acesso em: 1º ago. 2016.

BRASIL. Conselho Nacional de Justiça. *Justiça em números 2015.* Disponível em: <http://www.cnj.jus.br/programas-e-acoes/pj-justica-em-numeros>. Acesso em: 13 out. 2016.

BRASIL. Conselho Nacional de Justiça. *Justiça em números 2016*: ano-base 2015. Disponível em: <http://www.cnj.jus.br/programas-e-acoes/pj-justica-em-numeros>. Acesso em: 18 jan. 2018.

BRASIL. Conselho Nacional de Justiça. *Relatório – Metas nacionais do Poder Judiciário 2014*. Brasília: Conselho Nacional de Justiça (CNJ), 2014.

BRASIL. Controladoria-Geral da União. *Convenção das Nações Unidas contra a Corrupção*. Brasília: CGU, 2008.

BRASIL. *Constituição da República Federativa do Brasil de 1988*. Disponível em: <http://www.planalto.gov.br/ccivil_03/constituicao/constituicaocompilado.htm>. Acesso em: 31 out. 2016.

BRASIL. *Decreto-Lei nº 2.848*, de 7 de dezembro de 1940. Código penal. Disponível em: <http://www.planalto.gov.br/ccivil_03/decreto-lei/Del2848.htm>. Acesso em: 25 out. 2016.

BRASIL. *Decreto nº 966-A*, de 7 de novembro de 1890. Crêa um Tribunal de Contas para o exame, revisão e julgamento dos actos concernentes à receita e despeza da Republica. Disponível em: <http://www2.camara.leg.br/legin/fed/decret/1824-1899/decreto-966-a-7-novembro-1890-553450-norma-pe.html>. Acesso em: 6 nov. 2016.

BRASIL. *Decreto nº 1.171*, de 22 de junho de 1994. Aprova o Código de Ética Profissional do Servidor Público Civil do Poder Executivo Federal. Disponível em: <http://www.planalto.gov.br/ccivil_03/decreto/d1171.htm>. Acesso em: 25 out. 2016.

BRASIL. *Decreto nº 3.678*, de 30 de novembro de 2000. Promulga a Convenção sobre o Combate da Corrupção de Funcionários Públicos Estrangeiros em Transações Comerciais Internacionais, concluída em Paris, em 17 de dezembro de 1997. Disponível em: <http://www.planalto.gov.br/ccivil_03/decreto/D3678.htm>. Acesso em: 25 out. 2016.

BRASIL. *Decreto nº 4.410*, de 7 de outubro de 2002. Promulga a Convenção Interamericana contra a Corrupção, de 29 de março de 1996, com reserva para o art. XI, parágrafo 1º, inciso "c". Disponível em: <http://www.planalto.gov.br/ccivil_03/decreto/2002/d4410.htm>. Acesso em: 17 jan. 2018.

BRASIL. *Decreto nº 5.687*, de 31 de janeiro de 2006. Promulga a Convenção das Nações Unidas contra a Corrupção, adotada pela Assembleia-Geral das Nações Unidas em 31 de outubro de 2003 e assinada pelo Brasil em 9 de dezembro de 2003. Disponível em: <http://www.planalto.gov.br/ccivil_03/_Ato2004-2006/2006/Decreto/D5687.htm>. Acesso em: 17 set. 2015.

BRASIL. *Decreto nº 8.420*, de 18 de março de 2015. Regulamenta a Lei nº 12.846, de 1º de agosto de 2013, que dispõe sobre a responsabilização administrativa de pessoas jurídicas pela prática de atos contra a administração pública, nacional ou estrangeira, e dá outras providências. Disponível em: <http://www.planalto.gov.br/ccivil_03/_Ato2015-2018/2015/Decreto/D8420.htm>. Acesso em: 25 out. 2016.

BRASIL. *Lei Complementar nº 64*, de 18 de maio de 1990. Estabelece, de acordo com o art. 14, §9º da Constituição Federal, casos de inelegibilidade, prazos de cessação, e determina outras providências. Disponível em: <http://www.planalto.gov.br/ccivil_03/leis/LCP/Lcp64.htm>. Acesso em: 31 out. 2016.

BRASIL. *Lei nº 7.347*, de 24 de julho de 1985. Disciplina a ação civil pública de responsabilidade por danos causados ao meio ambiente, ao consumidor, a bens e direitos de valor artístico, estético, histórico, turístico e paisagístico (vetado) e dá outras providências.

REFERÊNCIAS | 215

Brasília: Presidência da República, Casa Civil, 2010. Disponível em: <http://www.planalto.
gov.br/ccivil_03/leis/L7347orig.htm>. Acesso em: 25 out. 2016.

BRASIL. *Lei nº 8.429*, de 2 de junho de 1992. Dispõe sobre as sanções aplicáveis aos
agentes públicos nos casos de enriquecimento ilícito no exercício de mandato, cargo,
emprego ou função na administração pública direta, indireta ou fundacional e dá outras
providências. Disponível em: <http://www.planalto.gov.br/ccivil_03/leis/L8429.htm>.
Acesso em: 25 out. 2016.

BRASIL. *Lei nº 8.443*, de 16 de julho de 1992. Dispõe sobre a Lei Orgânica do Tribunal de
Contas da União e dá outras providências. Disponível em: <https://www.planalto.gov.
br/ccivil_03/leis/L8443.htm>. Acesso em: 25 out. 2016.

BRASIL. *Lei nº 8.457*, de 4 de setembro de 1992. Organiza a Justiça Militar da União e
regula o funcionamento de seus serviços auxiliares. Disponível em: <http://www.planalto.
gov.br/ccivil_03/leis/L8457.htm>. Acesso em: 7 nov. 2016.

BRASIL. *Lei nº 8.666*, de 21 de junho de 1993. Regulamenta o art. 37, inciso XXI, da
Constituição Federal, institui normas para licitações e contratos da Administração Pública
e dá outras providências. Disponível em: <http://www.planalto.gov.br/ccivil_03/leis/
L8666cons.htm>. Acesso em: 25 out. 2016.

BRASIL. *Lei nº 9.504*, de 30 de setembro de 1997. Estabelece normas para as eleições.
Disponível em: <http://www.planalto.gov.br/ccivil_03/leis/L9504.htm>. Acesso em: 18
jan. 2018.

BRASIL. *Lei nº 9.613*, de 3 de março de 1998. Dispõe sobre os crimes de "lavagem" ou
ocultação de bens, direitos e valores; a prevenção da utilização do sistema financeiro para
os ilícitos previstos nesta Lei; cria o Conselho de Controle de Atividades Financeiras – Coaf,
e dá outras providências. Disponível em: <http://www.planalto.gov.br/ccivil_03/leis/
L9613.htm>. Acesso em: 27 out. 2016.

BRASIL. *Lei nº 10.467*, de 11 de junho de 2002. Acrescenta o Capítulo II-A ao Título XI
do Decreto-Lei nº 2.848, de 7 de dezembro de 1940 – Código Penal, e dispositivo à Lei nº
9.613, de 3 de março de 1998, que "dispõe sobre os crimes de 'lavagem' ou ocultação de
bens, direitos e valores; a prevenção da utilização do Sistema Financeiro para os ilícitos
previstos nesta Lei; cria o Conselho de Controle de Atividades Financeiras (Coaf), e dá
outras providências". Disponível em: <http://www.planalto.gov.br/ccivil_03/leis/2002/
L10467.htm>. Acesso em: 25 out. 2016.

BRASIL. *Lei nº 10.763*, de 12 de novembro de 2003. Acrescenta artigo ao Código Penal
e modifica a pena cominada aos crimes de corrupção ativa e passiva. Disponível em:
<http://www.planalto.gov.br/ccivil_03/leis/2003/L10.763.htm>. Acesso em: 25 out. 2016.

BRASIL. *Lei nº 12.529*, de 30 de novembro de 2011. Estrutura o Sistema Brasileiro de
Defesa da Concorrência; dispõe sobre a prevenção e repressão às infrações contra a ordem
econômica; altera a Lei nº 8.137, de 27 de dezembro de 1990, o Decreto-Lei nº 3.689, de 3
de outubro de 1941 – Código de Processo Penal, e a Lei nº 7.347, de 24 de julho de 1985;
revoga dispositivos da Lei nº 8.884, de 11 de junho de 1994, e a Lei nº 9.781, de 19 de
janeiro de 1999; e dá outras providências. Disponível em: <http://www.planalto.gov.br/
ccivil_03/_ato2011-2014/2011/Lei/L12529.htm>. Acesso em: 25 out. 2016.

BRASIL. *Lei nº 12.846*, de 1º de agosto de 2013. Dispõe sobre a responsabilização
administrativa e civil de pessoas jurídicas pela prática de atos contra a administração

pública, nacional ou estrangeira, e dá outras providências. Disponível em: <http://www.planalto.gov.br/ccivil_03/_ato2011-2014/2013/lei/l12846.htm>. Acesso em: 25 out. 2016.

BRASIL. *Lei nº 13.254*, de 13 de janeiro de 2016. Dispõe sobre o Regime Especial de Regularização Cambial e Tributária (RERCT) de recursos, bens ou direitos de origem lícita, não declarados ou declarados incorretamente, remetidos, mantidos no exterior ou repatriados por residentes ou domiciliados no País. Disponível em: <http://www.planalto.gov.br/ccivil_03/_Ato2015-2018/2016/Lei/l13254.htm>. Acesso em: 18 jan. 2018.

BRASIL. *Lei nº 13.341*, de 29 de setembro de 2016. Altera as Leis nºs 10.683, de 28 de maio de 2003, que dispõe sobre a organização da Presidência da República e dos Ministérios, e 11.890, de 24 de dezembro de 2008, e revoga a Medida Provisória nº 717, de 16 de março de 2016. Disponível em: <http://www.planalto.gov.br/ccivil_03/_ato2015-2018/2016/lei/L13341.htm>. Acesso em: 18 jan. 2018.

BRASIL. Ministério da Fazenda – Receita Federal. *Operação Zelotes*. 2015. Disponível em: <http://idg.receita.fazenda.gov.br/noticias/ascom/2015/marco/operacao-zelotes-1>. Acesso em: 19 jan. 2018.

BRASIL. Ministério da Justiça e Cidadania. *ENCCLA: Participantes*. 2016. Disponível em: <http://www.justica.gov.br/sua-protecao/lavagem-de-dinheiro/enccla/participantes-da-enccla>. Acesso em: 4 ago. 2016.

BRASIL. Ministério Público Federal. *Dez medidas contra a corrupção*. Disponível em: <http://www.dezmedidas.mpf.mp.br/>. Acesso em: 27 out. 2016.

BRASIL. Senado Federal. *Resolução nº 93*, de 1970. Regimento Interno do Senado Federal. Disponível em: <https://www25.senado.leg.br/web/atividade/regimento-interno>. Acesso em: 23 nov. 2016.

BRASIL. Senado Federal. *Atividade Legislativa – Proposta de Emenda à Constituição nº 7*, de 2014. Senado Federal, 2016. Disponível em: <http://www25.senado.leg.br/web/atividade/materias/-/materia/116877>. Acesso em: 28 set. 2016.

BRASIL. Senado Federal. *Proposta de Emenda à Constituição nº 14*, de 2010. Arquivada em 26 dez. 2014. Disponível em: <http://www25.senado.leg.br/web/atividade/materias/-/materia/96948>. Acesso em: 14 abr. 2016.

BRASIL. Senado Federal. *Proposta de Emenda à Constituição nº 40*, de 2016. Altera os arts. 24, 49, 72, 75 e 163 da Constituição Federal; e acrescenta o art. 73-A à Constituição Federal e o art. 101 ao Ato das Disposições Constitucionais Transitórias, para estabelecer padrão nacional do processo de controle externo dos Tribunais de Contas da União, dos Estados, do Distrito Federal e dos Municípios. Disponível em: <http://www25.senado.leg.br/web/atividade/materias/-/materia/126520>. Acesso em: 7 nov. 2016.

BRASIL. Senado Federal. *Proposta de Emenda à Constituição nº 27*, de 2007. Dá nova redação ao artigo 130 da Constituição Federal e acrescenta parágrafo único ao mesmo artigo. (Estabelece a autonomia funcional e administrativa do Ministério Público junto aos Tribunais de Contas). Disponível em: <http://www25.senado.leg.br/web/atividade/materias/-/materia/80442>. Acesso em: 7 nov. 2016.

BRASIL. Superior Tribunal de Justiça. *REsp nº 1.171.017*. Relator Ministro Sérgio Kukina, publicado em 25 fev. 2014.

BRASIL. Superior Tribunal de Justiça. *RMS 15.166/BA*. Rel. Min. Castro Meira, Segunda Turma, publicado em 7 ago. 2003.

BRASIL. Supremo Tribunal Federal. *Ação Direta de Inconstitucionalidade nº 1.994/ ES* – Espírito Santo. Relator: Ministro Eros Grau. Pesquisa de Jurisprudência, Acórdãos, 8 set. 2006. Disponível em: <http://redir.stf.jus.br/paginadorpub/paginador. jsp?docTP=AC&docID=375300>. Acesso em: 16 nov. 2016.

BRASIL. Supremo Tribunal Federal. *Inquérito nº 2.245/MG*. Relator Min. Joaquim Barbosa, 28 de agosto de 2007. Disponível em: <http://stf.jusbrasil.com.br/jurisprudencia/756199/ inquerito-inq-2245-mg>. Acesso em: 14 abr. 2016.

BRASIL. Supremo Tribunal Federal. *Inquérito nº 2.280/MG*. Relator Min. Joaquim Barbosa, 11 de maio de 2007. Disponível em: <http://stf.jusbrasil.com.br/jurisprudencia/4277312/ inquerito-inq-2280>. Acesso em: 14 abr. 2016.

BRASIL. Supremo Tribunal Federal. *Repercussão geral no Recurso Extraordinário 848.826/ DF*. Relator Min. Roberto Barroso, 27 de agosto de 2015. Disponível em: <http://www. stf.jus.br/portal/processo/verProcessoPeca.asp?id=307641149&tipoApp=.pdf>. Acesso em: 23 nov. 2016.

BRASIL. Supremo Tribunal Federal. *Repercussão geral no Recurso Extraordinário 729.744/MG*. Relator Min. Gilmar Mendes, 8 de janeiro de 2013. Disponível em: <http://www.stf.jus. br/portal/processo/verProcessoDetalhe.asp?incidente=4352126>. Acesso em: 23 nov. 2016.

BRASIL. Supremo Tribunal Federal. *ADI 2378*. Relator(a): Min. Maurício Corrêa, Relator(a) p/ Acórdão: Min. Celso de Mello, Tribunal Pleno, julgado em 19.05.2004, DJe-096 Divulg 05.09.2007 Public 06.09.2007 DJ 06-09-2007 PP-00036 EMENT VOL-02288-01 PP-00138 LEXSTF, v. 29, n. 346, 2007, p. 71-104.

BRASIL. Supremo Tribunal Federal. *Plenário aprova teses de repercussão geral sobre competência para julgar contas de prefeito*, 2016. Disponível em: <http://www.stf.jus.br/portal/cms/ verNoticiaDetalhe.asp?idConteudo=323159&caixaBusca=N>. Acesso em: 16 set. 2016.

BRASIL. Tribunal de Contas da União. *Acordão nº 2105/2009*. Plenário. Relator Min. André Luís de Carvalho. Disponível em: <www.tcu.gov.br/.../judoc%5CAcord%5C20090430%- 5C009-326-2008-0-AUD-ALC.rtf>. Acesso em: 21 nov. 2016.

BRASIL. Tribunal de Contas da União. *Acórdão nº 272/2014*. Plenário. Relator Min. Benjamin Zymler. Disponível em: <http://www.lexml.gov.br/urn/urn:lex:br:tribunal. contas.uniao;plenario:acordao:2014-02-12;272>. Acesso em: 24 nov. 2016.

BRASIL. Tribunal de Contas da União. *Acórdão nº 798/2008*. Primeira Câmara. Relator Min. Marcos Bemquerer. Disponível em: <http://www.lexml.gov.br/urn/urn:lex:br:tribunal. contas.uniao;plenario:acordao:2008-04-30;798>. Acesso em: 24 nov. 2016.

BRASIL. Tribunal de Contas da União. A exposição de motivos de Rui Barbosa sobre a criação do TCU. *Revista do TCU*. Disponível em: <www.revista.tcu.gov.br>. Acesso em: 23 set. 2016.

BRASIL. Tribunal de Contas da União. *Arrecadação de multas administrativas – versão simplificada das contas do governo da República – Exercício 2009*. 2010. Disponível em: <www. tcu.gov.br/contasdegoverno>. Acesso em: 15 set. 2016.

BRASIL. Tribunal de Contas da União. *Relatório de levantamento TC 020.830/2014-9*. Governança pública em âmbito nacional: análise sistêmica das oportunidades de melhoria constatadas. Atuação conjunta dos Tribunais de Contas do Brasil. Brasília: TCU, 2015.

BRASIL. Tribunal de Contas da União. *Relatório e parecer prévio sobre as contas do governo da república – Exercício de 2013*. 2014. Disponível em: <http://portal.tcu.gov.br/contas/ contas-do-governo-da-republica/>. Acesso em: 15 nov. 2016.

CANOTILHO, José Joaquim Gomes. Tribunal de Contas como instância dinamizadora do princípio republicano. *Revista do Tribunal de Contas de Santa Catarina*, ano 5, n. 6, Florianópolis, p. 17-18, setembro 2008.

CARTIER-BRESSON, J. As análises econômicas das causas e consequências da corrupção: algumas lições para os países em desenvolvimento. In: BRASIL. Ministério do Planejamento, Orçamento e Gestão. Secretaria de Gestão. *Seminário Brasil-Europa de prevenção da corrupção:* textos de referência. Brasília: MP, 2007.

CARVALHO, J. M. D. Passado, presente e futuro da corrupção brasileira. In: AVRITZER, L. *et al.* (Org.). *Corrupção:* ensaios e críticas. Belo Horizonte: UFMG, 2008.

CARVALHOSA, Modesto. *Considerações sobre a Lei Anticorrupção das Pessoas Jurídicas.* São Paulo: Revista dos Tribunais, 2015.

CEARÁ. Tribunal de Justiça. *Agravo Regimental no Mandado de Segurança Cível nº 5918-31.2009.8.06.0000/1.* Relator Desembargador Francisco Lincoln Araújo e Silva. Voto proferido em 8.11.2012.

CHAK, D. L. M. Fighting Corruption by Authorities – What Worked and What Went Wrong. *16th International Anti-Corruption Conference.* Putrajaya, Malaysian Anti-Corruption Commission (MACC), 3 set. 2015.

COMPARATO, Fabio Konder. *Ética:* direito, moral e religião no mundo moderno. São Paulo: Companhia das Letras, 2006.

CONTI, José Maurício. *Levando o direito financeiro a sério.* São Paulo: Blucher, 2016.

CONTI, José Maurício. Supremo gera polêmica ao decidir sobre julgamento de contas de prefeitos. *Consultor Jurídico*, 2016. Disponível em: <www.conjur.com.br>. Acesso em: 16 set. 2016.

CONVENÇÃO DA OCDE. Disponível em: <http://www.cgu.gov.br/sobre/perguntas-frequentes/articulacao-internacional/convencao-da-ocde>. Acesso em: 24 out. 2016.

CORRÊA, Hudson. *CGU aponta desvio de verba na Fundação José Sarney.* Disponível em: <http://epoca.globo.com/tempo/noticia/2014/03/cgu-aponta-desvio-de-verba-na-bfundacao-jose-sarneyb.html>. Acesso em: 9 ago. 2016.

COUNCIL OF EUROPE. *Agreement Establishing the Group of States against Corruption – GRECO.* Strasbourg, 1999. Disponível em: <https://rm.coe.int/16806cd24f>. Acesso em: 17 jan. 2018.

CUISSET, A. La experiência francesa. In: SANTIAGO, C. C. *Mejores Prácticas Internacionales en Matéria de Combate a la Impunidad y la Corupción.* México: Centro de Produción Editorial, 2008. p. 53-67.

DIAS, Eduardo Rocha. *Sanções administrativas aplicáveis a licitantes e contratados.* São Paulo: Dialética, 1997.

DI PIETRO, Maria Sylvia Zanella; MARRARA, Thiago (Coord.). *Lei Anticorrupção comentada.* Belo Horizonte: Fórum, 2017.

DOIG, A. An International Perspective. *Transparency Review,* v. 4, n. 1, June-August 2014.

DOIG, Alan; WATT, David; WILLIAMS, Robert. *Measuring 'Success' in Five African Anti-Corruption Commissions* – the Cases of Ghana, Malawi, Tanzania, Uganda & Zambia. U4 Anti-Corruption Research Centre, 2005.

FAYOL, H. Administration Industrielle et Générale; Prévoyance, Organisation, Commandement, Coordination et Controle. In: _____. *Rapports et Travaux de la Semaine des Postes, Télégraphes et Téléphones*. Paris: Association National d'Expansion Economique, 1923.

FEDERAL BUREAU OF INVESTIGATION – FBI. *What We Investigate: Public Corruption*, 2016. Disponível em: <https://www.fbi.gov/investigate/public-corruption>. Acesso em: 4 ago. 2016.

FELLET, João. *Lista de Fachin*: seguindo média do STF, julgamentos só viriam no fim de 2022 2017. Disponível em: <http://www.bbc.com/portuguese/brasil-39570720>. Acesso em: 26 jan. 2018.

FERNANDES, Jorge Ulisses Jacoby. Limites à revisibilidade judicial das decisões do Tribunal de Contas. *Revista do TCEMG*, Belo Horizonte, n. 2, 1998.

FERREIRA JÚNIOR, Adircélio de Moraes. *O bom controle público e as Cortes de Contas como tribunais da boa governança*. 2015. 257p. Dissertação (Mestrado) – Centro de Ciências Jurídicas, Universidade Federal de Santa Catarina, Florianópolis, 2015.

FERREIRA, L. V.; FORNASIER, M. D. O. Agências anticorrupção e administração pública: uma perspectiva comparada entre Brasil e outros países. *Quaestio Iuris*, Rio de Janeiro, v. 8, n. 3, p. 1583-1601, 2015.

FILGUEIRAS, F.; ARANHA, A. L. M. Controle da corrupção e burocracia da linha de frente: regras, discricionariedade e reformas no Brasil. *Revista Dados*, v. 54, n. 1, p. 366-367, 2011.

FILGUEIRAS, F. A tolerância à corrupção no Brasil: uma antinomia entre normas morais e prática social. *Opinião Pública*, Campinas, v. 15, p. 386-421, nov. 2009.

FILHO, Mário Simas; BARREIRA, Biô. Os Vedoin acusam Serra. *IstoÉ*, 20 set. 2006. Disponível em: <http://www.istoe.com.br/reportagens/4776_OS+VEDOIN+ACUSAM+SERRA>. Acesso em: 14 abr. 2016.

FOLHA DE S.PAULO. *Entenda as denúncias contra a Fundação José Sarney*. Disponível em: <http://www1.folha.uol.com.br/poder/2009/10/643234-entenda-as-denuncias-contra-a-fundacao-jose-sarney.shtml>. Acesso em: 20 de jun. 2016.

FRAGA, E. Estudos revelam como a corrupção prospera e funciona. *Folha de São Paulo*, 2016. Disponível em: <http://www1.folha.uol.com.br/ilustrissima/2016/05/1773117-estudos-revelam-como-a-corrupcao-prospera-e-funciona.shtml>. Acesso em: 20 jul. 2016.

FUNDAÇÃO INSTITUTO DE ADMINISTRAÇÃO. Universidade de São Paulo. *Sumário de resultados da pesquisa diagnóstico e proposição de projeto de apoio ao desenvolvimento dos tribunais de contas estaduais e municipais*. Disponível em: <https://tcenet.tce.go.gov.br/Downloads/Arquivos/000195/apres_diagnosticoFGV.ppt>. Acesso em: 19 jul. 2016.

FURTADO, Lucas Rocha. *As raízes da corrupção no Brasil*. Belo Horizonte: Fórum, 2015.

GUSTIN, Miracy Barbosa de Sousa; DIAS, Maria Tereza Fonseca. *(Re)pensando a pesquisa jurídica*: teoria e prática. 4. ed. Belo Horizonte: Del Rey, 2013.

HEAN, S. K. *Effective Investigation of and Punishment for Corruption*. APEC ANTI-CORRUPTION & TRANSPARENCY SYMPOSIUM on "Systematic Approach to Building Anti-Corruption Capacity: Diagnosing & Evaluating Corruption and Sharing Best Anti-Corruption Policies". Seoul, 2009.

HEILBRUNN, J. R. *Anti-Corruption Comissions*: Panacea or Real Medicine to Fight Corruption? Washington, D.C.: World Bank Institute, 2004.

HERDY, T. Combate à corrupção é lento nos tribunais, distante da meta do CNJ. *O Globo*, 2015. Disponível em: <www.oglobo.com>. Acesso em: 20 set. 2016.

HIN, K. T. *Corruption Control in Singapore*. The 13th International Training Course on the Criminal Justice Response to Corruption: Visiting Experts' Papers (UNAFEI), 2011. Disponível em: <http://www.unafei.or.jp/english/pdf/RS_No83/No83_17VE_Koh1.pdf>. Acesso em: 19 jul. 2016.

HUSSMAN, K.; HECHLER, H.; PEÑAILILLO, M. Institutional Arrangements for Corruption Prevention: Considerations for the Implementation of the United Nations Convention against Corruption Article 6. *U4 Issue*, Bergen, n. 4, p. 1-26, 2009. Disponível em: <http://www.u4.no/>. Acesso em: 22 ago. 2016.

IBGE. *Agência IBGE Notícias*. Disponível em: <https://agenciadenoticias.ibge.gov.br>. Acesso em: 9 mar. 2018.

IBGE. *Anuário Estatístico do Brasil, 1987-1988*. Disponível em: <http://biblioteca.ibge.gov. br/visualizacao/periodicos/20/aeb_1987_1988.pdf>. Acesso em: 31 jul. 2014.

IBGE. *Anuário Estatístico do Brasil, 2013-2014*. Disponível em: <http://biblioteca.ibge.gov. br/visualizacao/periodicos/38/aeb_2013_2014.pdf>. Acesso em: 1º ago. 2014.

IBGE. *Brasil em síntese*. Disponível em: <https://brasilemsintese.ibge.gov.br/territorio/ dados-geograficos.html>. Acesso em: 9 mar. 2018.

IBGE. *Cidades*. Disponível em: <https://cidades.ibge.gov.br>. Acesso em: 9 mar. 2018.

IBGE. *Estimativas de população*. Disponível em: <https://www.ibge.gov.br/ estatisticas-novoportal/sociais/populacao/9103-estimativas-de-populacao.html? edicao=9113&t=downloads>. Acesso em: 9 mar. 2018.

IBGE. *Produto Interno Bruto dos municípios*. Disponível em: <https://www.ibge.gov.br/ estatisticas>. Acesso em: 9 mar. 2018.

IBGE. *Projeções e estimativas da população do Brasil e das unidades da federação*. Disponível em: <https://www.ibge.gov.br>. Acesso em: 9 mar. 2018.

INDEPENDENT COMISSION AGAINST CORRUPTION. *Brief History*, 2016. Disponível em: <http://www.icac.org.hk/mobile/en/about_icac/bh/index.html>. Acesso em: 18 jul. 2016.

INDEPENDENT COMISSION AGAINST CORRUPTION. *Controlling Officer's Report*, 2016. Disponível em: <http://www.budget.gov.hk/2016/eng/pdf/head072.pdf>. Acesso em: 19 jul. 2016.

INDEPENDENT COMISSION AGAINST CORRUPTION – NEW SOUTH WALES. *About the ICAC*, 2016. Disponível em: <https://www.icac.nsw.gov.au/about-the-icac/overview>. Acesso em: 29 jul. 2016.

INSTITUTE FOR DEMOCRACY AND ELECTORAL ASSISTANCE (IDEA). Anti-Corruption Courts and Prosecutors. In: _____. *Funding of Combating Corruption: Constitutional Frameworks for the Middle East and North Africa*. Stockholm, Sweden: Center for Constitutional Transitions, International IDEA and the United Nations Development Programme, 2014.

INSTITUTO RUI BARBOSA. *Pesquisa sobre tribunais de contas no Brasil*: a percepção do corpo deliberativo. Belo Horizonte: IRB, 2007.

JUNIOR, Policarpo. O homem-chave do PTB. Veja, p. 57, edição de 18 de maio de 2005. In: FURTADO, Lucas Rocha. *As raízes da corrupção no Brasil*. Belo Horizonte: Fórum, 2015.

JUNIOR, Policarpo. O senador e o lobista. *Veja*, São Paulo, n. 21, edição 2010, p. 56-59, maio 2007.

JUSTEN FILHO, Marçal. *A "nova" Lei Anticorrupção brasileira* (Lei Federal nº 12.846), Curitiba, n. 82, dezembro de 2013. Disponível em: <http://www.justen.com.br/informativo. php?&informativo=82&artigo=1110&l=pt>. Acesso em: 10 out. 2015.

LAVERICK, W. International Crime, State Crime and Corruption. In: LAVERICK, W. *Global Injustice and Crime Control*. New York: Routledge, 2016. p. 136-159.

LIMA, Cláudia. *Os maiores escândalos de corrupção do Brasil*. 2012. Disponível em: <http://mundoestranho.abril.com.br/materia/os-maiores-escandalos-de-corrupcao-do-brasil>. Acesso em: 9 ago. 2016.

LOYA, R. A. E. *El Marco Normativo del Combate a la Corrupción*. México, D.F: Editorial Porrúa, 2007.

MACHADO, B. A. Ministério Público e o controle penal da corrupção. A Promotoria Anticorrupção (FERDERC) na Espanha: do modelo formal ao modelo construído. *Revista da Associação Brasileira de Professores de Ciências Penais*, São Paulo: RT, p. 123-145, jul-dez. 2007.

MALAYSIAN ANTI-CORRUPTION COMISSION. *Offenders's Corruption Database*, 2016. Disponível em: <http://www.sprm.gov.my/index.php/en/enforcement/corruption-offenders-database?id=1014>. Acesso em: 29 jul. 2016.

MALAYSIAN ANTI-CORRUPTION COMISSION. *Report Corruption – Malaysia's Experience Sharing Good Practices*. INTERNATIONAL ANTI-CORRUPTION CONFERENCE 2015, 16, v. 1.

MARQUES, José. Citados no mensalão Tucano se beneficiam de prescrições. *Folha de São Paulo*, 2017. Disponível em: <http://www1.folha.uol.com.br/poder/2017/06/1893632-citados-no-mensalao-tucano-se-beneficiam-de-prescricoes.shtml>. Acesso em: 29 jan. 2018.

MARTINI, M. *Anti-Corruption Specialisation*: Law Enforcement and Courts. Transparency International Anti-Corruption Helpdesk, 2014. Disponível em: <www.transparency.org>. Acesso em: 20 set. 2016.

MARTINS, Ives Gandra da Silva. *Direito constitucional interpretado*. São Paulo: Revista dos Tribunais, 1992.

MARTINS, Ives Gandra da Silva; BASTOS, Celso Ribeiro. *Comentários à Constituição do Brasil*. São Paulo: Saraiva, 2000.

MASCARENHAS, Gabriel. CPI da Petrobras aprova relatório que blinda políticos. *Folha de São Paulo*, 2015. Disponível em: <http://www1.folha.uol.com.br/poder/2015/10/1697010-cpi-da-petrobras-isenta-congressistas-mas-pede-indiciamento-de-vaccari.shtml>. Acesso em: 26 jan. 2018.

MAZZON, J. A.; NOGUEIRA, R. *Projeto de prestação de serviço especializado para realização de pesquisa e proposição de iniciativas para adequada implantação da Lei de Responsabilidade Fiscal (LRF) pelos tribunais de contas estaduais e municipais*. São Paulo: FIA/USP, 2002.

MEIRELES, Andrei. Peguei R$ 3 milhões. *Época*, São Paulo, edição 486, set. 2007.

MEIRELES, Andrei; AMARAL, Ricardo; RANGEL, Rodrigo. Curto-circuito no ministério. *Época*, 11 jan. 2008. Disponível em: <http://revistaepoca.globo.com/Revista/ Epoca/0EDG81056-6009-504,00-CURTOCIRCUITO+NO+MINISTERIO.html>. Acesso em: 23 jun. 2016.

MONTEIRO, F. M. *Anti-Corruption Agencies: Solution or Modern Panacea?* Lessons from Ongoing Experiences. Washington DC: The George Washington University School of Business – Institute of Brazilian Issues, 2013.

MOURÃO, Licurgo. *Orçamento público biopolítico: corrupção, transparência e efetivação dos gastos*. 2016. 631f. Tese (Doutorado em Direito) – Faculdade de Direito, Universidade de São Paulo, São Paulo, 2016.

MOURÃO, Licurgo. Neurociência: um novo modelo para políticas anticorrupção? *Fórum Administrativo – FA*, Belo Horizonte, ano 17, n. 201, p. 50-60, nov. 2017.

MOURÃO, Licurgo; FERREIRA, Diogo Ribeiro; CASTRO, Rodrigo Pironti Aguirre de. Controle da administração pública. In: MOTTA, Carlos Pinto Coelho (Coord.). *Curso prático de direito administrativo*. 3. ed., rev. atual. e ampl. Belo Horizonte: Del Rey, 2011. p. 1009-1131.

MOURÃO, Licurgo; FILHO, Gélzio Gonçalves Viana. *Matriz de risco, seletividade e materialidade*: paradigmas qualitativos para a efetividade das Entidades de Fiscalização Superiores. Disponível em: <http://www.olacefs.com/?s=Matriz+de+risco%2C+ seletividade+e+materialidade%3A&lang=es&lang=es>. Acesso em: 1º ago. 2016.

NACIONES UNIDAS. Comisión de Prevención del Delito y Justicia Penal. *La Acción de Naciones Unidas contra la Corrupción y el Soborno*. Septiembre 1997.

NUNES, Antônio Carlos Ozório. Corrupção: o combate através da prevenção. In: PIRES, Luis Manuel Fonseca; ZOCKUN, Maurício; ADRI, Renata Porto (Coord.). *Corrupção, ética e moralidade administrativa*. Belo Horizonte: Fórum, 2008.

O ESTADO DE SÃO PAULO. *Ação cível do mensalão tucano começa a tramitar em MG*. Disponível em: <http://noticias.uol.com.br/ultimas-noticias/agencia-estado/2015/06/05/ acao-civel-do-mensalao-mineiro-comeca-a-tramitar.htm>. Acesso em: 14 abr. 2016.

OLIVEIRA, Gustavo Justino de. A insegurança jurídica das empresas e os acordos de leniência na legislação anticorrupção brasileira. *Migalhas*, 2017. Disponível em: <http:// www.migalhas.com.br/dePeso/16,MI259553,21048-A+inseguranca+juridica+das+empre- sas+e+os+acordos+de+leniencia+na>. Acesso em: 30 jan. 2018.

OUR WORLD IN DATA. *Human Development Index x Corruption Perception Index*, 2013. Our World in Data, 2013. Disponível em: <https://ourworldindata.org/grapher/ human-development-index-vs-corruption-perception-index>. Acesso em: 18 jan. 2018.

PAIVA, Natália; SAKAI, Juliana. *Quem são os conselheiros dos Tribunais de Contas*. Disponível em: <http://www.atricon.org.br/wpcontent/uploads/2014/04/TransparenciaBrasil_ TribunaisdeContas_Abril2014.pdf>. Acesso em: 6 nov. 2016.

PARÁ. Tribunal de Contas. 150 anos de nascimento de Serzedello Corrêa. *Tribunal de Contas do Estado do Pará – Controle externo em benefício da sociedade*, 2016. Disponível em: <http://www.tce.pa.gov.br/index.php/sala-de-imprensa/noticias-do-tce-pa/165-150-anos- de-nascimento-de-serzedello-corr>. Acesso em: 29 set. 2016.

PETERS, B. G.; ERKKILÄ, T.; MARAVIĆ, P. V. Corruption. In: PETERS, B. G.; ERKKILÄ, T.; MARAVIĆ, P. V. *Public Administration:* Research Strategies, Concepts and Methods. New York: Routledge, 2016.

PLESSIS, A. D. *Corruption Isn't Just a Developing World Issue, and It's Time Western Leaders Did More*. World Economic Forum, 2016. Disponível em: <https://www.weforum.org/agenda/2016/05/corruption-isn-t-just-a-developing-world-issue-and-it-s-time-western--leaders-did-more/>. Acesso em: 21 jul. 2016.

POPE, J.; VOGL, F. Making Anticorruption Agencies More Effective. *Finance & Development*, Washigton, D.C., v. 37, n. 2, June 2000.

PORTUGAL. *Constituição da República Portuguesa*, de 1976. Disponível em: <http://www.parlamento.pt/Legislacao/Paginas/ConstituicaoRepublicaPortuguesa.aspx>. Acesso em: 25 nov. 2016.

PORTUGAL. Procuradoria-Geral Distrital de Lisboa. *Lei nº 48*, de 29 de agosto de 2006. Disponível em: <http://www.pgdlisboa.pt/leis/lei_mostra_articulado.php?nid=877&tabela=leis>. Acesso em: 7 nov. 2016.

PORTUGAL. Tribunal de Contas. Disponível em: <https://www.tcontas.pt/>. Acesso em: 17 mar. 2018.

QUAH, J. S. T. Combating Corruption in Singapore: What Can Be Learned? *Journal of Contingencies and Crisis Management*, 9, n. 1, p. 29-35, mar. 2001.

RAZALI, N. M. *Malaysian Anti-Corruption Governance and Initiatives*. THE AUSTRALIAN PUBLIC SECTOR ANTI-CORRUPTION CONFERENCE 2013. Sydney: APSAC Conference, 2013.

RELATÓRIO final da Comissão de Inquérito sobre a violação do painel do Senado. 2001. Disponível em: <www1.folha.uol.com.br/folha/Brasil/quebra_de_sigilo-relatorio_saturnino.doc>. Acesso em: 8 out. 2015.

RELATÓRIO final da CPMI dos Correios, v. III, p. 1696, abr. 2006. In: FURTADO, Lucas Rocha. *As raízes da corrupção no Brasil*. Belo Horizonte: Fórum, 2015.

RESPONSABILIDADE SOCIAL. *CPI das ONGs: será que sai mesmo?* Editorial. Disponível em: <http://www.responsabilidadesocial.com/edicoes/44/>. Acesso em: 9 ago. 2016.

RINGENBERG, Diogo Roberto. *Um TC mais técnico, para o bem do Brasil*. Disponível em: <http://www.ampcon.org.br/ampcon/noticias_midia/1/0/1455/%22Um_TC_mais_técnico,_para_o_bem_do_Brasil%22,_diz_AMPCON.html>. Acesso em: 10 dez. 2013.

RIO GRANDE DO SUL. Tribunal Regional do trabalho da 4ª Região. *Atualização monetária*. Disponível em: <http://www.trt4.jus.br/portal/portal/trt4/servicos/atualizacaoMonteraria/AtualizacaoValoresINPC/atualizacao-valores-porlet->. Acesso em: 31 jun. 2016.

ROCHA, L. G. O combate à corrupção em redes interorganizacionais: um estudo da estratégia nacional de combate à corrupção e à lavagem de dinheiro. *Revista da CGU*, Brasília, ano III, n. 5, p. 70-82, dez. 2008.

RODRIGO, B. Seis casos que mostram como a corrupção se tornou um problema para os espanhóis. *Diário de Notícias*, 2016. Disponível em: <www.dn.pt/mundo>. Acesso em: 26 set. 2016.

RODRIGUES, Allan; MARCONDES DE MOURA, Pedro; PARDELLAS, Sérgio. O esquema que saiu dos trilhos. *IstoÉ*, São Paulo, n. 37, edição 2279, p. 44-52, jul. 2013.

ROSE-ACKERMAN, S. Uma estratégia de reforma anticorrupção. In: BRASIL. Ministério do Planejamento, Orçamento e Gestão. Secretaria de Gestão. *Seminário Brasil-Europa de prevenção da corrupção:* textos de referência. Brasília: MP, 2007. p. 40-54.

SANTIAGO, C. C. *Mejores Prácticas Internacionales en Matéria de Combate a la Impunidad y la Corrupción.* México: Centro de Produción Editorial, 2008.

SANTOS JÚNIOR, Belisário; PARDINI, Isabella Leal. Lei Anticorrupção gera incertezas, mas consolida a necessidade do compliance. *Interesse Nacional*, ano 6, n. 24, jan./mar. 2014. Disponível em: <http://interessenacional.uol.com.br/index.php/edicoesrevista/lei-anticorrupcao-gera-incertezas-mas-consolida-a-necessidade-docompliance/>. Acesso em: 13 out. 2015.

SANTOS, R. A. D. Institucionalização dos mecanismos anticorrupção: da retórica ao resultado. *Revista da CGU*, v. 4, n. 6, Brasília, p. 85-109, setembro 2009.

SÃO PAULO. Controladoria-Geral do Município de São Paulo. *Controladoria em casos*: experiências inovadoras para o combate à corrupção e a promoção da integridade na cidade de São Paulo. São Paulo: Controladoria-Geral do Município de São Paulo, 2016.

SATURNINO, Roberto (Relator). *Relatório final da Comissão de Inquérito sobre a violação do painel do Senado*, 2001. Disponível em: <www1.folha.uol.com.br/folha/Brasil/quebra_de_sigilo-relatorio_saturnino.doc>. Acesso em: 8 out. 2015.

SCHEDLER, A. Conceptualizing Accountability. In: SCHEDLER, A.; DIAMOND, L.; PLATTNER, M. F. *The Self-Restraining State. Power and Accountability in New Democracies.* Boulder, London: Lynne Rienner Publishers, 1999.

SCHÜTTE, S. A. *Specialised Anti-Corruption Courts: Indonesia.* U4, 2016. Disponível em: <www.u4.no>. Acesso em: 23 set. 2016.

SEÑA, Jorge Malem. *La Corrupción.* Aspectos Éticos, Económicos, Políticos y Jurídicos. Barcelona: Gedisa Editorial, 2002.

SERAPIÃO, Fábio. Castelo de areia, a operação das operações. *Carta Capital.* Disponível em: <http://www.cartacapital.com.br/blogs/blog-do-serapiao/a-operacao-das-operacoes-9653.html>. Acesso em: 24 jun. 2016.

SERGIPE. Tribunal de Justiça. *Medida liminar no Mandado de Segurança nº 2012107425.* Disponível em: <http://www.omci.org.br/m/jurisprudencias/arquivos/2016/tjse_201600110899_03052016.pdf>. Acesso em: 16 nov. 2016.

SERRA, Rita de Cássia Chió. *Dos laços de conexão do controle social com o sistema de controle da Administração Pública:* avanços e desafios após a Constituição Federal de 1988. 2011. 140p. Dissertação (Mestrado) – Fundação João Pinheiro, Belo Horizonte, 2011.

SERRA, Rita de Cássia Chió; CARNEIRO, Ricardo. Controle social e suas interfaces com os controles interno e externo no Brasil contemporâneo. *Espacios Publicos*, Universidad Autónoma del Estado de México, México: Toluca, v. 15, n. 34, p. 43-64, mayo-agosto 2012.

SILVA, Marcos Fernando Gonçalves da; GARCIA, Fernando; BANDEIRA, Andrea Camara. *How Does Corruption Hurt Growth? Evidences about the Effects of Corruption on Factors Productivity and per Capita Income.* São Paulo: FGV, 2002.

SILVESTRE, João; BAGATINI, Fernanda. A história pede passagem: inspeção do TCE-RS influencia tema central para a população e inaugura nova frente de fiscalização: as tarifas do transporte coletivo. *Cautelar; Revista do Tribunal de Contas do Estado do Rio Grande do Sul*, ano III, ed. III, p. 18-23, nov. 2013.

SIMONE, F. D.; TAXELL, N. *Donors and "Zero Tolerance for Corruption": From Principle to Practice.* [S.l]: U4 Anti-Corruption Resource Centre. February, 2013.

SOUSA, L. D. As agências anticorrupção como peças centrais de um sistema de integridade. *Revista da CGU*, Ano III, n. 4, Brasília, p. 20-45, junho 2008.

SPINELLI, Mário Vinícius Claussen. Desmontando a máfia dos fiscais. *Cautelar: Revista do Tribunal de Contas do Estado do Rio Grande do Sul*, Porto Alegre, Ano IV, p. 6-8, nov. 2014. (Entrevista).

STEPHENSON, M. A Tale of Two Regions: Anti-Corruption Trends in Southeast Asia and Latin America. *GAB The Global Anticorruption Blog*, 2016. Disponível em: <https://globalanticorruptionblog.com/>. Acesso em: 24 ago. 2016.

TEIXEIRA, M. A. C. Tribunal de Contas da União: trajetória institucional e desafios contemporâneos. In: CUNHA, Alexandre dos Santos; MEDEIROS, Bernardo Abreu de; AQUINO, Luseni Maria C. de. *Estado, instituições e democracia*: República. Brasília: IPEA, 2010. v. I, livro 9.

THE ECONOMIST. *Corruption in Latin America*: Democracy to the Rescue?, 2015. Disponível em: <http://www.economist.com/news/americas/21646272-despite-epidemic-scandal-region-making-progress-against-plague-democracy>. Acesso em: 21 jul. 2016.

TIIHONEN, Seppo. *Central Government Corruption in Historical Perspective.* Washington-DC: IOS Press, 2003.

TRANSPARÊNCIA BRASIL. *Transparência Brasil*, 2014. Disponível em: <http://www.transparencia.org.br/downloads/publicacoes/TBrasil%2020Tribunais%20de%20Contas%202016.pdf>. Acesso em: 4 maio 2016.

TRANSPARENCY INTERNATIONAL. *Corruption Perceptions Index 2015: Data and Methodology*, 2015. Disponível em: <http://www.transparency.org/cpi2015>. Acesso em: 2 ago. 2016.

TROTABAS, Louis. *Droit Budgétaire et Comptabilité Publique.* Paris: Ddeloz, 1972.

UNITED NATIONS DEVELOPMENT PROGRAMME. *Institutional Arrangements to Combat Corruption*: a Comparative Study. Bangkok: UNDP, 2005.

UNITED STATES OFFICE OF GOVERNMENT ETHICS. *Missions and Responsabilities*, 2016. Disponível em: <https://www.oge.gov/Web/OGE.nsf/Mission%20and%20Responsibilities>. Acesso em: 4 ago. 2016.

U.S. GOVERNMENT ACCOUNTABILITY OFFICE. *About GAO*, 2016. Disponível em: <http://www.gao.gov/about/index.html>. Acesso em: 4 ago. 2016.

VEJA. *Operação Anaconda*: Brasil repatria US$ 19,4 mi de Rocha Mattos na Suíça. Disponível em: <http://veja.abril.com.br/brasil/operacao-anaconda-brasil-repatria-us-194-mi-de-rocha-mattos-na-suica/>. Acesso em: 9 ago. 2016.

WONG, W. W.-H.; CHU, M. *Globalisation, Anti-corruption and Deinstitutionalisation: The Regression of the Anti-Corruption Effort in Hong Kong.* HKU-USC-IPPA CONFERENCE OF PUBLIC POLICY. [S.l.]: [s.n.]. 2016.

APÊNDICES

APÊNDICE A

FORMULÁRIO DA PESQUISA NO SISTEMA TRIBUNAL DE CONTAS DO BRASIL EM 2016

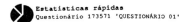

Estatísticas rápidas
Questionário 173571 'QUESTIONÁRIO 01'

Sumário dos campos para COD012

(Indicar o problema):

Resposta	Contagem	Percentagem
Resposta	14	100.00%
Sem resposta	0	0.00%

ID	Resposta
34	Despreparo e escolha política de Conselheiros antes envolvidos em crimes de improbidade.
50	Falta de integração dos TCs direto com a sociedade.
78	O problema está na elaboração do instrumento de pesquisa. Se você coloca uma afirmação negativa e tem resposta positivas e negativas se respondente que afirma algo com uma conotação positiva tem que responder negativo. veja o trocadilho como atrapalha. P.ex. a assertiva, mas serve para as demais., "Desconhecimento pela sociedade" é relevante para imagem do TC? claro que não o que relevante é que o é que sociedade tenha conhecimento da imagem do TC. Então se assertiva fosse assim "o conhecimento pela sociedade" é relevante para TC ficaria bem melhor e mais compreensível.
92	Descrédito das maioria das instituições públicas, especialmente dos tribunais de contas, que são, na prática, uma extensão dos poderes legislativos, cuja avaliação popular é comumente a pior.
123	A falta de entendimento perece e nacionalizados por questões corriqueiras da adminsitração público, levando-se em conta que a legislação é a mesma para todos os estados, e assim, deveria haver um entendimento nacional, notadamente nas questões relativas a pessoal, onda os casuímos e o corporativismo estão sempre presentes.
131	A sociedade cria uma imagem distorcida da instituição tendo-a como custo desnecessário, porquanto, dentre outros, a instituição TC é lembrada como um "cabide de empregos"; e Imagem associada a uma redundância de controle, dado que a sociedade não entende a necessidade de instituições de controle interno e externo.
136	Decisões sem apoio nos relatórios técnicos (em oposição aos relatórios técnicos)
137	As decisões incoerentes ou injustas tomadas pelo colegiado do Tribunal e o trabalho técnico de baixa qualidade que contribuem para uma decisão incorreta do Tribunal. Esses e outros problemas que, mesmo que haja canais suficientes e eficientes e um ótimo plano de comunicação, irão desagradar a sociedade e contribuir para uma imagem institucional ruim.
161	Ausencia de percepção do papel dos membros que compõe os Tribunais de Contas, com visão preponderante e pejorativa sobre os integrantes politicos e desconhecimentos do papel dos membros técnicos (Conselheiros Substitutos), o que contribui negativamente para a imagem institucional
254	Satisfação da sociedade com a atuação dos Tribunais de Contas
260	FORMA DE ESCOLHA DOS MINISTROS E CONSELHEIRO DOS TCs
290	Ausência de órgão regulador nacional
320	Ausência de marketing institucional, para melhorar a imagem dos TCEs
362	A forma de ingresso dos membros dos tribunais de contas A baixa efetividade das decisões dos tribunais de contas (entende-se por baixa efetividade a ausência ou insuficiente de juridicidade e qualidade técnica - profissionalismo - na realização dos processos de controle externo)

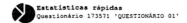

Estatísticas rápidas
Questionário 173571 'QUESTIONÁRIO 01'

Sumário dos campos para COD022

(Indicar o problema):

Resposta	Contagem	Percentagem
Resposta	4	100.00%
Sem resposta	0	0.00%

ID	Resposta
31	Inexistência ou insuficiência de jurisprudência organizada e informatizada
34	Multiplicidade de órgãos de controle.
123	Não existe no ambito do controle externo a conciencia da necessidades que têm estas isntituições de se inovarem conjuntamente.
362	A baixa efetividade de suas decisões inibe a interação com outros TC, órgãos e Poderes, pois demonstrará a suas deficiências ou vulnerabilidade técnicas.

Estatísticas rápidas
Questionário 173571 'QUESTIONÁRIO 01'

Sumário dos campos para COD032

(Indicar o problema):

Resposta	Contagem	Percentagem
Resposta	10	100.00%
Sem resposta	0	0.00%

ID	Resposta
31	Baixo ou nulo envolvimento e comprometimento do órgão de cúpula com os processos de planejamento.
34	Planejar atividades orientadas para o combate à corrupção
92	Embora seja feito planejamento estratégico, as gestões sucessivas parecem esquece-lo; não há continuidade.
131	Alta resiliência à necessidade de planejamento, decorrente da composição de quadro técnico notadamente sem concurso; e Ausência do conhecimento e motivação técnica necessária à implementação da cultura de planejamento.
137	Baixo envolvimento e comprometimento do colegiado de conselheiros e de conselheiros substitutos (membros) com o planejamento estratégico, pois se a liderança maior não tomar a frente desse processo os seus liderados também terão dificuldade de envolvimento e de implantação das ações planejadas.
168	baixo comprometimento do corpo especial com o processo de planejamento.
254	Inexistência de um Modelo de Gestão da Estratégia (ciclo PDCA)
362	Ausência ou baixo investimento em treinamento e desenvolvimento profissional, novas metodologias e tecnologias de trabalho de fiscalização e controle
376	Baixo envolvimento e comprometimento do Corpo Deliberativo (excetuando Presidentes) nos processos de planejamento.
401	Baixo envolvimento e comprometimento da direção dos TCs em processos de planejamento

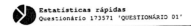

Estatísticas rápidas
Questionário 173571 'QUESTIONÁRIO 01'

Sumário dos campos para COD042

(Indicar o problema):

Resposta	Contagem	Percentagem
Resposta	12	100.00%
Sem resposta	0	0.00%

ID	Resposta
31	Pouca capacidade de finalização dos processos por parte dos órgãos colegiados
34	Apego excessivo ao processo e leniência quanto ao combate à corrupção
75	Ausência de domínio e mapeamento dos processos de trabalho.
92	Falta de padronização ou de aplicação de padrões de procedimentos estabelecidos nas atividades de fiscalização, inclusive no tocante aos critérios de escolha das entidades e objetos fiscalizados, assim como em relação aos critérios utilizados para o julgamento dos processos derivados. Existência, na estrutura organizacional, de unidades com função fiscalizadora controladas por conselheiros.
137	Falta de planejamento estratégico, com metas, plano de ações e prazos definidos com a participação de todos os servidores, ainda que por representatividade.
290	Timidez na adoção de medidas cautelares para resguardar a eficácia de suas decisões de mérito
302	Atuação pontual e "no varejo" por parte das Cortes de Contas, quando poderiam e deveriam trabalhar no "atacado", de maneira geral e propositiva.
362	Os procedimentos de trabalho, em sua maioria, não são planejados e executados com base em critérios de relevância, materialidade, risco e criticidade.
365	Ausência de manualização das rotinas e procedimentos de trabalho.
366	Inexistência de Metodologia de trabalho, especialmente de Fiscalização
376	Ausência de monitoramento do cumprimento das deliberações pelos jurisdicionados. Rito processual parcialmente uniformizado e padronizado. Baixa produtividade dos servidores.
384	- Pouco investimento no monitoramento quanto ao cumprimento das deliberações dos tribunais. - Baixa integração ou integração inexistente entre os instrumentos de prestação de contas e auditoria

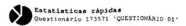

Estatísticas rápidas
Questionário 173571 'QUESTIONÁRIO 01'

Sumário dos campos para COD052

(Indicar o problema):

Resposta	Contagem	Percentagem
Resposta	7	100.00%
Sem resposta	0	0.00%

ID	Resposta
31	ausência de independência política para atuar por parte dos colegiados.
34	Excesso de cargos comissionados inúteis e ocupados por pessoas despreparadas
92	Persistência de abordagens e procedimentos díspares pelos relatores e mesmo pelas unidades de instrução e Ministério Público de Contas.
123	Ha necessidade de se combater o coorporativímos dos 4 CICLOS ... 1 CONSELHEIROS, 2 AUDITORES SUBSTITUTOS, 3 - PROCURADORES E 4 - AUDITORES... tabalham feitos ilhas
362	Baixa profissionalização das atividades de controle externo, a começar pela falta de exigência de formação profissional específica (contabilidade, direito, administração, economia), Áreas afins do controle externo.
365	Vinculação direta (administrativa e processual) das Controladorias (área técnica que realiza as fiscalizações e auditorias) aos relatores das contas.
366	Vinculação direta entre o setor técnico encarregado do exercício da fiscalização e os Conselheiros.

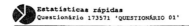

Estatísticas rápidas
Questionário 173571 'QUESTIONÁRIO 01'

Sumário dos campos para COD062

(Indicar o problema):

Resposta	Contagem	Percentagem
Resposta	4	100.00%
Sem resposta	0	0.00%

ID	Resposta
34	Dotar o corpo julgador de conselheiros independentes e concursados
123	Não é necessária a criação de novos órgãos ou intancias, apenas o Mp E O PJ precisam funcionar.
161	Disputas internas e políticas que impedem o exercício pleno dos Conselheiros Substitutos
362	A baixa efetividade das decisões dos tribunais de contas (entende-se por baixa efetividade a ausência ou insuficiente de juridicidade e de qualidade técnica - profissionalismo - na realização dos processos de controle externo)

Estatísticas rápidas
Questionário 173571 'QUESTIONÁRIO 01'

Sumário dos campos para COD072

(Indicar o problema):

Resposta	Contagem	Percentagem
Resposta	6	100.00%
Sem resposta	0	0.00%

ID	Resposta
31	Ingerência política nos trabalhos das unidades técnicas. Grande quantidade de agentes comissionados fazendo trabalho de servidor efetivo.
34	Excessiva dependência de conselheiros políticos de seus assessores
92	Desigualdade de condições de trabalho entre diferentes unidades, em termos de quantidade e qualidade de pessoal; unidades sob controle de conselheiros com excedente de pessoal, qualificado mas presumivelmente ocioso, e intocável.
137	A falta de valorização do profissional, como pessoa importante para a instituição. Entendo que a satisfação com o salário não supre a necessidade da pessoa de se sentir valorizada pelo seu trabalho e que essa necessidade é inerente a todo trabalhador, seja ele servidor publico ou não.
243	Baixa receptividade e credibilidade, por parte do corpo gerencial, em relação à inserção de práticas contemporâneas de gestão do desempenho. Considerável resiliência frente a iniciativas de desenvolvimento gerencial.
362	Insatisfação quanto a falta ou baixa efetividade das decisões dos tribunais de contas, que brinca de "faz de contas" e os servidores, por sua vez, brincam de "fazer auditorias e inspeções", gerando um circulo cultural vicioso e pernicioso.

Estatísticas rápidas
Questionário 173571 'QUESTIONÁRIO 01'

Sumário dos campos para COD082

(Indicar o problema):

Resposta	Contagem	Percentagem
Resposta	4	100.00%
Sem resposta	0	0.00%

ID	Resposta
31	Saneamento da composição (eliminação de membros condenados judicialmente ou sem requisitos). Escolha de membros com observância dos requisitos.
34	Mudar o critério de escolha de conselheiros instituindo o concurso publico
243	Existência de "amarras" de ordem legal que dificultam ou até inviabilizam a adoção de práticas de gestão e de governança necessárias à solução de diversas questões mencionadas no questionário.
362	Um quesito sobre a efetividade dos Tribunais de Contas, o qual envolve entre outros, os problemas de planejamento, procedimentos de trabalho, eficiência, eficácia e gestão de recursos humanos.

APÊNDICE B

RESPOSTAS ABERTAS NA PESQUISA QUALITATIVA EMPREENDIDA (*SURVEY*) EM 2016

QUESTIONÁRIO 01

1- IMAGEM INSTITUCIONAL:

Indique, na escala proposta, a relevância do problema para a <u>imagem institucional</u> dos Tribunais de Contas:

	Relevante	Pouco relevante	Sem relevância
Desconhecimento pela sociedade.	○	○	○
Percepção incorreta pela sociedade do objetivo e/ou do tipo de trabalho dos TCs.	○	○	○
Inexistência de Plano Estratégico de Comunicação.	○	○	○
Falta de integração entre os TCs no que tange à comunicação com a sociedade.	○	○	○
Insuficiência ou ineficácia dos canais de comunicação.	○	○	○
Insuficiência ou inexistência da estrutura de ouvidoria.	○	○	○

Existe outro problema que não foi citado?

○ Sim   ○ Não

2 - INTEGRAÇÃO EXTERNA:

Indique, na escala proposta, a relevância do problema para a <u>integração externa</u> dos Tribunais de Contas:

	Relevante	Pouco relevante	Sem relevância

Baixa integração técnica entre os TCs.	○	○	○
Ausência de canais informatizados de compartilhamento de informações entre os TCs.	○	○	○
Dificuldade de atuação integrada com outros órgãos e Poderes.	○	○	○
Ausência de canais informatizados de compartilhamento de informações com outros órgãos e/ou Poderes.	○	○	○
Integração insuficiente com a sociedade civil organizada.	○	○	○
Baixa prioridade conferida aos assuntos de integração.	○	○	○

Existe outro problema que não foi citado?

○ Sim   ○ Não

3 - PLANEJAMENTO:

Indique, na escala proposta, a relevância do problema para a eficiência e eficácia da <u>atuação planejada</u> dos Tribunais de Contas:

	Relevante	Pouco relevante	Sem relevância
Ausência de planejamento estratégico (se for o caso).	○	○	○
Processos incipientes de planejamento.	○	○	○
Baixa capacidade de investimento em planejamento.	○	○	○
Pouca quantificação de objetivos, metas e pontos de controle.	○	○	○

	Relevante	Pouco relevante	Sem relevância
Baixo envolvimento e comprometimento do corpo técnico em processos de planejamento.	○	○	○

Existe outro problema que não foi citado?

○ Sim   ○ Não

---

4 - PROCEDIMENTOS DE TRABALHO:

Indique, na escala proposta, a relevância do problema para a eficiência e eficácia dos <u>procedimentos de trabalho</u> dos Tribunais de Contas:

	Relevante	Pouco relevante	Sem relevância
Predominância de modelo burocrático de trabalho.	○	○	○
Prevalência de controle posterior e documental dos atos e objetos auditados.	○	○	○
Inexistência de processo digital.	○	○	○
Foco na legalidade em detrimento das análises de resultados.	○	○	○
Fragmentação e morosidade dos procedimentos de trabalhos.	○	○	○

Existe outro problema que não foi citado?

○ Sim   ○ Não

---

5 - EFICIÊNCIA:

Indique, na escala proposta, a relevância do problema para a <u>eficiência</u> do trabalho dos Tribunais de Contas:

	Relevante	Pouco relevante	Sem relevância
Quantidade insuficiente de pessoal.	O	O	O
Pessoal com baixa qualificação.	O	O	O
Excesso de processos por Relator.	O	O	O
Estrutura física de trabalho (informática, papelaria, etc.) insuficiente.	O	O	O
Falta de integração entre o Conselhos e entre os Conselheiros e o corpo técnico acerca de entendimentos, prioridades e visão sobre a atividade de controle.	O	O	O

Existe outro problema que não foi citado?

O Sim   O Não

6 - EFICÁCIA:

Indique, na escala proposta, a relevância do problema para a <u>eficácia</u> do trabalho dos Tribunais de Contas:

	Relevante	Pouco relevante	Sem relevância
Prioridade da análise de legalidade em detrimento de análises de economicidade e resultados.	O	O	O
Baixo valor das penalidades de multa previstas.	O	O	O
Falta de personalidade jurídica dos TCs.	O	O	O
Inexistência de advocacia pública própria dos TCs.	O	O	O

	Relevante	Pouco relevante	Sem relevância
Falta de sinergia entre o Ministério Público de Contas e os Conselheiros e órgãos técnicos.	O	O	O
Lentidão do Poder Judiciário.	O	O	O
Influência política nos TCs.	O	O	O

Existe outro problema que não foi citado?

O Sim   O Não

7 - RECURSOS HUMANOS:

Indique, na escala proposta, a relevância do problema para a gestão de Recursos Humanos dos Tribunais de Contas:

	Relevante	Pouco relevante	Sem relevância
Baixa motivação e interesse dos servidores e funcionários.	O	O	O
Raio de visão limitado por práticas cristalizadas.	O	O	O
Pouco investimento em capacitação.	O	O	O
Critérios de avaliação e desempenho insatisfatórios.	O	O	O
Avaliações de servidor pouco confiáveis por conterem critérios subjetivos.	O	O	O
Dificuldade em manter pessoal qualificado.	O	O	O
Insatisfação com Plano de Cargos e Salários.	O	O	O
Progressão não associada ao mérito.	O	O	O
Insatisfação com Salários.	O	O	O

	Relevante	Pouco relevante	Sem relevância
Baixa eficácia de mecanismos de incentivo e punição.	O	O	O

Existe outro problema que não foi citado?

O Sim   O Não

---

8 - MELHORIAS:

Dos pontos tratados neste questionário, indique, na escala proposta, aqueles mais relevantes em termos de prioridade para ações e investimentos:

	Muito relevante	Relevante	Pouco relevante	Sem relevância
Imagem institucional.	O	O	O	O
Integração externa.	O	O	O	O
Planejamento.	O	O	O	O
Procedimentos de trabalho.	O	O	O	O
Eficiência do TC.	O	O	O	O
Eficácia do Controle Externo.	O	O	O	O
Gestão de Recursos Humanos do TC.	O	O	O	O

Existe outro problema que não foi citado?

O Sim   O Não

ENVIAR

APÊNDICE B
RESPOSTAS ABERTAS NA PESQUISA QUALITATIVA EMPREENDIDA (SURVEY) EM 2016

QUESTIONÁRIO 02

Com base nas informações disponibilizadas por este Tribunal nas vias institucionais, favor preencher os dados abaixo indicados, referentes aos anos de 2013, 2014 e 2015.

Caso a informação não esteja disponível, marcar um 'X' na coluna "não disponível".

	2013	2014	2015	Não disponível
1. Despesa Total do Tribunal				
2. Despesa total com pessoal do Tribunal				
3. Montante Total Auditado no ano				
4. Valor total de débitos e multas imputados				
5. Valor total do recolhimento de débitos e multas				
6. Número de processos atualmente em tramitação				
7. Número de processos autuados no ano				
8. Total de auditorias e inspeções realizadas no ano				
9. Consultas formuladas ao Tribunal no ano				
10. Consultas respondidas pelo Tribunal no ano				
11. Processos julgados no ano				
12. Recursos recebidos no ano				
13. Recursos julgados no ano				
14. Denúncias/representações recebidas no ano				
15. Denúncias/representações julgadas no ano				

	2013	2014	2015	Não disponível
16. Pareceres prévios emitidos para o Estado no ano				
17. Pareceres prévios emitidos para os Municípios no ano				
18. Contas anuais julgadas de ordenadores e/ou responsáveis no ano				

ENVIAR

Esta obra foi composta em fonte Palatino Linotype, corpo 10
e impressa em papel Offset 75g (miolo) e Supremo 250g (capa)
pela Laser Plus Gráfica, em Belo Horizonte/MG.